フェア・ディスクロージャー・ルール

イチから知る！

神田秀樹 ［監修］

米山徹幸 ［著］

一般社団法人 **金融財政事情研究会**

監修者まえがき

フェア・ディスクロージャー・ルール施行の意義
──企業と投資家の建設的対話の発展に向けて

　2018年4月から、日本でも金融商品取引法の改正によってフェア・ディスクロージャー・ルール（FDルール）が導入されています。このルールは、発行体企業は投資判断に重要な影響を及ぼすような未公開の情報（重要情報）についてはだれもが同じ内容を同時に入手できるように発信しなければならないというルールです。

　公平・公正な情報開示は証券市場の健全な発展に必要不可欠な要素です。企業が重要な情報を正当な理由なく特定の者にのみ提供することがあれば、市場参加者の信頼を損ね、ひいては証券市場の健全な発展を阻害することになりかねません。

　こうしたFDルールは2000年代初頭以降、米国やEUなど多くの主要国で制度化されています。たとえば、米国においては、「証券の発行企業等が、その発行企業または発行証券に関する重要かつ未公表の情報を特定の情報受領者に対して開示する場合には、意図的な開示の場合は同時に、意図的でない開示の場合はすみやかに、その情報を公表しなければならない」とするルール（Regulation Fair Disclosure：レギュレーションFD）が導入され、EUの市場阻害行為指令（Market Abuse Directive）にも類似の規定が設けられています。

　他方、日本では、証券取引所による適時開示制度は整備されているものの、適時開示前の内部情報を企業が第三者に提供する場合にその情報が他の投資家にも同時に提供されることを確保するルールは置かれていませんでした。今回のFDルール導入は、日本企業の情報開示を国際的な標準にあわせるものです。未公表の重要情報をうっかり開示するというミスを防ぐには情報の早期開示が有効です。FDルール導入によって重要情報の早期開示が促

されるとみられます。

　本書は、FDルールを「イチから知る！」というだけに、日本での「FDルール導入の背景」や「FDルールの内容」を概説するだけでなく、2000年に米国で採用された「レギュレーションFD」の制定に至る経緯と内容、発行体企業による決算発表時の説明会に対する法的アドバイスの要点を紹介しています。そして、レギュレーションFDの施行後に摘発されたおもな事例を追って、企業経営者の動きを具体的に記述しています。

　さらに、インターネットなどの急速な進展に応じた「企業ウェブサイト・ガイダンス」（2008年）や、ソーシャルメディアなどにおけるレギュレーションFDの基本をふまえた取組みを紹介しています。最後に、FDルールに対応する国内の動向を取り上げ、日本証券業協会、日本証券アナリスト協会、日本IR協議会などの具体的な提言や議論をコンパクトに紹介しています。本書は、文字どおり、FDルールを「イチから知る！」ことにフォーカスした構成だといっていいでしょう。企業情報に関係するみなさんに手にとっていただきたい一書です。

　あらためていうまでもないことですが、持続的な成長と中長期的な企業価値の向上に向けて、株主・投資家との建設的な対話を充実させるために、企業が株主・投資家に対して情報を積極的に提供することは重要です。これに関連していえば、FDルールの導入は、コーポレートガバナンス・コードの「適切な情報開示と透明性の確保」（基本原則3）の趣旨に沿うものだといっていいでしょう。

　FDルールによって、投資家にとって投資判断上、重要な情報が適時・適切に開示されているのであれば、発行体企業との対話も充実した内容になることが期待されます。それだけに、発行体企業は、しっかりとした情報管理と適時・適切な情報開示を行い、株主・投資家との積極的な対話を実現しているかが問われます。

　そして、これは「株主との間で建設的な対話を行うべきである」（基本原則5）に関連します。株主・投資家はFDルールが適用される発行体企業の相手方ですが、通常、守秘義務を負っているわけではありません。それだけ

に、「ノーサプライズ、グッドコミュニケーション」を自覚した取組みが求められます。

　これは、投資家のエンゲージメント（中長期的視点から投資先企業の企業価値および資本効率を高め、その持続的成長を促すことを目的とした対話）の問題でもあります。エンゲージメントは、対話であって一方的な情報提供ではありませんので、他の人が知らない情報を渡すことがエンゲージメントではありません。その意味で、フェア・ディスクロージャー・ルールという考え方とエンゲージメントという考え方は両立し、お互いに補完しうるものであると思います。つまり、FDルールが施行された後、そのルールのもとで対話をどのように行っていくのかということが、今後の課題になるということになります。

　その意味で、今後変化し、また進化するであろうFDルールの導入後の発行体企業の情報発信と株主・投資家のエンゲージメントの動向が注目されます。

　2018年4月

東京大学名誉教授・学習院大学教授

神田　秀樹

はしがき

　2017年5月、国会で金融商品取引法の改正が成立しました。これにより、投資家間の情報の公正性を確保するための、上場会社による公平な情報開示に係るルール（フェア・ディスクロージャー・ルール、以下「FDルール」）が導入され、2018年4月から施行されています。

　今回導入されたFDルールは、「上場会社やその役員・従業員などが公表前の重要な情報を投資家や証券会社等に提供した場合、意図的な伝達の場合は同時に、意図的でない伝達の場合はすみやかに、当該情報を公表する」というものです。

　機関投資家や個人投資家などすべての市場参加者の間で、企業の未公表の重要情報の入手に格差を生むことなく公平な情報開示を行うためのFDルールは、不正を許さない市場に対する信頼を担保するものです。

　本書は、そうしたFDルールを、できるだけ明快に、具体的に紹介するものです。「イチから知る！　フェア・ディスクロージャー・ルール」という本書のタイトルはここに由来します。本書は次の3つの章から構成されています。

　第1章は「フェア・ディスクロージャー・ルールを知る」です。その成立の発端となったアナリストの決算プレビュー、企業の重要情報の管理の実態を追います。そして、FDルールの概要を規制の対象者、情報の提供者・受領者、重要情報の範囲、インサイダー取引規制や適時開示規則との関連、公表の時期・方法という区分で紹介し、違反した場合の対応を概説します。

　第2章は「米国のレギュレーションFDを知る」です。「フェア・ディスクロージャー（公平開示）」規制の実現に至る米国証券市場やSEC（米国証券取引委員会）の動きを知り、またレギュレーションFDの内容を、規制の対象、情報伝達の主体・受領者、重要な情報の範囲、適用除外、公表の方法という区分で紹介し、レギュレーションFD違反への対応を概観します。そして、レギュレーションFDによる「企業情報の公表モデル」に沿った情報発信マ

ニュアルの内容を追い、SECが摘発した事例から米企業における「レギュレーションFD」の注意点を確認します。

さらに「米国レギュレーションFDの進展」を取り上げます。インターネットが社会インフラになった情報環境をふまえ、2008年、SECは企業ウェブサイト・ガイダンスを発表し、一定の条件をクリアした自社サイトに、その「重要な未公開情報」を掲載できるとしたのです。その後、急速なソーシャルメディアの進展に対応して、SECは2013年にソーシャルメディア経由での重要情報の発表を認めました。こうした規制当局の動きを受け、決算説明会の電話会議でのツイッター活用に踏み切った上場企業の事例などを紹介します。

第3章は「フェア・ディスクロージャー・ルールに対応する」と題して、日本におけるFDルールの導入によって直接的な影響を受ける証券会社、アナリスト、企業の広報・IR担当者がどのような動きをみせているかを追います。

まず、証券会社のアナリスト（セルサイド・アナリスト）に対する「アナリストによる取材等のガイドライン」（日本証券業協会、2016年）で、企業情報を入手し、レポートを書くアナリストの業務の流れを確認します。

次に、「日本版FDルールに関するアンケート調査結果」（日本証券アナリスト協会、2017年）で、日本版FDルールの評価や、導入後の「重要な情報」の範囲、情報の公表方法などについて回答したアナリスト（セルサイド、バイサイドとも）の対応を追います。

そして、「情報開示と対話のベストプラクティスに向けての行動指針」（日本IR協議会、2018年）で展開される、企業情報の「A領域」「B領域」「C領域」への分類、「モザイク情報」の取扱い、企業のIR担当者向けの「主要情報ごとの建設的対話の実務対応方針」「情報開示方針（ディスクロージャーポリシー）」などを紹介します。

本書は、これまで金融関係の雑誌や新聞などに発表した記事、研究機関の報告論文をベースに、大幅に組換えを行ったうえで、加筆・修正を加えてで

はしがき　5

きあがったものです。日頃の仕事では、国内はもちろん、米国や英国、欧州、アジアなど世界各地で活躍中のIR担当者、IR支援コンサルタントのみなさんに多くを教えられてきました。本書の出版も、大変多くの人に支えられて実現しました。とりわけ、株式会社きんざいの花岡博氏には企画や編集で貴重なアドバイスを数多くいただき、大変にお世話になりました。心から、お礼申し上げます。

　2000年に米国で施行された「フェア・ディスクロージャー・ルール」は、企業情報に対するアクセスの均等化を意図し、情報弱者である個人投資家を視野に入れた措置でした。これを可能にしたのはインターネットによる情報伝達手段の革命的進展であり、「フェア・ディスクロージャー・ルール」は21世紀の企業情報開示を貫く大きな基本です。本書が企業情報開示に関心のあるみなさんに、なんらかの手がかりとなれば幸いです。

2018年5月

米山　徹幸

【監修者略歴】

神田　秀樹（かんだ　ひでき）

1977年東京大学法学部卒業、同年東京大学法学部助手。1982年学習院大学法学部助教授、1988年東京大学法学部助教授、1993年東京大学大学院法学政治学研究科教授。2016年学習院大学大学院法務研究科教授（現職）、同年東京大学名誉教授。現在、金融審議会委員などを務める。主要著書として、『会社法　第20版』（弘文堂、2018年）、『金融商品取引法概説　第 2 版』（共編著、有斐閣、2017年）、『金融法務対策5000講』（共同監修、金融財政事情研究会、2017年）。

【著者略歴】

米山　徹幸（よねやま　てつゆき）

慶應義塾大学大学院文学研究科修了。大和証券（国際本部）に入社後、ロンドン、パリに勤務。大和インベスター・リレーションズ、大和総研・経営戦略研究所を経て、2010年より埼玉学園大学大学院経済経営学部／大学院経営学研究科教授。2017年から同客員教授（現任）。埼玉大学経済科学研究科客員教授（2006～13年）。主な著書に、『大買収時代の企業情報』（朝日新聞社、2005年）、『広辞苑〔第 6 版〕』（分担執筆、岩波書店、2008年）、『21世紀の企業情報開示』（社会評論社、2012年）、『イチから知る！IR実務』（日刊工業新聞社、2016年）など。全米IR協会（NIRI）会員、IR学会理事。英国IR協会「IRベストプラクティスガイドライン」の日本版冊子を2010年から毎年、編集・刊行するPFP（Project Future Proof）の創設メンバー。

目　次

第1章　フェア・ディスクロージャー・ルールを知る
──2018年4月施行のFDルールを概説する

第1節　日本版フェア・ディスクロージャー・ルールの背景 ……………2

  1　「フェア・ディスクロージャー・ルール」の成立までの経緯 ………2

  2　アナリストの決算プレビュー …………………………………………8

  3　企業：決算前の沈黙期間（Quiet Period）……………………………9

  4　メディア：スクープ報道 ………………………………………………10

  5　問われる企業の重要情報発信の管理体制 ……………………………14

第2節　日本版フェア・ディスクロージャー・ルールの概要 …………16

  1　規制の対象者 ……………………………………………………………22

  2　情報伝達の行為者 ………………………………………………………23

  3　情報受領者の範囲 ………………………………………………………26

  4　重要情報 …………………………………………………………………35

  5　規制対象となる行為（伝達）…………………………………………55

  6　公表の時期 ………………………………………………………………56

  7　公表方法 …………………………………………………………………59

  8　規制に違反した場合 ……………………………………………………66

第2章　米国のレギュレーションFDを知る
──その成立の背景、施行、裁判事例、進展

第1節　レギュレーションFDの施行（2000年10月）……………………70

  1　健全な証券市場の鍵は良質な情報 ……………………………………70

  2　選択的情報開示に対する米証券取引委員会（SEC）の見解 ………72

  3　選択的情報開示を規制する ……………………………………………74

4　レギュレーションFDの採決と施行 ……………………………………… 75

　5　全米IR協会（NIRI）の動き …………………………………………… 77

　6　レギュレーションFDの概要 …………………………………………… 78

　7　SECの「企業情報の公表モデル」 …………………………………… 85

　8　WHガイダンスの概要 …………………………………………………… 87

　　［コラム］インサイダー取引に新たな規則

　　　　　　　──SEC規則Rule10b5-1、Rule10b5-2の成立 ……… 95

　9　レギュレーションFDに対する米企業の対応 ………………………… 96

　10　レギュレーションFDに対する英仏当局の反応 …………………… 98

　11　レギュレーションFDに対する日本企業の反応 …………………… 99

第2節　米国におけるレギュレーションFD違反の事例 ………………… 104

　1　SEC、レギュレーションFD違反で4社を摘発（2002年） ………… 104

　2　その後の摘発事例 ……………………………………………………… 118

　3　最初の裁判事例（2004年） …………………………………………… 123

　4　近年の摘発事例 ………………………………………………………… 129

第3節　米レギュレーションFDの進展 …………………………………… 135

　1　企業ウェブサイト・ガイダンス（2008年）の登場 ………………… 135

　2　SEC、ソーシャルメディアでの重要情報発表を認める（2013年） … 147

第3章　フェア・ディスクロージャー・ルールに対応する

第1節　日本証券業協会「アナリストによる取材等のガイドライン」

　　　（2016年） ………………………………………………………………… 163

　1　発行体への取材、未公表情報の管理・伝達 ………………………… 163

　2　アナリスト・レポート以外の方法による情報伝達 ………………… 165

　3　ガイドラインの効果 …………………………………………………… 168

第2節　日本証券アナリスト協会「日本版FDルールに関するアン

　　　ケート調査結果」（2017年10月） ……………………………………… 169

　1　「重要情報」の範囲 …………………………………………………… 169

2　アナリストの懸念 ……………………………………………… 171

第3節　日本IR協議会「情報開示と対話のベストプラクティスに向け
　　　　ての行動指針」（2018年2月）……………………………… 174

　　1　「4つの基本原則」 ……………………………………………… 174

　　2　企業情報の分類：「A領域」「B領域」「C領域」 ……………… 175

　　3　「公表前の確定的な決算情報」を図解する …………………… 178

　　4　主要情報ごとの建設的対話の実務対応方針 ………………… 179

　　5　情報アクセスの公平性向上（エクイタブル・アクセス）………… 185

　　6　コーポレート・ガバナンス推進の一環としての情報開示方針
　　　　（ディスクロージャーポリシー）の策定 ………………………… 187

参考資料 ………………………………………………………………… 191

　［資料1］　金融審議会　市場ワーキング・グループ
　　　　　　フェア・ディスクロージャー・ルール・タスクフォース報告
　　　　　　～投資家への公平・適時な情報開示の確保のために～
　　　　　　（平成28年12月7日）…………………………………… 192

　［資料2］　金融商品取引法第27条の36の規定に関する留意事項について
　　　　　　（フェア・ディスクロージャー・ルールガイドライン）
　　　　　　金融庁総務企画局（平成30年4月1日制定）…………… 197

　［資料3］　金融商品取引法第二章の六の規定による重要情報の公表に関
　　　　　　する内閣府令（平成29年12月27日）………………… 205

　［資料4］　金融庁　コメントの概要及びコメントに対する金融庁の考え
　　　　　　方（「フェア・ディスクロージャー・ルール」の関連部分）
　　　　　　（平成29年12月27日）………………………………… 211

主な参考文献 …………………………………………………………… 227

事項索引 ………………………………………………………………… 233

第1章

フェア・ディスクロージャー・ルールを知る

——2018年4月施行のFDルールを概説する

第 1 節

日本版フェア・ディスクロージャー・ルールの背景

① 「フェア・ディスクロージャー・ルール」の成立までの経緯

　2017年5月17日、金融商品取引法の一部を改正する法律（以下「改正金商法」）が、第193回国会で成立しました。同年5月24日に公布され、施行は2018年4月1日です。

　改正金商法は大きく分けて、①株式等の高速取引に関する法制の整備、②金融商品取引所グループの業務範囲の柔軟化、③上場会社による公平な情報開示に関する規制（フェア・ディスクロージャー・ルール、以下「FDルール」）の整備という内容でした。

　③は、上場する有価証券の発行者が未発表の重要な情報を証券アナリストなどに提供する場合に、他の投資家にも公平に情報を開示することを求めるものであり、上場会社の情報発信に大きな影響を与える規則です。名称は違いますが、すでに米国（2000年）のレギュレーション・フェア・ディスクロージャー（Regulation Fair Disclosure、以下「レギュレーションFD」）やEU（2014年）の市場阻害行為規則（Market Abuse Regulation：MAR）と同様の規則をわが国に導入するものです。

　日本における「FDルール」の導入は、2015年11月に開催された金融審議会ディスクロージャーワーキング・グループ（座長・神田秀樹学習院大学大学院法務研究科教授）で導入を求める意見が多く出されたことがきっかけとなりました。

　この時の議論を受け、2016年（平成28年）4月に「金融審議会ディスクロージャーワーキング・グループ報告—建設的な対話の促進に向けて—」（以下「WG報告」）が取りまとめられ、公平・公正な情報開示に対する市場の

信頼を確保するため、「公表前の内部情報を特定の第三者に提供する場合に当該情報が他の投資者にも同時に提供されることを確保するためのルール（フェア・ディスクロージャー・ルール）」の導入を検討する必要があるとの指摘がなされました。

また、近年、こうした議論が持ち出されるきっかけとなる2つの事件がありました。一つは、2014年12月、証券会社のアナリストが上場会社から未公開の業績情報を入手し、これを自社の営業員に伝え、その営業員が顧客に伝えて勧誘した事例です。2015年12月、その証券会社に対して行政処分がありました。2016年4月にも同様の事例で、別の証券会社が行政処分を受けています（詳しくは「2　アナリストの決算プレビュー」を参照）。

WG報告は、「情報の公平・公正な開示についてのルール」について次のように言及し、その導入を提言しています。

「公平・公正な情報開示に対する市場の信頼を確保するため、諸外国においては、企業が情報をタイムリーに公表するためのルールとともに、公表前の内部情報を特定の第三者に提供する場合に当該情報が他の投資者にも同時に提供されることを確保するためのルール（フェア・ディスクロージャー・ルール）が置かれている」。

「我が国においては、証券取引所による適時開示制度は整備されているものの、適時開示前の内部情報を企業が第三者に提供する場合に当該情報が他の投資者にも同時に提供されることを確保するルールは置かれていない」。

「近年、企業の内部情報を顧客に提供して勧誘を行った証券会社に対する行政処分の事案において、上場会社が当該証券会社のアナリストに未公表の業績に関する情報を提供していたなどの問題が発生している。また、外国投資家などからは、主要国の多くが情報開示の公正性・透明性の観点からフェア・ディスクロージャー・ルールを導入しており、市場の信頼を確保するためにも同様のルールを我が国においても導入する必要があるのではないかとの指摘もある」。

「企業による公平・公正な情報開示により、株主・投資者との建設的な対話を促進するとともに、市場参加者の信頼を確保するため、我が国において

も、フェア・ディスクロージャー・ルールの導入について、具体的に検討する必要がある」。

こうしたWG報告を受け、同年10月、金融審議会市場ワーキング・グループ内に「フェア・ディスクロージャー・ルール・タスクフォース」（座長・黒沼悦郎早稲田大学法学学術院教授）が設置され、3回にわたる検討を経て、同年12月、「フェア・ディスクロージャー・ルール・タスクフォース報告～投資家への公平・適時な情報開示の確保のために～」（以下「TF報告書」）がまとめられました（表1-1）。

TF報告書は、①アナリストによるプレビュー取材を通じて取得された上場会社の内部情報の管理に不備があったこと、②こうした情報を顧客や社内に提供して勧誘が行われたことに関して、複数の証券会社に対する行政処分事案が生じた状況などをふまえ、「我が国市場において、個人投資家や海外投資家を含めた投資家に対する公平かつ適時な情報開示を確保し、全ての投資家が安心して取引できるようにするため、本ルールを導入すべきである」と提言しています。

TF報告書は、FDルールの導入には次の3つの積極的な意義があるとしています。

① 発行者側の情報開示ルールを整備・明確化することで、発行者による早期の情報開示を促進し、ひいては投資家との対話を促進する。

表1-1　FDルール導入の背景

・近年、上場企業が証券会社のアナリストに未公表の業績に関する情報を提供し、当該証券会社が当該情報を顧客に提供して株式の売買の勧誘を行っていた事例が複数発覚
・欧米やアジアの主要市場では、フェア・ディスクロージャー・ルールがすでに導入ずみ
⇒わが国でもフェア・ディスクロージャー・ルールの導入が必要
・すべての投資家が安心して取引できる市場環境を整備
・「早耳情報」に基づく短期的な売買ではなく、公平に開示された情報に基づく中長期的な視点に立った投資を促す

（出所）「TF報告書」

4　第1章　フェア・ディスクロージャー・ルールを知る

② アナリストによる、より客観的で正確な分析および推奨が行われるための環境を整備する。

③ 発行者による情報開示のタイミングを公平にすることで、いわゆる「早耳情報」に基づく短期的なトレーディングを行うのではなく、中長期的な視点に立って投資を行うという投資家の意識変革を促す。

このTF報告書が、2017年3月、金融審議会・金融分科会で報告・承認され、その後、金融庁における「TF報告書」の内容をふまえた制度設計などの検討を経て、同年3月「金融商品取引法の一部を改正する法律」案が国会に提出され、5月に成立となりました。そして、同年10月、金融庁「FDルール・ガイドライン案」の発表、10月24日～11月22日のパブリックコメント期間を経て、同年12月末、パブリックコメントに対する金融庁の考え方が発表されました。施行は2018年（平成30年）4月1日です（表1－2）。

「FDルール」は、米国証券取引委員会（SEC）による「レギュレーションFD」（2000年）や、欧州連合（EU）による市場阻害行為指令（Market Abuse Directive：MAD、2003年）、これに続いて制定した市場阻害行為規制（Market Abuse Regulation：MAR、2014年）に相当するものです（表1－3）。

米国では、2000年10月、SECによって「レギュレーションFD」が導入され、すでに20年近い時間を経ており、インターネットなど企業情報を取り巻く環境の変化を受けて、さまざまな進展がみられます。それについては、第2章で詳しく紹介します。

EUは1999年、欧州の金融サービスにおける単一市場の構築を推進するための「金融サービス行動計画（Financial Service Action Plan：FSAP）」を採択しました。それ以来、このFSAPのもとで、インサイダー取引や相場操縦といった市場阻害行為とともに、企業情報開示についても各国の規制の見直しが検討され、2003年1月、「市場阻害行為指令」（Market Abuse Directive：MAD）が出されました（2004年10月施行）。

この指令で「発行者は、発行者に直接関係する内部情報をできるだけ速やかに公衆に開示しなければならない」という原則的な規定を設け、有価証券の発行者が内部情報を第三者に開示する場合、「意図的な伝達の場合は同時

表1－2　FDルール導入の流れ（米／EU／日本）

2000年	（米）　レギュレーションFD制定
2003年	（EU）　市場阻害行為指令（Market Abuse Directive：MAD）により、加盟国の国内法によるフェア・ディスクロージャー・ルール
2014年	（EU）　①　市場阻害行為規制（Market Abuse Regulation：MAR）により、各国に共通のフェア・ディスクロージャー・ルールを規定 ②　市場阻害行為刑事制裁指令（EU Directive on Criminal Sanctions for Market Abuse：CSMAD）の制定で、2003年MARを改訂
2015〜16年	（日）　法人関係情報の管理の不備や法人関係情報を提供した勧誘を理由に、一部、証券会社に対して行政処分
2015年11月	（日）　金融審議会「ディスクロージャーワーキング・グループ」でFDルール導入の意見あり
2016年4月	（日）　金融審議会「ディスクロージャーワーキング・グループ報告—建設的な対話の促進に向けて—」がフェア・ディスクロージャー・ルールの導入に向けた検討の実施を提言
同9月	（日）　日本証券業協会「協会員のアナリストによる発行体への取材等及び情報伝達行為に関するガイドライン」（アナリスト取材等ガイドライン）制定
同10月	（日）　金融審議会「市場ワーキング・グループ」のもとに「フェア・ディスクロージャー・ルール・タスクフォース」設置
同12月	（日）　金融審議会「市場ワーキング・グループ　フェア・ディスクロージャー・ルール・タスクフォース報告　〜投資家への公平・適時な情報開示の確保のために〜」公表
2017年5月	（日）　「金融商品取引法の一部を改正する法律」（改正金商法）成立
同10月	（日）　金融庁「フェア・ディスクロージャー・ルールガイドライン案」パブリックコメント（10月24日〜11月22日）の募集
同11月	（日）　日本アナリスト協会「フェア・ディスクロージャー・ルールガイドライン案」について
同11月	（日）　日本IR協議会「情報開示と対話のベストプラクティスに向けての行動指針（案）〜フェア・ディスクロージャー・ルールを踏まえて〜」を策定
同12月	（日）　パブリックコメントの概要と金融庁の考え方を公表
2018年4月	（日）　金融庁「フェア・ディスクロージャー・ルール」の施行

（出所）　各種資料から作成

表1-3 米国・欧州（EU）のフェア・ディスクロージャー・ルール

> 欧米やアジアの主要国では、本ルールが整備されており、たとえば、米国においては、「有価証券の発行者が、当該発行者又は当該有価証券に関する重要かつ未公表の情報を特定の情報受領者に対して伝達する場合、意図的な伝達の場合は同時に、意図的でない伝達の場合は速やかに、当該情報を公表しなければならない」というルールが置かれている。
>
> また、欧州（EU）においては、「発行者は、発行者に直接関係する内部情報をできる限り速やかに公衆に開示しなければならない」という原則規定を置くとともに、有価証券の発行者が、内部情報を第三者に開示する場合について、米国と同様のルールが置かれている。

（注）「重要な情報」および「発行者に直接関係する内部情報」：米国証券取引委員会（SEC）のガイダンスによれば、「重要」とは、「合理的な株主が投資判断に際して重要と考える相当の蓋然性があること」とされている。EUの市場阻害行為規則によれば、「発行者に直接関係する内部情報」とは、「発行者又は金融商品に直接又は間接に関係する未公表の確定的（precise nature）な情報であって、公表されれば金融商品の価額に重要（significant）な影響を及ぼす蓋然性があるもの」とされている。
（出所）「TF報告書」p.1

に、意図的でない伝達の場合は速やかに、当該内部情報を完全に、かつ効果的に公衆に開示しなければならない」と、米国と同様のルールを用意しました。

EUの「指令」は、その実現の方法・手段を加盟国に委ねています。そのため、加盟国の間で処罰などの面で異なる例が出てきました。また、その後の金融危機や多様な金融商品の登場もあり、EUにおいて、より統一的な市場規制の導入が検討されました。これを受け、2014年4月、EU加盟国に直接的な効力を及ぼす「市場阻害行為規則」（Market Abuse Regulation：MAR、2016年7月施行）と「市場阻害行為刑事制裁指令」（EU Directive on Criminal Sanctions for Market Abuse：CSMAD）が制定され、2003年MADを改訂しました。その際、「フェア・ディスクロージャー・ルール」の内容は、ほぼそのまま「市場阻害行為規則」（MAR）に引き継がれています。

2 アナリストの決算プレビュー

　話を日本の「FDルール」に戻しましょう。2016年4月のWG報告でも、同年12月のTF報告書でも「近年、発行者の内部情報を顧客に提供して勧誘を行った証券会社に対する行政処分の事案において、発行者が当該証券会社のアナリストのみに未公表の業績に関する情報を提供していたなどの問題が発生している」という記述がありました。

　ここで「問題が発生している」というのは、2015〜16年に金融庁が行った2つの証券会社に対する行政処分（業務改善命令）に関連しています。どちらもアナリストが決算プレビュー取材で取得した未公表の重要情報に関する管理体制を衝く行政処分でした。

　最初の事例は、2015年12月8日、証券取引等監視委員会（SESC）がドイツ証券に対し金融商品取引法（金商法）に基づく行政処分を行うよう金融庁に勧告した件です。それによると、SESCの検査の結果、同証券のアナリストが2014年12月頃、東証1部上場のA社から四半期業績に関する未公表情報を入手し、同証券の営業担当者と顧客に公表前の情報を伝え、顧客3人に同社の株の売買を勧誘したことが判明したというのです。

　証券会社は、金商法など関係法令に基づき、上場企業の運営や業務、財産に関する公表されていない重要な情報について、顧客の投資判断に影響を及ぼす情報の適切な管理が求められています。ところがドイツ証券では、アナリスト・レポートの提供にあたり、アナリストの判断で報告が行われない場合、コンプライアンス（法令順守）担当者による法人関係情報のチェックが行われていないケースなどがあったとされています。つまり、投資家の判断に影響を及ぼす法人関係情報の管理体制に不備が認められたのです。

　これを受け、同年12月15日、金融庁は同証券に「業務改善命令」を出し、同証券は同じ日、「経営管理態勢、内部管理態勢の強化に努める」というプレスリリースを出しました。

　もう一つは、2016年4月15日、SESCがクレディ・スイス証券に対して金商法に基づく行政処分をするよう金融庁に勧告し、同月25日に金融庁から業

務改善命令が発表された事例です。それによると、同証券のアナリストが前年9月、東証1部上場のC社に個別取材し、公表前の半期の連結業績予想に関する情報（営業利益）を取得した翌日、同証券の営業員や顧客に伝え、顧客に対してC社株式の買付けを勧誘したとされます。この情報を得た営業員も同じ日に少なくとも33の顧客に公表前の前出情報を顧客に伝えて、C社の株式の買付けを勧誘したというのです。またこのほかにも2015年9〜10月、少なくとも3社の公表前の法人関係情報をアナリスト・レポートに掲載し、複数の顧客に伝えたとされています。

どちらの場合も、証券会社のアナリストが、上場会社が公表する前の決算情報を自分自身で顧客に伝え、あるいは自社の営業員等に伝えて、顧客に対して株式の売買を勧誘した事例です。証券会社における、アナリストが入手した未公表の重要情報の管理体制が問われたのです。

3 企業：決算前の沈黙期間（Quiet Period）

ところで、いま上場企業の多くが決算発表前に「沈黙期間（Quiet Period）」を設定しています。これは決算発表資料を準備する間、株価に影響のある情報が社外にもれることを防ぐためのもので、この期間中は決算に関する問合せや質問への回答を控えるというものです。

日本IR協議会（JIRA）の調査（2015年、回答946社）によれば、IR実施企業のうち68％が沈黙期間を設定していました。その期間は「決算期日から決算発表日まで」が57％。日数は「31〜45日」が46％で最も多く、年ベースなら120日を超すことになります。また、「決算発表日前の一定期間」とする回答は40％もあり、こちらは「22〜30日」が47％を占めています。

もちろん沈黙期間中でも、適時開示があれば説明をしますし、多くの場合、決算以外の取材には対応しています。しかし、沈黙期間の趣旨からいえば、決算期日前の取材機会（いわゆる決算プレビュー取材）など論外ではないかとの指摘もあります。JIRAの調査で、決算期日前の取材機会を「設けていない」49％に対し、「設けている」が26％ありました。「設けている」とし

た企業（247社）に取材タイミングを問うと「決算前の1〜2週間」が65％で、IR担当の役員（22％）や部長（61％）が対応しているといいます。沈黙期間中にアナリスト取材を受けている企業が少なくないのです。

　こんな現実があるのは、沈黙期間の延べ日数が多すぎるためかもしれません。「期日前取材を公平に受けるのがむずかしい」（28.3％）、「期日前取材の内容を決めるのがむずかしい」（21.7％）、「期日前取材は設けるべきではない」（18.0％）という意見があるのも見逃せません。

　では、IR活動の盛んな米国ではどうなのでしょうか。全米IR協会（NIRI）が会員のIR担当者を対象に、沈黙期間について行った調査（2015年、回答403人）によると、沈黙期間のある企業は85％。その期間は年間で「17〜30日」が最も多く44％、次が「31日超」の30％です。沈黙期間中であっても、62％が機関投資家と、58％がアナリストと、37％が投資サイドならだれとでも、4％が個人投資家とも面談しています。面談に応じるのはIR担当者（66％）、最高財務責任者（34％）、最高経営責任者（25％）、そのいずれか（30％）です。もちろん面談が始まる前に、「目下、当社は沈黙期間中です」との断りを入れている企業が大多数です（76％）。

　面談の始まる前に、米国と同様に断りを入れた日本企業はどれほどあるのでしょうか。いずれにせよ、こうした決算プレビュー取材への対応を追うと、未公表の重要情報を企業が選択したアナリストに舞台裏で伝えたに等しい実相が透けてみえるようです。米国では「これは沈黙期間の空文化だ。市場の質を担保する企業情報の透明性に対する汚点」という指摘もあります。

4　メディア：スクープ報道

　「TF報告書」での言及はありませんが、2014年8月、企業の決算に関連するスクープ報道について外国大手メディアの指摘が続いたことも見逃せません。

　英経済紙フィナンシャル・タイムズ（FT）は「'Nikkei previews' spur complaints of home advantage in Tokyo（'日経プレビュー'が東京のホーム

アドバンテージの不満を強める」（2014年8月4日付）という記事を掲載しました。記事の大要はこうです。

「上場企業の四半期決算の発表時期が迫ると、日経新聞の朝刊によく業績予測の記事が掲載される。記事に取り上げられた上場企業から「本日の一部報道について」と題し、「これは当社が公表したものではありません」と記載されたプレスリリースがウェブサイトに掲載されるが、正式な決算発表の数字が記事の数字とほとんど同じである場合が多い。

一部の国でなら、これは情報開示規則違反となり、株価センシティブな情報に対する平等なアクセスの欠如について当局が黙っていないだろう。しかし、日本では監督当局は日経プレビューに目を閉じているようで、記事が登場すると、そのあと数時間以内に当該企業から、記事は自社が発表したものによっていないというお決まりのコメントが発表される。しかし、その発表までに市場は反応している。というのも、日本最大の経済紙の280万人の読者がみる数字はめったに間違うことはないのだから」。

このFT記事は、こうしたスクープ記事に関連して2つの事例を引用しています。一つはゲーム大手ガンホー・オンライン・エンターテイメント（ガンホー）です。2014年1〜6月期連結決算発表の6日前に日経新聞（2014年7月23日付）に約930億円の売上げ、約500億円の営業利益との記事が載り、7月29日発表での数字は売上げ943億円、営業利益538億円でした。もう一つはキヤノンです。日経の記事（2014年7月11日付）では2014年4〜6月期に1,100億円の連結営業利益と報じられ、2週間後の7月24日発表の同数字は1,105億円でした。ガンホーもキヤノンも、決算予測の記事が掲載された日の出来高のほうが、決算発表後の出来高よりも多いものでした。

こうした日経の記事について、ガンホーは「推測」に基づいているようだとコメントし、キヤノンは日経の記者たちが他のメディアよりも「はるかに多く」経営幹部を訪問しており、この記事は「これらの定期的なインタビューを通じて収集した情報に基づく」推測が含まれていると語ったとFT記事は書いています。そして、日経は編集方針についてはコメントせず、「適切に」行われているとFTに語ったと書いてあります。

第1節　日本版フェア・ディスクロージャー・ルールの背景　11

FT記事は、このような日経の記事は日経の読者にアンフェアな利益をもたらし、他方、外国人の読者は不利な立場に置かれていると指摘して、「東京の株式取引の60〜70％が外国人であることを考慮すれば、現地語だけのプレビューの掲載はインサイダー取引に似ている」「株価センシティブな情報をすべての市場参加者の間で均等、かつ即時に利用できるようにすることは、良好に機能する市場におけるきわめて基本的な考え方である」と語る市場関係者のコメントを載せています。つまり、株価に大きな影響を与える業績のニュースが、日経の購読者だけに日本語だけで提供されるというのはフェアではないというのです。

　このFT記事に続いて、金融情報大手ブルームバーグが、「日本株の風物詩、日経業績予想記事に飛び付く―正解率を信頼」という記事（2014年8月7日付）を掲載しました。同社が「直近で日経平均株価採用の225社について調べたところ、国内経済紙の日経新聞が営業利益を中心に業績観測記事を報じたのが45社。このうち82％にあたる37社で、示された数値・レンジが正しいか、あるいは会社側公表の実績値に対する乖離（かいり）が10％以内に収まっている」というのです。記事はさらに、「日経新聞による予想数値は、報道日時点で会社側が示していた計画値に比べて、84％の企業でより実績に近いか、もしくは同じだった。一方、証券会社のアナリストによる予想数字が会社側計画より実績値に近かった比率は61％となっている」と報じています。

　同記事では、市場関係者が「日本市場では、業績観測記事は会社側のガイダンスの一部と受け止められている。報道の建前はメディア側の推測だが、会社側が話している可能性がある」と語り、「日経新聞が報じる業績予想記事のほとんどは、情報の出所が明らかにされていない」と指摘されています。別の市場関係者も「感覚的には20回のうち1回程度しか外れておらず、ものすごく正確。セルサイドのアナリストは分析して業績予想を作るが、分析が専門ではない新聞記者がアナリスト以上に精度の高い予想ができるとは思えない」と語っています。

　ブルームバーグの記事は「日本のメディアが企業業績の予想記事を報道す

12　第1章　フェア・ディスクロージャー・ルールを知る

ることは、ディスクロージャー・ルールによって制限されず、金融商品取引法上の相場操縦にも当たらない正当なものだ。意図的、差別的な情報開示を禁じる「レギュレーションFD」を2000年に定めた米国でも、ジャーナリストは対象外となっている」と指摘します。そして、日本経済新聞社の経営企画室広報グループは、業績予想記事に関するブルームバーグ・ニュースの取材に対し、「編集方針に関わる質問には答えられず、当社は適切な取材に基づいて報道している」と文書で回答したと書いています。

　記事には東証の担当者の「結果として（決算情報が事前に）漏れてしまったと思われる状況が生じた場合、上場規則には公平に情報が伝わるように状況を説明して下さいというルールがある」というコメントが紹介されています。「有価証券の投資判断に重要な影響を与える企業情報について、東証では1974年から企業に適時開示を要請してきたが、99年にこれを規則化。東証としては、決まったことがあればすぐ開示するよう要請している」というのです。

　このブルームバーグ記事の3週間後、FTに「明白なメディアリークに対して行動を起こす東京証券取引所（Tokyo Stock Exchange acts on apparent media leaks）」（2014年8月27日付）という記事が載りました。その大要は次のようなものです。

　「株価センシティブな情報の日経新聞へのリークを明らかにしたFT記事を受けて、東証は「不明確な情報」を公表した発行体2社の名前を注意喚起情報に掲載する動きに出た。この2社はペプチドリーム（バイオテクノロジー）、ビックカメラ（小売り）の2社で、どちらも日経記事に続く対応だった。

　ビックカメラは8月に終了する年度の業績を報告する予定である。8月22日、日経は、同社の2014年8月期の売上高は約8,200億円で、連結営業利益が約200億円へと前期比5割増加するだろうと報じた。この記事は、5年間最高の出来高で株価が4.5％上昇する原因となった。同日、ビックカメラは、日経記事は同社の発表でなく、営業利益は通期の予想を上回る見込みだとのコメントを発表した」。

第1節　日本版フェア・ディスクロージャー・ルールの背景　13

これに続いてFT記事は「東証は情報開示規制の一次的責任を負っているが、他のグループも懸念を表明している。今月の政府委員会の報告は日経に言及していないが、企業と投資家の両方に悪影響を及ぼし、ノイズを生む、新聞各紙の四半期プレビューという日本のユニークな慣習を問うている」と書いています。

　ここでFT記事が「今月の政府委員会の報告」と言及しているのは、2013年7月に経済産業省が立ち上げた「持続的成長への競争力とインセンティブ〜企業と投資家の望ましい関係構築〜」プロジェクトの最終報告書（伊藤レポート、2014年8月6日）を指すと思われます。

　このFT記事が出た前日に公表された伊藤レポートは、企業経営者や長期投資家、市場関係者等が集まり、国際的にも大きな議論となっている資本市場や企業のショートターミズム（短期主義）の問題、企業と投資家の対話（エンゲージメント）に向けた課題、企業開示・報告のあり方などを検討する内容です。FT記事は伊藤レポートのなかの「これに関連して、特に日本特有のセルサイド・アナリストのよる四半期ごとのプレビューや新聞等の予測記事が、企業と投資家双方にとってノイズとして悪影響を与えている懸念が示された」（p.10）という記述を指しているのでしょう。

　『月刊広報会議（2017年4月号）』（宣伝会議）の「大特集、報道対応Q&A」のアンケート（2017年1月30日〜2月10日、有効回答104、匿名回答）の結果は、こうした外国メディアによる日本企業と「日経プレビュー」についての指摘を裏付けるものです。「本特集での「リーク」とは、適時開示情報に限らず発表前の情報を特定の記者に伝える行為を指します」と断って、日経新聞に「リークする習慣はありますか」と問うと、「ある」との回答は45.2%にのぼったというのです。回答者の半数近くに達するのです。

5 問われる企業の重要情報発信の管理体制

　2016年4月のWG報告に「外国投資家などからは、主要国の多くが情報開示の公正性・透明性の観点からフェア・ディスクロージャー・ルールを導入

しており、市場の信頼を確保するためにも同様のルールを我が国においても導入する必要があるのではないかとの指摘もある」との文章が盛り込まれた背景には、こうした一連のFTやブルームバーグの記事が取り上げた実態や慣行に対する厳しい視線があったといえるでしょう。

　また、2013年3月の「決算公表前閲覧」という記事（日本経済新聞2013年3月14日付夕刊）が報道した、上場企業における重要情報の管理の実態も見逃せません。企業は株主・投資家向けウェブサイトに、自社の決算短信や業績修正などの重要情報を掲載しています。こうした情報を蓄積する「公開ディレクトリ」の管理サーバーに東証の適時開示システム「TDnet」で公表予定資料を保存し、閲覧可能な状態になっていたところ、一部の投資家たちが過去の情報のURLから公開予定の重要情報のURLを推測し、外部からインターネット経由で入手した閲覧したデータに基づいて、こうした企業の銘柄を売買していたというのです。

　同記事によれば、この問題はすでに2012年秋、証券取引等監視委員会が把握し、東証に企業に対して注意喚起するよう求めていました。これを受け、東証は上場全社に問題を伝えたのですが、一部の企業はそれ以降もアクセス制限などの対策をとらず、20社あまりの重要情報がインターネットで複数の投資家に閲覧され、閲覧した投資家は入手した重要情報に基づいて売買したとされています。記事は「こうした投資家は金融商品取引法がインサイダー取引規制の対象とした会社関係者に該当せず、一連の株取引は同法違反に該当しない」と指摘、企業の未公表の重要情報の管理体制を問うたのでした。

第1節　日本版フェア・ディスクロージャー・ルールの背景　15

第2節

日本版フェア・ディスクロージャー・ルールの概要

　2018年4月から施行されたFDルールは、改正金商法で新設された第2章の6「重要情報の公表」で規定されています。投資者に対する公平な情報開示を確保するために導入されたもので、これまで企業の情報開示の拠り所となってきたインサイダー取引規制（金商法第6章「有価証券の取引等に関する規則」）や取引所の適時開示基準に加えて、新たに導入されました（改正金商法27条の36）。発行者側の情報開示ルールが整備・明確化されることで、発行者による早期の情報開示、ひいては投資家との対話が促進されるといった積極的意義があるとされています（金融庁「FDルール・ガイドライン」p.2）。

　2017年3月、このFDルールを盛り込んだ金融商品取引改正案の閣議決定のあと、ある会議で金融庁が次のように、主なポイントを整理して、説明しています（表1−4）。

・FDルールは、「未公表の決算情報などの重要な情報を証券アナリスト等に提供した場合、他の投資家にも公平に情報提供することを求める」ものである。

・このルールによって、①個人を含むすべての投資家が安心して取引できる市場環境を整備する、②「早耳情報」に基づく短期的な売買ではなく、公平に開示された情報に基づき、中長期的な視点からの企業評価に基づく投資を促す。

・FDルールは、企業のIR部門が証券アナリストなどに対し未公表の決算情報などの重要な情報を伝達した場合には、それらの情報をその他の投資家にもホームページなどを通じてすみやかに公表するというルールである。また、企業戦略に関する対話、工場見学での説明などは基本的に同ルールの対象外としている。

・公表がなされない場合、企業にまず公表するよう促し、それでも適切な対

16　第1章　フェア・ディスクロージャー・ルールを知る

表1-4　FDルールの概要①

○FDルール

> 企業が、未公表の決算情報などの重要な情報を証券アナリストなどに提供した場合、すみやかに他の投資家にも公平に情報提供することを求めるもの。

○FDルールの概要

> ➢ 上場会社等が公表されていない重要な情報をその業務に関して証券会社、投資家等に伝達する場合、
> 　・意図的な伝達の場合は、同時に、
> 　・意図的でない伝達の場合は、すみやかに、
> 当該情報をホームページ等で公表。
> ➢ 情報受領者が上場会社等に対して守秘義務および投資判断に利用しない義務を負う場合、当該情報の公表は不要。

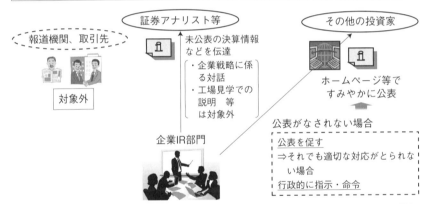

（出所）　未来投資会議構造改革徹底推進会合「企業関連制度改革・産業構造改革─長期投資と大胆な再編の促進」会合（第5回）「資料4－1　金融庁提出資料①」（2017年3月10日）p.5
　　www.kantei.go.jp/jp/singi/keizaisaisei/miraitoshikaigi/suishinkaigo_saihen_dai5/index.html

応がとられない場合は、行政的な対応に移行する。
・現在のインサイダー取引規制は、軽微基準（注）に係る情報を除いた情報を規制の対象にしているが、「FDルール」では、インサイダー取引規制の対象となる重要事実だけを対象にしているわけではない。その点を考慮して、（FDルールのガイダンスにおいて）企業はその実情に応じ、次の3つの

第2節　日本版フェア・ディスクロージャー・ルールの概要　17

いずれかの方法により情報管理したうえで、投資家との間でプラクティスを積み上げるよう求める。

① すでに諸外国のルールも念頭に置いて、何が株価に重要な影響を及ぼしうる情報か独自の基準を設けてIR活動を行っているグローバル企業

・日本向けに別の基準を作成する必要はない。日本独自の基準を設けるのではなく、現在の基準に沿って対応する。

② 現在のインサイダー取引規制に沿ってIR実務を行っている企業

・インサイダー取引規制の対象となる情報。

・それ以外の情報のうち、財務情報（通期、半期、四半期の確定的な決算の数字）であって、株価に重要な影響を与える情報。

③ 公表前の確定的な決算の数字をすべてルールの対象として管理。

・この3つのうち、②をある意味、ミニマムスタンダードとして管理していただきたい。

（注）「軽微基準」は、インサイダー取引規制で、会社自らが決定した決定事実、会社の意思によらず発生した発生事実について設けられている基準。「有価証券の取引等の規制に関する内閣府令」によって、軽微基準に該当する情報は、投資判断に及ぼす影響が軽微なものとしてインサイダー取引規制の対象となる重要事実から除外できる。

少し長くなりますが、FDルールを規定した改正金商法の条文を示します。

第27条の36 第2条第1項第5号、第7号、第9号若しくは第11号に掲げる有価証券（政令で定めるものを除く。）で金融商品取引所に上場されているもの若しくは店頭売買有価証券に該当するものその他の政令で定める有価証券の発行者（以下この条において「上場会社等」という。）若しくは投資法人（投資信託及び投資法人に関する法律第2条第12項に規定する投資法人をいう。第1号において同じ。）である上場会社等の資産運用会社（同法第2条第21項に規定する資産運用会社をいう。）（以下この項及び次項において「上場投資法人等の資産運用会社」という。）又はこれらの役員（会計参与が法人であるときは、その社員）、代理人若しくは使用人その他の従業者（第1号及び

18 第1章 フェア・ディスクロージャー・ルールを知る

次項において「役員等」という。）が、その業務に関して、次に掲げる者（以下この条において「取引関係者」という。）に、当該上場会社等の運営、業務又は財産に関する公表されていない重要な情報であつて、投資者の投資判断に重要な影響を及ぼすもの（以下この章において「重要情報」という。）の伝達（重要情報の伝達を行う者が上場会社等又は上場投資法人等の資産運用会社の代理人又は使用人その他の従業者である場合にあつては、当該上場会社等又は当該上場投資法人等の資産運用会社において取引関係者に情報を伝達する職務を行うこととされている者が行う伝達。以下この条において同じ。）を行う場合には、当該上場会社等は、当該伝達と同時に、当該重要情報を公表しなければならない。ただし、取引関係者が、法令又は契約により、当該重要情報が公表される前に、当該重要情報に関する秘密を他に漏らし、かつ、当該上場会社等の第2条第1項第5号、第7号、第9号又は第11号に掲げる有価証券（政令で定めるものを除く。）、これらの有価証券に係るオプションを表示する同項第十九号に掲げる有価証券その他の政令で定める有価証券（以下この項及び第三項において「上場有価証券等」という。）に係る売買その他の有償の譲渡若しくは譲受け、合併若しくは分割による承継（合併又は分割により承継させ、又は承継することをいう。）又はデリバティブ取引（上場有価証券等に係るオプションを取得している者が当該オプションを行使することにより上場有価証券等を取得することその他の内閣府令で定めるものを除く。）（第2号及び第3項において「売買等」という。）をしてはならない義務を負うときは、この限りでない。

一　金融商品取引業者、登録金融機関、信用格付業者若しくは投資法人その他の内閣府令で定める者又はこれらの役員等（重要情報の適切な管理のために必要な措置として内閣府令で定める措置を講じている者において、金融商品取引業に係る業務に従事していない者として内閣府令で定める者を除く。）

二　当該上場会社等の投資者に対する広報に係る業務に関して重要情

報の伝達を受け、当該重要情報に基づく投資判断に基づいて当該上場会社等の上場有価証券等に係る売買等を行う蓋然性の高い者として内閣府令で定める者

2　前項本文の規定は、上場会社等若しくは上場投資法人等の資産運用会社又はこれらの役員等が、その業務に関して、取引関係者に重要情報の伝達を行つた時において伝達した情報が重要情報に該当することを知らなかつた場合又は重要情報の伝達と同時にこれを公表することが困難な場合として内閣府令で定める場合には、適用しない。この場合においては、当該上場会社等は、取引関係者に当該伝達が行われたことを知つた後、速やかに、当該重要情報を公表しなければならない。

3　第1項ただし書の場合において、当該上場会社等は、当該重要情報の伝達を受けた取引関係者が、法令又は契約に違反して、当該重要情報が公表される前に、当該重要情報に関する秘密を他の取引関係者に漏らし、又は当該上場会社等の上場有価証券等に係る売買等を行つたことを知つたときは、速やかに、当該重要情報を公表しなければならない。ただし、やむを得ない理由により当該重要情報を公表することができない場合その他の内閣府令で定める場合は、この限りでない。

4　前3項の規定により重要情報を公表しようとする上場会社等は、当該重要情報を、内閣府令で定めるところにより、インターネットの利用その他の方法により公表しなければならない。

　要するに、「上場会社等」またはその「役員等」が、「重要情報」を「取引関係者」に対して「伝達」する場合、その「上場会社等」は原則として伝達と同時に「公表」しなければならないということです。

　では、これから、改正金商法（27条の36）に規定されたFDルールについて、⑴規制の対象者、⑵情報伝達の行為者、⑶情報の受領者、⑷規制対象となる情報、⑸規制対象となる行為、⑹公表方法、⑺違反の効果の順に概説します（表1－5）。

表1-5 「FDルール」の概要②

項 目	主な内容
(1) 規制の対象者	「上場会社等」（上場株券等その他の政令で定める有価証券の発行者）
(2) 情報伝達の行為者	「上場会社等」またはその「役員等」（役員、代理人または使用人その他の従業者）
(3) 情報の受領者	「取引関係者」（①金融商品取引業者その他の内閣府令で定める者またはその役員等、および、②上場有価証券等の売買等を行う蓋然性の高い者として内閣府令で定める者）
(4) 規制対象となる情報	「重要情報」（上場会社等の運営、業務または財産に関する公表されていない重要な情報であって、投資者の投資判断に重要な影響を及ぼすもの）
(5) 規制対象となる行為	「伝達」（ただし、取引関係者が、重要情報について守秘義務を負い、かつ、上場有価証券等の売買等をしてはならない義務を負う場合を除く）
(6) 公表の時期	伝達と「同時」（ただし、重要情報に該当することを知らなかった場合等の内閣府令で定める場合は、伝達を知ったあと「すみやかに」）
(7) 公表の方法	内閣府令で定めるところにより、インターネットの利用その他の方法により公表
(8) 違反の効果	行政的な手続により、報告・資料の徴取、検査、公表の指示・命令（対応しない場合、刑事罰（6カ月以下の懲役もしくは50万円以下の罰金またはこれらの併科）の制裁あり）

　なお、本文中では、関係法令を次のように略記する場合があります。
・金融商品取引法（以下、金商法）
・改正後の金融商品取引法（以下、改正金商法）
・改正された金融商品取引法施行令（以下、金商法施行令）
・内閣府令第54号「金融商品取引法第二章の規定による重要情報の公表に関する内閣府令」（以下、重要情報公表内閣府令または内閣府令54号）
・金融商品取引法27条の36の規定に関する留意事項（以下、FDルール・ガイドライン）

1 規制の対象者

〔要点〕

FDルールの規制対象となり、「公表」の義務を負うのは、

・金融商品取引所に上場する社債、株券、投資証券、投資法人債券、社債券等のいずれかの有価証券を発行している上場会社

・投資法人とその資産運用会社

である。

　FDルールは、「上場会社等」（その上場会社等と一定の関係にある者を含む）の発行者が、未公表の決算情報などの重要な情報を証券アナリストなどに提供した場合、すみやかに他の投資家にも公平に情報提供することを求めています。意図的な伝達の場合は同時に、意図的でない伝達の場合はすみやかに、当該の情報を公表する義務が発行体に課されます。

　別の言い方をすると、発行者が未公開の重要な情報の伝達を行う場合、「原則として伝達と同時に、その情報を公表しなければならない。伝達した時点で、伝達した情報が開示を求められる情報だと知らなかった場合には、伝達が行われたことを知ったあと、その情報をすみやかに公表しなければならない」というものです。

　FDルールは、公平かつ適時な情報開示に対する市場の信頼を確保するものです。ということは、発行者の有価証券が市場で広く取引されて、その発行者に関する情報が、有価証券の価額に影響を及ぼす、つまり、投資家の投資判断に重要な影響を及ぼす可能性があるという場面が最初から想定されています。したがって、ここでいう発行者は「上場会社等」に限定されることになるわけです。

　「上場会社等」とは、金融商品取引所に上場する社債、株券、投資証券、投資法人債券、社債券等のいずれかの有価証券を発行している上場会社です。また、上場投資法人（いわゆるJ-REITの発行体）やその資産運用会社も「上場会社等」に該当します。これはインサイダー取引規制と同様に、投資

22　第1章　フェア・ディスクロージャー・ルールを知る

法人では主として業務委託先である資産運用会社で取得物件に関する重要情報の取得・保有・管理が行われているからです。

　上場会社等の範囲について、外国企業はどうでしょう。発行者が外国の者であっても、わが国の金融商品取引所に上場している場合は、原則、わが国のFDルールの対象となるが、指定外国金融商品取引所に上場している場合は除くこととされています（金商法施行令14条の16）。

　この指定外国金融商品取引所とは、外国の金融商品取引所に相当するもののうち、「上場されている有価証券及びその発行者に関する情報の開示の状況並びに売買高その他の状況を勘案して金融庁長官が指定するもの」です（金商法施行令２条の12の３第４号ロ）。ほとんどの海外証券取引所が網羅されています。それぞれ相応の開示制度が整備されている国の取引所の上場企業の場合、FDルールは適用されないというのです。

　その理由は、2017年12月に公表された金融庁のパブリックコメントによれば、「重要情報等の公表について、指定外国金融商品取引所の所在地国の法令が一次的に適用されるため」とのことです。ちなみに、米国の「レギュレーションFD」では外国の発行体は適用除外となっています。

2　情報伝達の行為者

┌─〔要点〕───────────────────────
│
│ ・FDルールの規制対象となる行為は「伝達」にある。その主体は「上
│ 　場会社等」またはその「役員等」（役員、代理人または使用人その他の
│ 　従業者）、上場会社等が投資法人の場合には、その資産運用会社また
│ 　はその役員等も含まれる。
│ ・役員は常に規制対象であり、従業者は「取引関係者に情報を伝達する
│ 　職務を行うこととされている者」とあるので、IR担当である者が行う
│ 　伝達が規制対象と想定される。IR担当でない従業者は、基本的に対象
│ 　とはならない。
│
└─────────────────────────────

「上場会社等」が重要情報の公表義務を負うことになるのは、「上場会社等」またはその一定の関係者が重要情報を取引関係者に伝達する場合です。FDルールの対象となる、その一定の関係者とは、上場企業や投資法人、その資産運用会社の「役員、代理人、使用人その他の従業者（役員等）」です（表1－6）。ここで「役員」とは、取締役、会計参与もしくは執行役またはこれらに準ずる者を指します（金商法21条1項1号）。

ただし、表1－6(c)の代理人、使用人その他の従業者については、「取引関係者に情報を伝達する職務を行うこととされている者が行う伝達」に限られています。そうした情報伝達に従事する者は規制の適用対象と想定されますが、これらに該当しない従業員については、基本的には情報伝達を行う者には該当しないものと考えられます。これに対し、役員については、そうした限定はありません。常に規制の対象となります。

ちなみに、インサイダー取引規制（金商法166条1項1号）に基づく情報伝達・取引推奨規制の対象となる上場会社等の会社関係者は次のような人たちです。なお、①の上場会社等に過去に勤務していた者（退職者）も、「会社関係者」でなくなってから1年間はインサイダー取引規制の対象です。

表1－6　FDルールの対象となる「情報提供者」

(a)　次のいずれかの有価証券（政令で定めるものを除く）であって上場されているものもしくは店頭売買有価証券に該当するもの（注1）その他の政令で定めるものの発行者（上場会社等） ・社債券 ・優先出資証券 ・株券または新株予約権証券 ・投資証券、新投資口予約権証券、投資法人債券、外国投資証券
(b)　上記(a)に該当する投資法人の資産運用会社（注2）（上場投資法人等の資産運用会社）
(c)　上記(a)(b)の役員、代理人、使用人その他の従業者（役員等）

（注1）　現在、店頭売買有価証券に該当するものは存在しない。
（注2）　投資信託および投資法人に関する法律2条21項に定める資産運用会社（登録投資法人の委託を受けてその資産の運用に係る業務を行う金融商品取引業者）をいう。
（注3）　会計参与が法人であるときは、その社員。

24　第1章　フェア・ディスクロージャー・ルールを知る

① 上場会社等の役職員（役員、代理人、使用人、その他の従業者）

② 会計帳簿閲覧請求権を有する株主

③ 許認可権限を有する官庁の公務員

④ 契約関係にある顧問弁護士・引受証券会社など

　ここで留意したいのは、FDルールではインサイダー取引規制の②③④は情報提供者から外れている点です。つまり、FDルールは、①の「上場会社等の役職員（役員、代理人、使用人、その他の従業者）」が対象です。それも、情報受領者に情報伝達する業務上の役割が想定される者に限定されています（改正金商法27条の36第1項）。

　では、具体的に社内のだれが「役員等」に該当するのでしょうか。

　まず役員です。上場会社等の取締役、会計参与、執行役が該当します。上場投資法人（いわゆるJ-REITの発行者）等の執行役員、監査役員、上場投資法人等の資産運用会社の取締役、会計参与、監査役、執行役も該当します。こうした役員でなくなったあと、1年以内の者も該当します。

　次は役員に準じる役職者です。上場会社等または上場法人等の資産運用会社の使用人その他の従業者のうち、執行役員（上場投資法人等の執行役員を除く）その他役員に準じる役職にある者です。具体的には、執行役員、顧問、部長職が該当するでしょう。

　そして、自社の重要事実を取引関係者に伝達することを職務とする部署の職員です。該当するのは、経理部、財務部、人事部、経営企画部、研究開発部、広報・IR部などの部署に属する人たちでしょう。たとえば、アナリストや投資家が会社訪問をするときに、工場や店舗、商品開発の研究現場で案内や説明などをする社員は、日頃はそうした業務を行っていないかもしれません。それでも、訪問がある場合は、いつでも案内や説明の担当者と決まっている場合は、該当する可能性があるといっていいでしょう。

　また、上場会社の子会社の役職員の場合、上場会社本体との兼任者などの場合でない限り、職務上、情報を伝達する業務上の役割が想定されることはないと思われます。したがって、上場会社の子会社の役職員がFDルールでの情報提供者（伝達主体）に該当する場合はきわめてまれだと考えられます。

第2節　日本版フェア・ディスクロージャー・ルールの概要　25

すでに多くの日本の上場会社では、取引所による適時開示の実施（東京証券取引所有価証券上場規程401条など）や、インサイダー取引の未然防止（同449条）、株主との建設的な対話（コーポレートガバナンス・コード原則5−1など）をふまえて、自社の経営組織として情報開示委員会などを設置し、自社の重要情報の管理や社外への開示の手続、開示の責任者などを定めて体制を整備しています。

そうした企業であっても、今回のFDルールの施行を受け、あらためて情報開示委員会の業務マニュアルを見直し、情報伝達・開示等について責任を有する者の範囲や、情報へのアクセス権の付与対象者などを明確にすることが求められます。情報開示に関して、ゼロから体制や手続を構築する必要のある上場会社もあると考えられます。

3 情報受領者の範囲

┌─〔要点〕─────────────────────────────────

・FDルールの規制対象となる情報受領者は「取引関係者」である。具体的には、次の(a)(b)。

(a) 金融商品取引業者、登録金融機関、信用格付業者もしくは投資法人その他の内閣府令で定める者またはこれらの役員等

(b) 当該上場会社等の投資者に対する広報に係る業務に関して重要情報の伝達を受け、当該重要情報に基づく投資判断に基づいて当該上場会社等の上場有価証券等に係る売買等を行う蓋然性の高い者として内閣府令で定める者

└──────────────────────────────────────

金融審議会市場ワーキング・グループに設置された「フェア・ディスクロージャー・ルール・タスクフォース」の「TF報告書」は、FDルールは発行者による公平かつ適時な情報開示に対する市場の信頼を確保するためのルールであり、また金商法が資本市場にかかわる者を律する法律であることもふまえると、FDルールの対象となる情報受領者の範囲は、有価証券の売

26　第1章　フェア・ディスクロージャー・ルールを知る

表1－7　情報受領者の範囲

(a)　証券会社、投資運用業者、投資顧問業者、投資法人、信用格付業者などの有価証券に係る売買や財務内容等の分析結果を第三者へ提供することを業として行う者、その役員や従業員
(b)　発行者から得られる情報に基づいて発行者の有価証券を売買することが想定される者

(出所)　「TF報告書」p.3

買に関与する蓋然性が高いと想定される者とすることが適切であるとしています。そして、「情報受領者の範囲」として表1－7のような者を掲げています。

(1) 取引関係者

　これを受け、改正金商法では、「FDルール」の対象となる情報受領者を「取引関係者」と呼び、これに該当する者として以下の者を規定しています（改正金商法27条の36第1項1号・2号）。

(a)　金融商品取引業者、登録金融機関、信用格付業者もしくは投資法人その他の内閣府令で定める者またはこれらの役員等（重要情報の適切な管理のために必要な措置として内閣府令で定める措置を講じている者において、金融商品取引業に係る業務に従事していない者として内閣府令で定める者を除く）。

(b)　当該上場会社等の投資者に対する広報に係る業務に関して重要情報の伝達を受け、当該重要情報に基づく投資判断に基づいて当該上場会社等の上場有価証券等に係る売買等を行う蓋然性の高い者として内閣府令で定める者。

　「FDルール」の対象となる情報受領者（「取引関係者」）を、(a)「金融商品取引業者、登録金融機関など」、(b)「売買を行う蓋然性の高い者」に大別しているのです。

　(a)は、有価証券に係る売買を業とする者や財務内容等の分析結果を第三者へ提供することを業として行う者を一括りにしたものです。たとえば、金融商品取引業者（証券会社）における、セルサイド・アナリストや自己勘定で

第2節　日本版フェア・ディスクロージャー・ルールの概要　27

上場会社の株式や社債の売買取引を担当するディーリング部門の従業員を想定していると思われます。

(b)は、機関投資家や当該上場会社等の株主や投資家が想定されており、ここには報道関係者は含まれていないと考えられます。

2017年12月27日、「重要情報の公表に関する内閣府令」（重要情報公表内閣府令）が公布されました。その4条の「取引関係者の範囲」は、(a)として表1－8のような者を掲げていいます。

表1－8で、(1)金融商品取引業者は、金融商品取引法で規定される金融商品取引業を行うため、金融庁に申請・登録を受けた業者のことです。証券会社、投資信託委託会社、投資顧問会社、金融先物取引業者などがあります。(2)登録金融機関は原則として証券会社が行うような株式の取扱いなどの有価証券関連業を行うことはできませんが、内閣総理大臣の登録を受けることで、投資信託の販売等の有価証券関連業の一部を行うことができます。

表1－8　内閣府令：取引関係者の範囲①

(a)　金融商品取引業者、登録金融機関、信用格付業者もしくは投資法人など

(1)　金融商品取引業者（注1）
(2)　登録金融機関
(3)　信用格付業者その他信用格付業を行う者
(4)　投資法人（注2）
(5)　専門的知識および技能を用いて有価証券の価値等または金融商品の価値等の分析およびこれに基づく評価を行い、特定の投資者に当該分析または当該評価の内容の提供を行う業務により継続的な報酬を受けている者
(6)　高速取引行為者
(7)　外国の法令に準拠して設立された法人で外国において前記(1)(2)(3)(5)(6)と同種類の業務を行う者または外国投資法人

(注1)　投資法人である上場会社等またはその役員等が、その業務に関して、当該上場会社等の資産の運用に係る業務の委託先である上場投資法人（いわゆるJ-REITの発行者）等の資産運用会社に重要情報を伝達する場合における、当該上場投資法人（いわゆるJ-REITの発行者）等の資産運用会社を除く。

(注2)　上場投資法人（いわゆるJ-REITの発行者）等の資産運用会社またはその役員等が、その業務に関して、当該上場投資法人（いわゆるJ-REITの発行者）等の資産運用会社に資産の運用に係る業務を委託している投資法人である上場会社等に重要情報を伝達する場合における、当該投資法人を除く。

(出所)　内閣府令54号（2017年12月27日）

ここで留意したいのは、「金融商品取引業者、登録金融機関、信用格付業者もしくは投資法人」のなかには、金融商品取引業者としての登録を行い、かつ金融商品取引業以外の業務を行う企業もあるという点です。このような企業においては、金融商品取引業に従事している部門と、金融商品取引業に従事していない部門の間に情報遮断措置（いわゆるファイアウォール）、つまり、「重要情報の適切な管理のために必要な措置として内閣府令で定める措置」が講じられている場合には、後者の部門に属している従業員等は「取引関係者」から除外されます（改正金商法27条の36第1項1号）。

　ここでいう「重要情報の適切な管理のために必要な措置」とは、表1－8の(1)(2)(3)(5)(6)に該当する場合であれば、金融商品取引業等以外の業務を行う過程で、上場会社等（またはその役員等）から受領した重要情報を、公表前に金融商品取引業等で利用しないための適切な措置のことです（重要情報公表府令5条）。これをファイアウォール（防火壁。部門間の交流を意図的に遮断すること）と呼んでいるのです。

　(5)は、具体的には証券アナリストを指すといっていいでしょう。金商法に証券アナリストの定義はありませんが、その作成するアナリスト・レポートの顧客によって3つに大別されます。第1に、証券会社に属し、その顧客向けに企業の財務分析や業績予想、株価見通しの業務などを行う者（セルサイド・アナリスト）、第2に、機関投資家の社内で主に資産運用担当者向きにレポートを用意する者（バイサイド・アナリスト）、第3に、格付機関などで企業の財務格付を行う者（クレジット・アナリスト）です。いずれも金融情報を扱い、高度な専門的知見と的確な分析力が求められる業務です。なお、「有価証券の価値」とは、「有価証券関連オプションの対価の額又は有価証券指標の動向」（金商法2条8項11号イ）、「金融商品の価値」とは「オプションの対価の額又は金融指標の動向」（同11号ロ）をそれぞれ指しています。

　改正金商法が定義した、もう一つの「取引関係者」の類型は、「上場会社等の投資者に対する広報に係る業務に関して重要情報の伝達を受け」、「当該重要情報に基づく投資判断に基づいて当該上場会社等の上場有価証券等に係る売買等を行う蓋然性の高い者」です。重要情報公表内閣府令は、4つの

第2節　日本版フェア・ディスクロージャー・ルールの概要　29

「売買等を行う蓋然性の高い者」をあげています（表1－9）。

　ここで(4)「上場会社等の運営、業務または財産に関する情報を特定の投資者等に提供することを目的とした会合の出席者」に注目してください。というのも、(4)の文言にある「出席者」とは、上場会社の決算説明会、個別面談、個人向け説明会、IRセミナーなどに参加して重要な情報を受領する機会のある機関投資家や個人投資家、株主、社債保有者などが相当するとみられるからです。

　(b)類型の「取引関係者」に、親会社が子会社である上場企業等から個別に経営に関する報告を受ける場合や派遣役員などを通じて重要事実の伝達を受ける場合の当該親会社についても、「FDルール・ガイドライン」は（問6）で「上場会社等が他の会社の子会社である場合には、当該上場会社等の属する企業グループの経営管理のために、株主である親会社に重要情報を伝達する場合があると考えられます。このような重要情報の伝達は、通常、「投資者に対する広報に係る業務に関して」行われるものではなく、本ルールの対象とはならないものと考えられます」とし、対象外とされています。

　また、新聞社や通信社、テレビ等の報道機関等は「取引関係者」から除外されています。すでに第1回の「フェア・ディスクロージャー・ルール・タスクフォース」会合（2016年10月21日）で、新聞記者の扱いをめぐって議論が交わされていました（TF第1回議事録参照）。この点に関して、金融庁はFDルールのガイドライン案（2017年10月24日付）に対するパブリックコメン

表1－9　内閣府令：取引関係者の範囲②

(b)　当該重要情報に基づく投資判断に基づいて当該上場会社等の上場有価証券等に係る売買等を行う蓋然性の高い者

(1)　当該上場会社等に係る上場有価証券等の保有者
(2)　適格機関投資家
(3)　有価証券に対する投資を行うことを主たる目的とする法人その他の団体（外国の法令に準拠して設立されたものを含む）
(4)　上場会社等の運営、業務または財産に関する情報を特定の投資者等に提供することを目的とした会合の出席者（当該会合に出席している間に限る）

（出所）　内閣府令54号（2017年12月27日）

トへの回答（No.235）として、「今回策定されたFDルールにおいては、法
（金商法）が資本市場に関わる者を律する法律であることも踏まえ、ルール
の対象となる情報受領者の範囲として、有価証券の売買に関与する蓋然性が
高いと想定される者を規定しています」という回答が載っています。報道機
関はこれに該当しないという判断です。

(2) 守秘義務等

> 〔要点〕
> ・取引関係者が上場会社等から伝達される重要情報について、①第三者
> に伝達しない義務（守秘義務）と、②当該上場会社等の有価証券に係
> る売買等をしてはならない義務（この両者をあわせて「守秘義務等」と
> いう）を課している場合、当該重要情報の公表は不要である。
> ・①証券会社の投資銀行業務を行う部門との間で組織再編や資金調達等
> の相談をするために重要情報を伝達する場合、②信用格付業者に債券
> 等の格付を依頼する際に重要情報を伝達する場合は、当該重要情報の
> 公表は不要である。

　発行者の事業活動はさまざまです。そのなかで証券会社の投資銀行業務を
行う部門との間で組織再編や資金調達等の相談を行って、FDルールの対象
になるような重要情報を伝達することも考えられます。同様に、発行者が信
用格付業者に債券等の格付を依頼する際にもFDルールの対象になるような
重要情報を伝達する場合が考えられます。もちろん、発行者にとって、こう
した活動は正当な事業活動です。

　取引関係者が上場会社等から伝達される重要情報について、当該重要情報
が公表される前に、①第三者に伝達しない義務（守秘義務）および②当該上
場会社等の有価証券に係る売買等をしてはならない義務（以下、両者をあわ
せて「守秘義務等」という）を課されている場合には、当該重要情報の公表は
不要とされています（改正金商法27条の36第1項本文ただし書）。つまり、前出
の「取引関係者」に該当する者に対する伝達であっても、その「取引関係

第2節　日本版フェア・ディスクロージャー・ルールの概要　31

表1 −10　守秘義務等（改正金商法27条の36第1項ただし書）

①　（伝達された）重要情報が公表される前に、その重要情報に関する秘密をほかにもらさない義務（守秘義務）
②　（伝達を行った上場会社等の）上場有価証券等の売買等をしてはならない義務（売買禁止義務）

者」が、法令または契約により、表1 −10の①および②の両方の義務を負う場合には、FDルールの適用対象とはならないというのです。

　それでは、法令により守秘義務等を負っている取引関係者とは、どのような者を想定しているのでしょうか。TF報告書には、「銀行や投資銀行業務を行う証券会社などが、法令や別途の契約により発行者に対して守秘義務等を負う場合は、あらためて守秘義務契約を書面で締結する必要はないものと考えられる」とあります。「FDルール・ガイドライン」は、次のケースを掲げて説明しています。

（問7）　以下のような場合に、伝達した情報を公表する必要がありますか。 ①　証券会社の投資銀行業務を行う部門との間で組織再編や資金調達等の相談をするために重要情報を伝達する場合 ②　信用格付業者に債券等の格付を依頼する際に重要情報を伝達する場合

　ここで「FDルール・ガイドライン」は、具体的な回答の前に次のように語っています。「上場会社等が本ルールの対象となるような重要情報の伝達を行う場合であっても、伝達の相手方である取引関係者が、法令又は契約により、当該重要情報を上場会社等が公表する前にこれを他に漏らさない義務（守秘義務）及び当該上場会社等の有価証券に係る売買等を行わない義務を負う者である場合には、伝達された重要情報の公表が行われなかったとしても、市場の信頼が害されるおそれは少ないと考えられることから、当該重要

32　第1章　フェア・ディスクロージャー・ルールを知る

情報の公表は不要とされています（金商法第27条の36第１項ただし書）」。

そして、「問にある場合については、以下のように考えられます」として、２つの質問に対し次のように回答しています。

「①　証券会社の投資銀行業務を行う部門については、その職員は、金商法令において、法人関係情報に基づいて当該情報に係る有価証券の取引を行うことが禁じられています（金商法第38条第８号、金融商品取引業等に関する内閣府令（以下「金商業府令」）第117条第１項第16号）。また、証券会社は、金商法令上、法人関係情報の管理について、不公正な取引の防止を図るために必要かつ適切な措置を講じることが求められており（金商法第40条第２号、金商業府令第123条第１項第５号）、これを踏まえて制定された日本証券業協会の規則において、業務上、法人関係情報を取得する可能性が高い投資銀行業務を行う部門は、他の部門から物理的に隔離すること等、取得した法人関係情報が業務上不必要な部門に伝わらないよう管理すること、法人関係情報は、一定の場合を除き、伝達を行ってはならない旨を社内規則等で定めることが求められています。

このため、このような管理体制が整備されている証券会社の投資銀行業務を行う部門への重要情報の伝達については、上場会社等により当該重要情報の公表が行われなかったとしても、市場の信頼が害されるおそれは少ないと考えられます。

②　信用格付業者については、金商法令上、信用格付業の業務に関して知り得た情報につき、目的外利用がされないことを確保するための措置及び秘密漏洩防止を図るための措置をとることが求められていること（金商法第66条の33第１項、金商業府令第306条第１項第12号）を踏まえれば、このような措置を講じている信用格付業者に債券等の格付を依頼する際の重要情報の伝達については、上場会社等により当該重要情報の公表が行われなかったとしても、市場の信頼が害されるおそれは少ないと考えられます」。

では、守秘義務等に違反した情報漏洩が発生した場合、上場会社等はどう対応すればよいのでしょうか。改正金商法では、上場会社等が守秘義務等を負う取引関係者に重要情報を伝達し、当該取引関係者が当該守秘義務等に違

第２節　日本版フェア・ディスクロージャー・ルールの概要　33

反して第三者に重要情報を伝達した場合に、そのような状態になったことを上場会社等が知った場合には、すみやかに当該重要情報を公表しなければならないと規定しています（改正金商法27条の36第3項本文）。

　ただし、「やむを得ない理由により当該重要情報を公表できない場合その他の内閣府令で定める場合」には、当該重要情報の公表を求めないことにしています（同項ただし書）。これは、金融審議会で、進行中のM&A（企業の合併・買収）等に関する情報がルールの対象になる情報受領者からもれたような場合など、当該案件の進捗度によっては、当該情報を公表することが困難な場合もありうるとの指摘があったことをふまえた規定です。

　そして、重要情報公表内閣府令9条には、「やむを得ない理由により当該重要情報を公表できない場合その他の内閣府令で定める場合」の具体的な内容として、①取引関係者が受領した重要情報が、当該上場会社等が行い、または行おうとしている合併・分割・事業譲渡・資本提携・公開買付け等に係るものであって、当該重要情報を公表することにより、当該行為の遂行に重大な支障が生ずるおそれがあるとき、②取引関係者が受領した重要情報が、当該上場会社等が発行する有価証券の募集もしくは売出しまたはこれに類する行為に係るものであって、当該重要情報を公表することにより、当該行為の遂行に重大な支障が生ずるおそれがあるとき、を掲げています。

　この点で、EUの対応はやや異なっています。TF報告書は、「情報受領者が、守秘義務に違反して当該情報を他者に伝え、その伝達の事実を発行者が把握した場合、EUでは、やむをえない場合でも、情報の秘密性が保たれていないことを理由として、発行者に情報の公表義務が課されている。一方、米国では、そのような場合に、発行者には情報の公表義務は課されていない」（p.4）と指摘しています。

　また「FDルール・ガイドライン」は「上場会社等がその業務に関して取引関係者（FDルールの対象になる情報受領者）に伝達した情報について、当該の取引関係者から、この情報が重要情報に該当するのではないかとの指摘を受けた」場合の上場会社等の対応について、次のように答えています（問3）。

34　第1章　フェア・ディスクロージャー・ルールを知る

「両者の対話を通じて、

①　当該情報が重要情報に該当するとの指摘に上場会社等が同意する場合は、当該情報を速やかに公表する

②　両者の対話の結果、当該情報が重要情報に該当しないとの結論に至った場合は、当該情報の公表を行わない

③　重要情報には該当するものの、公表が適切でないと考える場合は、当該情報が公表できるようになるまでの間に限って、当該取引関係者に守秘義務及び当該上場会社等の有価証券に係る売買等を行わない守秘義務を負ってもらい、公表を行わない

といった対応を取ることが考えられる」。

4　重要情報

〔要点〕

- 重要情報とは、「上場会社等の運営、業務又は財産に関する公表されていない重要な情報であつて、投資者の投資判断に重要な影響を及ぼすもの」（改正金商法27条の36第1項本文）である。
- 重要情報の範囲は、公表前の決算情報については、機関決定に至っていない情報やインサイダー取引規制上の重要事実となる基準に満たない情報であっても重要情報に該当する可能性がある。
- インサイダー取引規制上の重要事実に加えて、公表前の確定的な情報の扱いなどに留意が求められる。
- 経営者とのミーティングや事業説明会、研究所や工場の施設見学などで提供されるような情報など、他の情報と組み合わさることによって投資判断に影響を及ぼしうるものの、その情報のみでは直ちに投資判断に影響を及ぼすとはいえない情報（いわゆるモザイク情報）は、重要情報に含まれない。

FDルールの対象となる重要情報について、まず、その範囲が問われま

第2節　日本版フェア・ディスクロージャー・ルールの概要　35

す。改正金商法は、FDルールの対象とされ、公表が義務づけられる「重要情報」を次のように定義しています。

「上場会社等の運営、業務又は財産に関する公表されていない重要な情報であつて、投資者の投資判断に重要な影響を及ぼすもの」（改正金商法27条の36第1項本文）。

FDルールの出発点となった「TF報告書」は、「重要情報」について次のように記載しています（3.(1)①）。

「本ルールは、公平かつ適時な情報開示に対する市場の信頼を確保するためのものであることから、欧米の制度と同様に、投資判断に影響を及ぼす重要な情報を対象とすることが適当である。

対象となる重要情報の範囲を検討するにあたっては、本ルールの適用に際し、

・発行者が、本ルールを踏まえて適切に情報管理することが可能となるようにするとともに、

・情報の受領者である投資家においても、発行者から提供される情報がFDルールの対象になるかどうかの判断が可能となるようにし、本ルールの対象となると思料する場合には発行者に対して注記喚起できるようにする

ことで、発行者と投資家の対話の中で何が重要な情報であるかについてプラクティスを積み上げることができるようにすることが望ましい」。

そして、具体的な重要情報の範囲として、「インサイダー取引規制の対象となる情報の範囲と基本的に一致させつつ、それ以外の情報のうち、発行者又は金融商品に関係する未公表の確定的な情報であって、公表されれば発行者の有価証券の価額に重要な影響を及ぼす蓋然性があるものを含めることが考えられる」としています。

具体的に決算情報に関する実務に即して考えてみると、インサイダー取引規制では、公表された直近の予想値と新たに算出した予想値または決算の数値と間に重要な差異（売上高で1割、利益で3割以上）がある場合にのみ、重要事実（決算情報）に該当するのですが（あとで詳しく説明します）、FDルールでは、インサイダー取引規制における重要事実に該当しない決算数字にか

かわる情報であっても、重要情報に該当する可能性があります。

　一方、TF報告書は「工場見学や事業別説明会で提供されるような情報など、他の情報と組み合わさることによって投資判断に影響を及ぼし得るものの、その情報のみでは、直ちに投資判断に影響を及ぼすとはいえない情報（いわゆるモザイク情報）は、本ルールの対象外とすることが適当である」としています。

　モザイク（mosaic）とは、石・ガラス・貝殻・木などの小片を寄せてつくる絵や図表、模様を指します。建築物の床・壁面や陶器（タイル）など工芸品の装飾のために施されるものです。モザイク情報とは、その情報のみでは、直ちに投資判断に影響を及ぼすとはいえないが、他の情報と組み合わさることによって投資判断に影響を及ぼす可能性がある情報のことです。FDルールでは、その情報だけでは規制対象となる重要情報ではないというのです。

　FDルールの対象となる重要情報は、「当該上場会社等の運営、業務又は財産に関する公表されていない重要な情報」であるという定義がすべてで、重要情報の詳細をガイドラインや内閣令に委託する規定はありません。つまり、「当該上場会社等の運営、業務又は財産に関する公表されていない重要な情報」であること、「投資者の投資判断に重要な影響を及ぼすもの」という定性的な判断を求めています。

(1)　先行する米国／EUで対象となる「重要情報」

　日本におけるFDルールの本格的な検討に入った、最初の「フェア・ディスクロージャー・ルール・タスクフォース」会合（2016年10月21日）で配布された事務局資料に、米国・EUにおける「FDルール」の対象となる情報の例が掲載されています（表1-11）。

　また、TF報告書は、「FDルール」の対象となる、米国における「重要な情報」、およびEUにおける「発行者に直接関係する内部情報」の定義を紹介しています（表1-12）。

第2節　日本版フェア・ディスクロージャー・ルールの概要　37

表1-11　米国・EUにおける「FDルール」の対象となる情報の例

○米国のフェア・ディスクロージャー・ルール（Regulation FD）（注1）

> 　フェア・ディスクロージャー・ルール（Regulation FD）における、「重要な」情報の具体例は以下のとおりとされている（ただし、「重要な」情報はこれらに限られるものではなく、また、これらの事由に該当するからといってすべてが「重要な」情報となるわけではないとされている）。
>
> ・財務情報
> ・合併、買収、公開買付け、合弁会社その他資産に関する変化
> ・新製品、新発見または顧客もしくは供給者に関する変化（例：契約の締結または喪失）
> ・支配または経営に関する変化
> ・会計士に関する変化または発行会社が監査人の監査報告に依拠できないとする会計士の通知
> ・発行会社の証券に関する事象（例：シニア債等のデフォルト、証券の償還請求、買戻し、株式分割または配当額の変更、証券保有者の権利に関する変更、証券の市場取引または相対取引）
> ・破産または財産管理

○EUの市場阻害行為指令（Market Abuse Directive）（注2）

> 　市場阻害行為指令（Market Abuse Directive）において、ルールの対象となる情報の具体例は以下のとおりとされている（ただし、ルールの対象となる情報は下記事由に限られるものではなく、また、下記事由に該当するからといってすべてがルールの対象となるわけではないとされている）。

［業績に関する情報］ ・事業成績 ・収益または損失の見込みの変化 ［組織体制または保有資産に関する情報］ ・合併、会社分割 ・持分その他の主要な資産等の購入または処分 ・発行者の資産および責任、財務状態または損益に影響を及ぼす再編成 ・無保険の財産の物理的損傷 ・資産価値の重要な変化 ・有形資産の価値の減少 ・ポートフォリオ中の金融商品の価値の増減	［会社支配に関する情報］ ・支配および支配に関する合意の変更 ・経営陣および経営委員会の異動 ・解散またはその事由の発生 ・発行者の運営方針の重要な変化 ［監査役に関する情報］ ・監査役の変更その他の監査役の活動に関連する情報 ［株式等に関する情報］ ・株式または社債もしくはワラントの発行・資本金の増減の決定 ・自己株式の取得または他の上場金融商品の取引に関する決定 ・発行者自身の上場種類株式の権利内

38　第1章　フェア・ディスクロージャー・ルールを知る

・市場の進展に関する特許または無形資産の価値の減少 ・資産について買収の対象となること ・関連する債務者の支払不能 ［事業内容に関する情報］ ・新たな許認可、特許、登録商標 ・革新的な商品または製法 ・重要な取引に係る注文もしくはそのキャンセル、またはその大きな変更 ・新事業からの撤退または新事業への進出	容の変更 ・剰余金配当もしくは配当金支払の日程または配当額、配当支払ポリシーの変更 ［経営危機に関する情報］ ・破産手続開始の申立てまたは破産手続命令 ・銀行からの取引拒絶 ［訴訟に関する情報］ ・重要な法的紛争 ・重大な製造物責任または環境的な損害に関する訴訟

（注1） SEC, "Final Rule: Selective Disclosure and Insider Trading" Release No. 33-7881, 34-43154, IC-24599, File No. S7-31-99（2000/08/21）

（注2） CESR, "Market Abuse Directive Level 3-second set of CESR guidance and information on the common operation of the Directive to the market"（CESR/06-562b）（July 2007）

（出所） 金融審議会　市場ワーキング・グループ「フェア・ディスクロージャー・ルール・タスクフォース」（第1回会合　平成28年10月21日）資料2

表1-12　米国・EUにおける「重要な情報」および「発行者に直接関係する内部情報」

・米国証券取引委員会（SEC）のガイダンスによれば、「重要」とは、「合理的な株主が投資判断に際して重要と考える相当の蓋然性があること」とされている。 ・EUの市場阻害行為規則によれば、「発行者に直接関係する内部情報」とは、「発行者または金融商品に直接または間接に関係する未公表の確定的（precise nature）な情報であって、公表されれば金融商品の価額に重要（significant）な影響を及ぼす蓋然性があるもの」とされている。

（出所）「TF報告書」p.1

(2)　インサイダー規制の対象となる重要情報

　改正金商法は、FDルールの対象となる「重要情報」を「インサイダー取引規制の対象となる情報の範囲をベースとする」（「TF報告書」p.2）としています。そこで、インサイダー取引規制の対象となる情報の範囲についてみ

てみます。

　インサイダー取引規制には、発行会社の重要事実に関する規制（金商法166条）と公開買付け等に関する規制（金商法167条）の２つがあります。

　前者は、会社関係者等が、重要事実を知って、当該事実が公表される前に、特定有価証券等（株券、社債等、優先出資証券、新株予約権証券のほか、これらの証券に係るオプション等を表示する、いわゆるカバードワラントや他社株転換条項付社債、投資法人の発行する投資証券等）を売買等してはならないという規制です。後者は、公開買付け関係者が、公開買付け等の事実を知って、その公表前に、特定有価証券等を売買等してはならないとするものです。どちらも、情報の保有者または受領者に対する規制です。

　インサイダー取引規制がいう「重要事実」は、よく「インサイダー情報」ともいわれます。これには、上場会社にかかわる重要事実とその子会社にかかわる重要事実があり（金商法166条２項）、表１−13の８つに類別されています。また、上場投資法人に関する重要事実（金商法166条２項９号〜14号）も規定されています。

　ここでは、上場会社における「重要事実」について要点をまとめておきましょう。

　①「決定事実」は、会社の「業務執行を決定する機関」が、各事項を「行うことについて決定」した、または公表されている決定に係る事項を「行わないことを決定」したという事実です（金商法166条２項１号）。例として、新株発行・自己株式処分、資本金の額の減少、自己株式の取得、合併などがあげられます。

　ここで、「会社の業務執行を決定する機関」とは、会社法所定の決定権限のある機関に限られず、「実質的に会社の意思決定と同視されるような意思決定を行うことのできる機関であれば足りる」と解されています（最判平11．6．10、日本織物加工事件）。「決定」の有無については、「実現可能性が全くあるいはほとんど存在」しない場合を別として、「実現可能性があることが具体的に認められることは要しない」とする判例があります（最決平23．6．6、村上ファンド事件）。ただし、この事案は公開買付け等関係者に関す

40　第1章　フェア・ディスクロージャー・ルールを知る

表 1 −13　インサイダー取引規制の「重要事実」

○上場会社の「重要事実」

①　決定事実：会社の意思決定にかかわる重要事実	新株発行・自己株式処分、資本金の額の減少、自己株式の取得、合併など	金商法166条 2 項 1 号、取引規制府令49条
②　発生事実：会社の意思に関係なく発生する重要事実	災害に起因する損害、主要株主の異動、訴訟の提起、行政処分など	金商法166条 2 項 2 号、取引規制府令50条
③　決算情報：会社の決算にかかわる事実	業績予想、配当予想の修正等	金商法166条 2 項 3 号、取引規制府令51条
④　その他の重要事実（いわゆるバスケット条項）	①〜③のほかに、会社の運営、業務、財産に関する重要事実で、投資家の判断に著しい影響を及ぼすもの	金商法166条 2 項 4 号
⑤　子会社に係る決定事実	子会社の合併、子会社の解散など	金商法166条 2 項 5 号、取引規制府令52条

○子会社の「重要事実」

⑥　子会社の発生事実	子会社の災害に起因する損害、子会社の訴訟の提起、子会社の行政処分など	金商法166条 2 項 6 号、取引規制府令53条
⑦　子会社の業績変動等	子会社の業績予想の修正等	金商法166条 2 項 7 号、取引規制府令55条
⑧　子会社のその他の重要事実（いわゆる子会社に係るバスケット条項）	⑤〜⑦のほかに、子会社の運営、業務、財産に関する重要事実で、投資者の判断に著しい影響を及ぼすもの	金商法166条 2 項 8 号

（注）　取引規制府令：有価証券の取引等の規制に関する内閣府令

るものです。

　②「発生事実」とは、会社の意思にかかわりなく、その会社について発生する事実です。例として、災害に起因する損害、主要株主の異動、訴訟の提起、行政処分などがあげられます。

　③「決算情報」は、業績予想の変動を意味します。たとえば、上場会社等

第 2 節　日本版フェア・ディスクロージャー・ルールの概要　41

（単体）の売上高等（売上高、経常利益、純利益）・配当や、その上場会社等の属する企業集団（連結）の売上高等の新たな予想値が、公表された直近の予想値（または実績値）と比較して一定以上変動した場合が、これに該当します。

④「その他の重要事実（いわゆるバスケット条項）」は、①〜③のほかに、当該上場会社等会社の運営、業務、財産に関する重要事実で、投資家の判断に著しい影響を及ぼすものです。これが、いわゆる「バスケット条項」です。後述するように、バスケット条項を設けることで、重要事実として個別に規定されていなくても、投資判断に著しい影響を及ぼすものについては規制の対象とすることができます。

軽微基準と重要基準

ここで、「重要事実」のうち、①「決定事実」と②「発生事実」について、軽微基準（重要事実に該当しない場合）が定められ、また、決算情報については重要事実となる基準が定められているという点を見逃してはいけません。

「決定事実」と「発生事実」に該当するものであっても、一定の数値基準に満たないものは「投資者の投資判断に及ぼす影響が軽微」であるために「重要事実」として取り扱わず、インサイダー取引規制の対象から除くこと（金融商品取引法166条2項1号・2号）とされているのです。この「一定基準」のことを「軽微基準」といいます。

たとえば、災害に起因する損害または業務遂行の過程で生じた損害であれば、損害の額が純資産額の3％未満である場合が「軽微基準」として定められています（有価証券の取引等の規制に関する内閣府令（取引規制府令）50条1号）。どのような場合が「軽微基準」に該当するかを知るためには、金融庁の「重要事実と軽微基準等の一覧」（www.fsa.go.jp/singi/singi_kinyu/insider/siryou/20111005/03.pdf）を参照するといいでしょう。

もう一つは、③「決算情報」で重要事実となる基準です。「重要事実」のうち、「決算情報（業績予想の変動）」については、変動幅が一定の形式基準以上であった場合に、重要性がある（「重要事実」に該当する）と判断するこ

ととされています（金商法166条2項3号）。この形式基準のことを「重要基準」といいます。

たとえば、売上高の変動であれば、その比率が10％以上の場合に「重要事実」に該当することとされ、また配当金の変動であれば、その比率が対前期比20％以上の場合に「重要事実」に該当します（取引規制府令51条、表1－14を参照）。

バスケット条項

④「バスケット条項」は、金商法に規定される「（業務等に係る）重要事実」のうち、「決定事実」「発生事実」「決算情報」以外で「当該上場会社及び子会社の運営、業務または財産に関する重要な事実であって投資者の投資判断に著しい影響を及ぼすもの」をいいます（金商法166条2項4号・8号）。

これまでみてきたように、金商法では、インサイダー取引規制の対象となる「重要事実」を「決定事実」「発生事実」「決算情報」に区分して詳細に規定しています。しかし、投資者の投資判断に著しい影響を与える重要事実のすべてを事前に法律で定めることは不可能です。そのため、同法は広い範囲の事項をカバーする「バスケット条項」を設けて、投資判断に著しい影響を及ぼすものについては規制の対象としているのです。

個別の事案について、「投資者の投資判断に著しい影響を及ぼす」かどうかを判断することは必ずしも容易ではありません。「バスケット条項」に関連する裁判例を追うと、マクロス株事件（約40億円の架空売上計上および、これによる約30億円の営業資金不足が発覚したケース。東京地判平4.9.25）、日本商事事件（自社の新薬投与による副作用死亡例の発生（重要事実）を知り、公表前に同社株券を売り付けたとして会社役職員や取引先職員、医師（第1次情報受領者）が告発されたケース。最判平11.2.16、大阪高判平13.3.16（差戻後控訴判決））などがあります。

また、近年においても、架空売上げを計上するなど虚偽の記載のある連結損益計算書等を掲載した有価証券報告書を提出（2期）し、その後の新株予約権付社債の募集にあたり、虚偽の有価証券報告書をとじ込んだ有価証券届出書を提出したとして、当該会社、代表取締役社長、役員2名が告発された

ケース（オー・エイチ・ティー事件、広島地判平21. 4 .28）などがあります。

表 1 −14　インサイダー取引規制の対象となる情報の範囲

対象	対象外
法律で列挙されている重要事実	軽微基準
株式の募集	払込金額総額が 1 億円未満
資本金の額の減少	—
株式交換・株式移転	子会社となる会社の総資産額が親会社となる会社の純資産額30％未満かつ子会社の売上高が親会社の売上高10％未満
合併	合併による資産増加額が純資産額30％未満かつ売上高増加額が売上高10％未満
災害に起因する損害または業務遂行の過程で生じた損害	損害額が純資産額の 3 ％未満
上場廃止申請	—
財務情報	公表済の数値からの売上高10％未満かつ経常利益・純利益30％未満の変動
新製品・新技術の企業化	今後 3 年間の年度ごとの売上増加額が売上高の10％未満かつ支出額が固定資産の10％未満
バスケット条項 「投資者の投資判断に著しい影響を及ぼすもの」 ・判例等 ➤多額の架空売上計上と営業資金の不足（東京地判平 4 . 9 .25） ➤販売した新薬につき副作用とみられる死亡例の発生（大阪高判平13. 3 .16） ➤監視委からの強制調査を受け、粉飾決算が明らかになりそうであるという事実（さいたま地判平21. 3 .31） ➤過年度決算数値の過誤（平21.11.20課徴金納付命令）	➤期末時点での決算の見込み等については、軽微基準に該当する情報でも株価に影響を及ぼすものがあり、こういった情報の伝達が先般の証券会社に対する行政処分の事案で問題となった。 ➤このため、フェア・ディスクロージャー・ルールについては、こうした軽微基準に該当するものであっても、株価に影響を及ぼす情報については対象とする必要がある。

（出所）　未来投資会議構造改革徹底推進会合「企業関連制度改革・産業構造改革―長期投資と大胆な再編の促進」会合（第 5 回）、「資料 4 − 1 　金融庁提出資料①」(2017年 3 月10日)

法人関係情報に関する規制

インサイダー取引規制に関連して、金商法は金融商品取引業者に対して「法人関係情報」の適切な管理を義務づけています（金商法40条2号、金融商品取引業等に関する内閣府令123条1項5号）。この規制の対象になる情報は、次の2つです（金融商品取引業等に関する内閣府令（以下「金融商品取引業等府令」）1条4項14号）。

(a) 上場会社等の運営、業務または財産に関する未公表の重要な情報であって顧客の投資判断に影響を及ぼすと認められるもの

(b) 公開買付け、これに準ずる株券等の買集めおよび公開買付けの実施または中止の決定に係る未公表の情報

ここで、(a)の法人関係情報は、①「上場会社の情報」、②「未公表の情報」、③「投資判断に影響を与えうる情報」であることが要件となります。

そして、金商法は金融商品取引業者に対し、法人関係情報を利用した投資勧誘や、会社や従業員による取引を禁止しています（金商法38条9号、金融商品取引業等府令117条1項14～16号）。また金融商品取引業者（証券会社）が情報提供者となって、インサイダー取引の原因をつくったような場合には、こうした規制に違反したとして行政処分（登録取消し、業務停止命令、業務改善命令）の対象になります（金商法51条、52条など）。

金融商品取引業者等に対して提供される情報が、金融商品取引業等府令に規定する「法人関係情報」（金融商品取引業等府令1条4項14号）に該当する場合、金融商品取引業者等にはおよそ次の5点が求められています（注）。

① 法人関係情報を提供して勧誘する行為の禁止（同117条1項14号）

② 法人関係情報の公表前に、売買等をさせることにより顧客に利益を得させ、損失の発生を回避させる目的をもって、勧誘する行為の禁止（同117条1項14号の2）

③ 募集に伴う需給調査にあたって、所要の措置を講じることなく、調査対象者等に法人関係情報を提供する行為の禁止（同117条1項15号）

④ 法人関係情報に基づく自己の計算による有価証券の売買等の禁止（同117条1項16号）

⑤　法人関係情報の管理などに必要かつ適切な措置（同123条1項5号）

　（注）　さらなる詳細は、横山淳「日証協によるアナリストの取材等に関するガイドライン」（大和総研、2016年10月21日）を参照されたい。

　日本証券業協会は、この法令に準じて、証券会社など金融商品取引業者向けに「法人関係情報管理規定」の社内規定モデルを公表しています（www.jsda.or.jp/shiryo/houjinkankei.pdf）。法人関係情報に関する規制は証券会社だけではなく、投資顧問会社や投資運用会社はもちろん、第二種金融商品取引業（ファンドの自己募集など）の会社も対象となります。とりわけ、不動産信託受益権を取り扱う会社の場合、不動産の買収や処分に関連する情報は、法人関係情報となりかねないので、注意したいところです。

　こうしてみると、インサイダー取引規制の対象となる情報、法人関係情報、FDルールの対象となる情報は、似たようなものであることがわかります。定義の言い回しも「投資者の投資判断に著しい影響を及ぼすもの」（インサイダー取引規制）、「顧客の投資判断に影響を及ぼすと認められるもの」（法人関係情報）、「投資者の投資判断に重要な影響を及ぼすもの」（FDルール）とほぼ同じです。違いは「著しい影響」（インサイダー取引規制）か、「影響」（法

表1－15　インサイダー取引規制、法人関係情報、FDルールが対象にする「情報」

規　則	対象にする情報	関係する法令
インサイダー取引規則	当該上場会社および子会社の運営、業務または財産に関する重要な事実であって投資者の投資判断に著しい影響を及ぼすもの（バスケット条項）	金商法166条2項8号
法人関係情報規則	上場会社等の運営、業務または財産に関する未公表の重要な情報であって顧客の投資判断に影響を及ぼすと認められるもの（法人関係情報）	金融商品取引業等に関する内閣府令1条4項14号
FDルール	上場会社等の運営、業務または財産に関する公表されていない重要な情報であって、投資者の投資判断に重要な影響を及ぼすもの	改正金商法27条の36第1項

46　第1章　フェア・ディスクロージャー・ルールを知る

人関係情報規則）か、「重要な影響」（FDルール）か、にあります（表1 −15）。

(3) 取引所の適時開示基準

さて、FDルールが対象にする「重要情報」の範囲を知るために、取引所の適時開示基準を忘れるわけにはいきません。

金融商品市場の機能が十分に発揮されるためには、市場の公正性と健全性に対する投資者の信頼が確保されていなければなりません。そのためには有価証券について適切な投資判断材料が提供されていることが必要となります。

そうした投資判断に有用な企業情報を提供する制度として、金商法に基づく法定開示制度（有価証券届出書、有価証券報告書、四半期報告書など）と、金融商品取引所における適時開示制度があります。これを受けて、多くの上場会社の株主・投資家向けウェブサイトには次のような「情報開示方針」や「情報開示の基準」が載っています。

・A社（不動産）の「情報開示方針」……「当社は、株主・投資家の皆さまの投資判断に影響を与える決定事実、発生事実、決算情報等の重要情報の開示について、東京証券取引所ほか各証券取引所が有価証券上場規程等において定める基準（以下「適時開示基準」と言います）に則り、情報開示を行います。また、適時開示基準に該当しない情報であっても、株主・投資家の皆さまにとって有用な情報については、積極的な情報開示に努めています」。

・B社（電機）の「情報開示の基準」……「情報の開示にあたっては、金融商品取引法その他諸法令ならびに東京証券取引所の「有価証券上場規程」に定める会社情報の適時開示に関する規定（以下、「適時開示規則」）に従って情報開示を行うとともに、適時開示規則に該当しない場合でも、投資家の方々に当社を理解いただくために重要あるいは有益であると判断した情報につきましては積極的に開示します」。

A社もB社も金商法と東京証券取引所ほか各証券取引所が有価証券上場規程等で定める基準（「適時開示基準」）にのっとり、情報開示を行うと謳って

第2節　日本版フェア・ディスクロージャー・ルールの概要　47

表1−16　東証：適時開示の概要（2015年5月1日現在）

○上場会社の情報

上場会社の決定事実（40項目）
・発行する株式、処分する自己株式、発行する新株予約権、処分する自己新株予約権を引き受ける者の募集または株式、新株予約権の売出し
・発行登録および需要状況調査の開始
・資本金の額の減少
・資本準備金または利益準備金の額の減少
・自己株式の取得　など
上場会社の発生事実（27項目）
・災害に起因する損害または業務遂行の過程で生じた損害
・主要株主または主要株主である筆頭株主の異動
・上場廃止の原因となる事実
・訴訟の提起または判決等
・仮処分命令の申立てまたは決定等　など
上場会社の決算情報
・決算短信
・四半期決算短信
上場会社の業績予想、配当予想の修正等
・業績予想の修正、予想値と決算値の差異等
・配当予想、配当予想の修正
その他の情報
・投資単位の引下げに関する開示
・財務会計基準機構への加入状況に関する開示
・MSCB等の転換または行使の状況に関する開示
・支配株主等に関する事項の開示
・非上場の親会社等の決算情報
・上場廃止等に関する開示
・公開買付け等事実の当取引所への通知

○子会社の情報

子会社の決定事実（15項目）
子会社の発生事実（12項目）
子会社の業績予想の修正等（子会社の業績予想の修正、予想値と決算値の差異等）

（出所）　東証「適時開示が求められる会社情報」(www.jpx.co.jp/equities/listing/disclosure/01.html)

います。

　東証はこの適時開示制度について、「金融商品取引所の規則により、重要な会社情報を上場会社から投資者に提供するために設けられているものであり、投資者に対して、報道機関等を通じてあるいは直接に、広く、かつ、タイムリーに伝達するという特徴があります」（東証「会社情報の適時開示制度」http://www.jpx.co.jp/equities/listing/disclosure/index.html）と説明しています。

　取引所の「適時開示規則」にもインサイダー取引規制と同様、「開示が求められる会社情報」として、「決定事実に関する情報」（40項目）、「発生事実に関する情報」（27項目）、「決算情報」が並んでいます（表1－16）。

　東証の適時開示基準で「開示が求められる会社情報」とは、有価証券の投資判断に重要な影響を与える上場会社の業務、運営または業績等に関する情報です。インサイダー取引規制の重要事実に該当する重要事実よりも広い範

表1－17　インサイダー取引規制と取引所の適時開示

適時開示（取引所規則）	インサイダー取引規制
○投資者のための情報提供の枠組み ・投資判断に影響を与える重要な会社情報を適時、適切に開示することで、公正な価格形成を確保し、投資者保護を図る目的 ・正確性が求められる金商法上の法定開示に対し、迅速性・適時性を重視する速報版としての位置づけ ・"Always Disclose"（「常に開示」→重要な会社情報はすべて開示が必要）	○市場の信頼性確保のための規制 ・内部者情報を知りうる立場にある者が、一般投資者が知りえない情報を知って取引を行うことは不公平 ・証券市場の公正性と健全性を損ない、投資家の証券市場への信頼を失わせる行為を取り締まるもの ・"Disclose or Abstain"（「開示または断念」→開示を直接的に義務づけているものではない。未公表の重要事実を知ってその株式の取引をしなければ問題なし）
～1974年：各社への個別要請による運用 　1974年：東証理事長による要請 　1999年：適時開示規則の制定	1988年：証券取引審議会報告 1989年：改正証券取引法により施行

（出所）　金融審議会インサイダー取引規制に関するワーキング・グループ第2回資料3「インサイダー取引規制と取引所の適時開示」（2011年8月2日）

第2節　日本版フェア・ディスクロージャー・ルールの概要　49

囲の情報が対象となっています。たとえば、重要事実ではないが適時開示が必要な情報として商号変更があげられるでしょう。また、合併や株式交換など適時開示では軽微基準が設けられていない情報もあります（表1−17）。

この適時開示の対象となる情報と、FDルールの対象となる重要な情報との関連については、TF報告書で「発行者側の情報開示ルールを整備・明確化」「発行者と投資家との対話を促進するためには、発行者による積極的な情報提供が行われることが重要」といった指摘のほか、特に言及はありません。それはFDルール・ガイドラインでも、それに対するパブリックコメントへの回答でも同じです。現時点で、FDルールの施行に関連して適時開示基準の扱いをめぐる具体的な動きはみられないようです。

(4) 情報管理の範囲

現在のインサイダー取引規制は、軽微基準に係る情報を除いた情報が規制の対象です。しかし、TF報告書には、FDルールを導入する契機となった事例を考えると、財務情報のように、インサイダー取引規制の対象となる重要事実だけでは十分にカバーしきれていないとの指摘もありました。

金融庁のFDルール・ガイドラインは、企業は自社の実情（事業規模や情報管理の状況）に応じ、3つのうちいずれかの方法（表1−18）により情報管理したうえで、投資家との対話のなかで実務の積上げを図るのが望ましいという姿勢を示しています。

①は、企業情報開示のグローバルなプラクティス、諸外国のルールも念頭に置いて、株価に重要な影響を及ぼしうる情報について独自の開示基準を設けている企業は、日本について別の開示基準を作成する必要はないということでしょう。日本独自の基準を設けるのではなく、既存の開示基準に従って対応するということです。

②は、「インサイダー取引規制の対象となる情報」とそれ以外の「決算情報（通年、半期、四半期の決算に係る確定的な財務情報）であって、有価証券の価額に重要な影響を与える情報」を管理するという業務の枠組みですが、後者のような財務情報のうち何が株価に重要な影響を与えるのかについて

50　第1章　フェア・ディスクロージャー・ルールを知る

表1−18　FDルールに基づく情報管理の範囲：3つの方法

○情報管理の範囲

（問2）　上場会社等はどのような情報を本ルールの対象となる情報として管理すればよいのでしょうか。
（答）　本ルールをふまえた情報管理については、たとえば、上場会社等は、それぞれの事業規模や情報管理の状況に応じ、次のいずれかの方法により重要情報を管理することが考えられます。 ①　諸外国のルールも念頭に、何が有価証券の価額に重要な影響を及ぼしうる情報か独自の基準を設けてIR実務を行っているグローバル企業は、その基準を用いて管理する。 ②　現在のインサイダー取引規制等に沿ってIR実務を行っている企業については、当面、 　・インサイダー取引規制の対象となる情報、および、 　・決算情報（年度または四半期の決算に係る確定的な財務情報をいいます。③において同じ）であって、有価証券の価額に重要な影響を与える情報を管理する。 ③　仮に決算情報のうち何が有価証券の価額に重要な影響を与えるのか判断がむずかしい企業については、インサイダー取引規制の対象となる情報と、公表前の確定的な決算情報をすべて本ルールの対象として管理する。 この3つの方法のうち、最低限の情報管理の範囲は②となります。

（出所）「FDルール・ガイドライン」p.4

は、なかなか判断がむずかしいという声もあります。

　③は、「公表前の確定的な決算の数字をすべてルールの対象として管理する」というものです。ある意味でシンプルな情報管理の方法です。

　FDルール・ガイドラインは、以上の3つのうち、②が「最低限の情報管理の範囲」であると明記しています。しかし、ガイドラインで示されているのは、現時点における情報管理のスタートラインです。これ以外の情報であれば、公表をしなくてよいと考えるのは早計だと思われます。

　たとえば、自社の公表された業績予想で「営業利益2,800億円、純利益1,800億円」が、決算ではそれぞれ2,500億円、1,500億円になることが社内の担当部署で判明したとします。それぞれ約10％、17％の未達です。インサイダー取引規制では、直近に公表された業績予想に比べて、売上高で10％以

第2節　日本版フェア・ディスクロージャー・ルールの概要　51

上、経常利益・純利益で30％以上変動した場合に、当該情報が規制の対象でした。新たな業績予想はインサイダー取引規制の対象ではありません。しかし、FDルールでは、「決算情報（通年、半期、四半期の決算に係る確定的な財務情報）であって、有価証券の価額に重要な影響を与える情報」が対象となります。

　では、こんな場合、どうするのか。それはTF報告書が語る「発行者と投資家の対話の中で何が重要な情報であるかについて、プラクティスを積み上げることができるようにすることが望ましい」とする提言をふまえた対応ということになります。具体的な「対話」の出発点は、アナリストの業績予想値でしょうか、それとも中期経営計画などの達成度や業界動向なのでしょうか。

　いずれにしても、自社にとっての重要情報は何かについて確認することがポイントです。それをふまえて投資者との対話を通じて市場の見方を理解することが、対応の出発点といえるでしょう。

　数年前の調査によると、年度決算日を過ぎ、決算発表予定日の1カ月ほど前から「駆け込み修正」を発表する企業が相当な数にのぼっています。なかには決算発表の数日前に発表された予想修正が、当期実績値と同じだったという例もありました。期中の修正となると、そのための届出手続や修正に関連する戦略的な説明など、求められる業務上の負担が重いために、「あと延ばし」に傾くというわけです。このような業績予想修正がこれからも続くなら、上場企業は投資家との「対話」に臨む姿勢を問われかねません。

⑤　「機関決定」の位置づけ

　FDルール、インサイダー取引規制、適時開示基準の対象となる「情報」の範囲を考えるにあたって共通する論点として、会社の「機関決定」との関係があります。決算情報などに関連して、上場会社には、会社としての「機関決定」の手続があります。ところが、現実の企業経営においては、その「機関決定」より前に投資者の投資判断に影響を及ぼす事実上の決定事実となっているケースがあるのではないかという疑問をもつ向きは少なくありません。

ずいぶん前になりますが、電機大手Ｃ社の期末連結決算で、自社が公表していた業績予想の「営業利益2,800億円、純利益1,800億円」が、決算発表でそれぞれ1,854億円、1,155億円だったことがあります。ともに3割を超す未達です。株価は発表翌日にから2日連続でストップ安を記録し、大きな話題になりました。

　この突然の業績悪化に対し、市場関係者から「ここまで巨額の業績悪化が決算発表前にわからなかったはずがない。なぜ、事前に発表しなかったのか」という声があがりました。というのも、決算発表日の3日前、経営トップが出席する記者会見があったのですが、その会見で業績に関する言及はなかったからです。この時、経済誌には「情報開示に空白の1カ月間」という見出しが大書され、「Ｃ社は、いつ業績悪化を把握したのか。そしてなぜ、すみやかに公表しなかったのか──」を問う記事が続きました。

　このＣ社の例を引用したのは、ＴＦ報告書が「例えば、公表直前の決算情報であれば、機関決定に至っていない情報や軽微基準の範囲を超えない情報であっても、投資者の投資判断に影響を及ぼす重要な情報となる場合があり得ると考えられるため、こうした情報を全て対象から外してよいかという問題がある」（p.2）と指摘しているからです。

　これは、決算情報に関しては、「機関決定」の前であっても、決算情報として算出された数値が「確定的」といえるのであれば、投資者の投資判断に影響を及ぼす重要な情報に該当し、ＦＤルールが適用される可能性があることを示唆しています。

　取引所の適時開示基準では、取締役会の決議事項であれば、取締役会決議（＝機関決定）のあとに当該情報の開示が行われる段取りです。年次、半期、四半期の決算情報もその一つです。それだけに、ＦＤルールをふまえた情報開示で「自社にとっての重要情報は何か」を考えるとき、社内における決算情報の確定に関して、どのようなタイミングで重要事実が発生・決定したものと認識するのかがポイントになります。

　この点について、インサイダー取引規制に関する過去の判例を追うと、たとえば、第三者割当増資の決定（重要事実）を知り、公表前に知人名義等で

第2節　日本版フェア・ディスクロージャー・ルールの概要　53

同社株券を買い付けたとして割当先監査役が告発されたケース（いわゆる日本織物加工事件）で、最高裁判所は、「株式の発行」の「決定」とは、法定の決定権限のある機関に限らず「実質的に会社の意思決定と同視されるような意思決定を行うことのできる機関」において、「株式の発行それ自体や株式の発行に向けた作業等を会社の業務として行う旨を決定したことをいう」と判示しています（平11.6.10）。

　また、いわゆる村上ファンド事件に関連して、最高裁判所は被告人側の上告を棄却する決定（平23.6.6）を下していますが、その決定理由のなかで「公開買付け等を行うことについての決定」につき、「公開買付け等の実現を意図して、公開買付け等又はそれに向けた作業等を会社の業務として行う旨の決定がされれば足り、公開買付け等の実現可能性があることが具体的に認められることは要しないと解するのが相当である」としています。

　つまり、取締役会等の正式な機関決定を経ていなくても、実質的に会社の意思決定と同視されるような状況にあるものについては、すでに上場会社等の決定事実として、インサイダー取引規制上の重要事実に該当するし、重要プロジェクトの実現可能性が具体的に認められなくても、重要プロジェクトの実現を意図し、実現に向けた業務を行っていく旨の決定がされていれば、やはりインサイダー取引規制上の重要事実に該当することになります。重要プロジェクトの内容と業務の進捗に応じて、重要事実の発生の可能性について社内で明快な認識をもつことが求められるところです。

　日本取引所自主規制法人による「第4回全国上場会社　インサイダー取引管理アンケート」の調査報告書（2016年10月、回答1,990社）によれば、決定事実については全上場会社の約6割が、経営トップへの報告や会社の意思決定機関となるような会議体での検討が開始される前の段階で、重要事実が発生している可能性を認識し、社内管理を開始しています。決定事実について、「担当部門（担当役員を含む）における検討の開始」の時点を重要事実の管理のタイミングとしている会社が26.8％と最も多く、次いで「担当部門（担当役員を含まない）における検討の開始」の時点が20.8％でした。

　また、決算情報については、「担当部門（担当役員を含まない）における検

討の開始」の時点としている会社が31.4%と最も多く、次いで「担当部門（担当役員を含む）における検討の開始」の時点が21.7%となっています。決定事実、決算情報いずれにおいても、「経営トップ（いわゆる社長・CEO）による了承・決定」の時点の前までに、重要事実が発生している可能性があるものとして認識し、社内で管理を開始している状況を示しています。

　決算情報については、決定事実と異なり、比較的早い時点で重要事実が発生している可能性があるものとして認識し、社内管理していく必要があると考えられます。

　他方、「会社法所定の決定権限のある機関（一般的には取締役会）による決定」の時点との回答も4.0%ありました。こうした企業はFDルールの施行を機会に、自社の情報開示についてイチからの見直しが求められているといっていいでしょう。

5 　規制対象となる行為（伝達）

┌─〔要点〕─────────────────────────────
- ・FDルールの規制対象となる行為は、上場会社等の役員等が取引関係者に対して行う重要情報の「伝達」である（改正金商法27条の36第1項本文）。
- ・「役員等」のうち、代理人または使用人その他の従業者については、「取引関係者に情報を伝達する職務を行うこととされている者」、すなわちIR担当である者が行う伝達のみが対象となる（同項本文カッコ書）。
- ・ただし、重要情報の伝達を受ける取引関係者が、法令または契約により、①当該重要情報について守秘義務を負い、かつ、②売買等が禁止される場合には、規制の対象とはならない（同項本文ただし書）。
- ・①②の要件を満たす場合であっても、伝達を受けた取引関係者が守秘義務に違反するなどした場合には、すみやかな公表が義務づけられる。

第2節　日本版フェア・ディスクロージャー・ルールの概要　55

FDルールの眼目は、企業情報に対するフェアなアクセスを確保すること
にあるといっていいでしょう。つまり、企業情報の「公表」をめぐる規制で
す。その趣旨に沿って「規制対象の行為」も設定されています。

　したがって、FDルールの規制対象となる行為は、上場会社等の役員等が
取引関係者に対して行う重要情報の「伝達」です。そして、上場会社等の
「役員等」のうち、代理人または使用人その他の従業者については、「取引関
係者に情報を伝達する職務を行うこととされている者」、すなわちIR担当で
ある者が行う伝達のみが対象となります。

　前述のように、重要情報の伝達を受ける取引関係者が、法令または契約に
より、①当該重要情報について守秘義務を負い、かつ、②売買等が禁止され
る場合には、規制の対象とはなりません。

6 公表の時期

┌〔要点〕────────────────────────────
│
│・原則として、重要情報の伝達と「同時」に当該重要情報を公表する
│　（改正金商法27条の36第1項本文）。
│・ただし、①取引関係者に重要情報の伝達を行った時において伝達した
│　情報が重要情報に該当することを知らなかった場合や、②重要情報の
│　伝達と同時にこれを公表することが困難な場合として内閣府令で定め
│　る場合は、同時に公表する必要はない。
│・①②の場合、当該上場会社等が取引関係者に重要情報の伝達が行われ
│　たことを知ったあとは、すみやかに、これを公表する必要がある（同
│　条2項）。
│・重要情報の伝達を受けた取引関係者が、守秘義務等に違反して重要情
│　報を他の取引関係者にもらすとか、守秘義務等に反して売買等を行っ
│　た場合には、これを知った上場会社等は、原則としてすみやかに当該
│　重要情報を公表しなければならない（同条3項本文）。
└────────────────────────────────

重要情報の伝達が行われる場合、原則として、その伝達と同時に、その重要情報を公表することが必要とされるが、重要情報であることを知らなかった場合や、同時の公表が困難な場合は、事後のすみやかな公表が必要とされています。重要情報公表内閣府令8条は「重要情報の伝達と同時にこれを公表することが困難な場合」として、「意図せず重要情報を伝達した場合」と「伝達の相手方が取引関係者であることを知らなかった場合」をあげています。「意図せず伝達した場合」としては、上場会社等としては伝達する予定のなかった重要情報を、その役員等がたまたま話の流れで伝達してしまった場合が考えられます。

(1) 取引関係者の守秘義務等の違反を把握した場合

前述のように、「取引関係者」であっても守秘義務等が課され、その義務が遵守されている限りは、発行者はFDルールの適用を受けません。すなわち、その上場会社等は重要情報を取引関係者に伝達する際に、それを公表する義務はありません。

しかし、当該情報の受領者が、こうした守秘義務等を破り、別の第三者に当該情報を伝達した場合、もしもその伝達先が市場関係者や売買が想定される者（「取引関係者」）で、かつ、守秘義務や投資判断に利用しない義務（「守秘義務等」）を負わない者であると発行者が知れば、発行者には当該情報の開示義務があります。

つまり、「重要情報」の伝達を受けた「取引関係者」が、法令または契約（守秘義務等）に違反して、その公表前に

① 当該重要情報に関する秘密を他の「取引関係者」にもらしたこと

② 当該上場会社等の上場有価証券等に係る売買等を行ったこと

のうちいずれかを行ったことを、上場会社等が知った場合には、当該上場会社等はすみやかに当該重要情報を公表しなければなりません（改正金商法27条の36第3項本文）。ただし、「やむを得ない理由により当該重要情報を公表できない場合その他の内閣府で定める場合」には、当該重要情報の公表を求めないこととしています（同項ただし書）。

第2節　日本版フェア・ディスクロージャー・ルールの概要　57

⑵ 公表が不要になる場合

では、「やむを得ない理由により当該重要情報を公表できない場合その他の内閣府で定める場合」はどのような事例が想定されるのでしょうか。

重要情報公表内閣府令9条には、重要情報を公表することが、かえって投資家に不利益を及ぼすこととなるような場合、具体的には、①重要情報の公表によって、合併、会社分割、株式移転・株式交換、TOB、資本提携、業務提携等の遂行に重大な支障が生ずるおそれ（それらにつき進行中の交渉が決裂するおそれ）がある場合や、②重要情報の公表によって、有価証券の募集もしくは売出しまたはこれらに類する行為の遂行に重大な支障が生ずるおそれがあるとき、が定められています（表1−19）。

表1−19　やむをえない理由により重要情報を公表できない場合

①　取引関係者が受領した重要情報が、上場会社等が行い、または行おうとしている次に掲げる行為に係るものであって、公表することにより、その行為の遂行に重大な支障が生ずるおそれがあるとき 　イ　吸収合併 　ロ　新設合併 　ハ　吸収分割 　ニ　新設分割のうち2以上の株式会社または合同会社が行うもの 　ホ　株式交換 　ヘ　株式移転 　ト　重要な事業譲渡等 　チ　公開買付け、自己株式公開買付け 　リ　資本または業務上の提携 ②　取引関係者が受領した重要情報が、その上場会社等が発行する優先出資証券、株券または新株予約権証券、投資証券、新投資口予約権証券、投資法人債券、外国投資証券の募集、売出し、またはこれに類する行為に係るものであって、その重要情報を公表することにより、その行為の遂行に重大な支障が生ずるおそれがあるとき

（出所）　重要情報の公表に関する内閣府令9条（一部字句を省いている）

58　第1章　フェア・ディスクロージャー・ルールを知る

7 公表方法

〔要点〕

・FDルールの対象となる重要情報を公表しようとする上場会社等は次の4つのうちいずれかの方法によって公表しなければならない（重要情報公表内閣府令10条）。

① EDINETによる法定開示：臨時報告書などの提出による公衆縦覧

② 12時間ルール：所定の報道機関2以上に対して公開してから12時間が経過

③ TDnetによる適時開示：金融商品取引所に通知し、所定の電磁的方法により公衆縦覧

④ 上場会社等がそのウェブサイトに重要情報を掲載

・ただし、FDルールの対象となる重要情報がインサイダー取引規制上の重要事実にも該当する場合は、④上場会社等がそのウェブサイトに重要情報を掲載しただけではインサイダー取引規則を満たしたことにならない。

・①〜③のいずれかによって公表措置を完了し、その後④の自社ウェブサイト掲載とする。

(1) 4つの公表方法

　上場会社は、金商法に定められるインサイダー取引規制上の重要な会社情報について、東京証券取引所の自主規制機関のホームページ（適時開示情報閲覧サービス）に掲載する公表措置を行っています。適時開示情報閲覧サービスへの掲載と同時に報道機関にも公開しています。多くの企業が自社ホームページへの掲載は、その後に行っているのです。これがインサイダー取引規制上の重要情報の公表措置に関する一般的な実務上の手順といっていいでしょう。

　適時開示情報閲覧サービスになんらかの障害が発生し、掲載が行われない

場合は、報道機関に公開されたあと、12時間経過後にインサイダー取引規制上の公表措置が完了したことになります。また、12時間経過以前に適時情報閲覧サービスが復旧した場合は、その時点で公表措置は終了したことになります。

　TF報告書は、「情報の公表方法」について、「発行者による速やかな公表や個人投資家のアクセスの容易性といった観点を踏まえ、法定開示（EDINET）および金融商品取引所の規則に基づく適時開示（TDnet）のほか、当該発行者のホームページによる公表を認めることが適当である」（p.4）としていました。

　これをふまえ、改正金商法では、情報の公表方法について「インターネットの利用その他の方法」によるものとして、その具体的方法については内閣府令で整備するとされ（改正金商法27条の36第4項）、これを受けて重要情報公表内閣府令10条は次の4つの公表を定めています。

① 　法的開示（EDINET）……上場会社等が提出する有価証券届出書、臨時報告書などに重要事実に係る事項が記載され、公衆の縦覧に供されることです。

　　「公衆の縦覧」は、次のように財務局や取引所等で行われる仕組みがあります。

　　・財務局および取引所等では、EDINET経由で提出された書類（取引所等は通知を受けた書類）についてファイルに記録されている事項、または当該事項を記載した書類を公衆の縦覧に供するものとする（金商法27条の30の7、27条の30の8）。

　　・財務局および取引所等では、EDINET経由で提出された有価証券報告書等をコンピューター上に表示して公衆の縦覧に供するものとする（金商法施行令14条の12、14条の13）。

② 　上場会社等の代表者またはその委任を受けた者が、重要事実等また公開買付け等の事実を次に掲げる2以上を含む報道機関に対して公開し、かつ、その公開後12時間が経過した場合（金商法施行令30条）。

　　・国内において時事に関する事項を総合して報道する日刊新聞紙の販売を

60　第1章　フェア・ディスクロージャー・ルールを知る

業とする新聞社および当該新聞社に時事に関する事項を総合して伝達することを業とする通信社

・国内において産業および経済に関する事項を全般的に報道する日刊新聞紙の販売を業とする新聞社

・日本放送協会および一般放送事業者

③　適時開示（TDnet）……上場会社等が上場する金融商品取引所等に対して重要事実を通知し、金融商品取引所において内閣府令で定める電磁的方法により公衆の縦覧に供されること（東京証券取引所の場合、上場管理会社情報の適時開示等（401条〜415条）による）。

④　上場会社等による自社ホームページへに重要情報を掲載（当該ウェブサイトに掲載された重要情報が集約されている場合であって、掲載した時から少なくとも1年以上、投資者が無償でかつ容易に重要情報を閲覧することができるようにされているときに限る）。

ここで2つ、留意したい点があります。

最初は、公表する方法として、従来の金融庁への法定開示（EDINET）や取引所の適時開示（TDnet）に加えて、各社の「ホームページへの掲載」が認められたことに関連します。見逃しがちですが、いまのところ、これはFDルールによるもので、「ホームページへの掲載」だけでは、インサイダー取引規制上の公表措置が完了したことにはなりません。

つまり、FDルールの対象となる重要情報がインサイダー取引規制上の重要事実にも該当する場合は、自社ホームページで重要情報を開示したとしても、インサイダー取引規制上の公表措置が行われたことにはならないのです。

実際、東証のウェブサイトにある2014年作成の「インサイダー取引とは？」（日本取引所自主規制法人COMLEC）には、「会社のHPに重要事実が掲載されても、「公表」には該当せず、インサイダー規制も解除されません」（p.6）という解説がいまも掲載されています（2018年2月15日現在）。今後の改正などの可能性は別として、注意しておきたい点です。

2つ目は、自社ウェブサイトへの掲載による公表についての、「当該ウェ

ブサイトに掲載された重要情報が集約されている場合であって、掲載した時から少なくとも1年以上投資者が無償でかつ容易に重要情報を閲覧することができるようにされているときに限る」というただし書です（重要情報公表府令10条5号）。

自社のホームページに掲載する方法について、「当該ウェブサイトに掲載された重要情報が集約されている場合」といって、自社サイトに「プレスリリース」のようなコンテンツを想定した表現と、「掲載した時から少なくとも1年以上、投資者が無償でかつ容易に重要情報を閲覧することができるようにされている」という掲載期間についての言及です。自社ウェブサイトの「プレスリリース」などに掲載された重要情報は最低1年の掲載が求められているのです。ウェブサイト運営・管理に関係する担当者は要注意です。

⑵　メディア報道と開示注意銘柄制度

取引関係者が守秘義務等に違反して重要情報をだれか第三者に伝えたとき、FDルール上、上場会社等に公表義務が発生するのは、あくまでも他の取引関係者に伝達したケースに限られます。伝達した相手が取引関係者ではない場合、または売買を行うと想定されない者の場合、上場会社等に公表義務は生じません。

もちろん、伝達した相手がマスメディアの場合、FDルールは発動されません。「新聞などのメディアは有価証券を売買することを事業としていないものの、投資情報を記事として販売しているといえるのではないか」といった声もありますが、規制上は対象外です。したがって、一般紙だけではなく、日本経済新聞や日刊工業新聞、トムソンロイターやブルームバーグなど投資家に対して経済・金融情報の配信を行うメディアに対する重要情報の提供は、FDルールの対象外だと考えられます。

他方、前述のように、すでに複数の外国メディアから、上場会社等による公表前に決算情報などの重要情報がリークされているという指摘があり、市場はこれに対する対応にも関心をもっています。メディアなどの報道で不確

62　第1章　フェア・ディスクロージャー・ルールを知る

かな情報が拡散し、市場が混乱するリスクがあるからです。

　東証は2014年以来、上場会社による開示がなく、報道等により投資者の投資判断に重要な影響を与えるおそれのある情報（以下「不明確な情報」）が発生したと判断した場合には、事実関係の照会を行って、事実関係を適時かつ適切に開示するよう求める「開示注意銘柄制度」を導入しています。

　そして、注意喚起の対象となった銘柄について、真偽が明らかとなる情報開示が上場会社によって行われたと認められる場合、東証の「注意喚起情報（不明確な情報等に関する注意喚起）」サイトに、その開示資料を掲載しています。もちろん、投資者の注意を喚起するためです。こうした注意喚起の件数を追うと、2014年13件（11社）、2014年14件（14社）、2016年14件（12社）、2017年16件（10社）です（表1－20）。

表1－20　東証：注意喚起情報の例

注意喚起の実施日／社名	注意喚起の実施事由	上場会社適時開示 （各社の開示文書から抜粋）
2017年11月／A社	買収に関する不明確な情報が報道されているため	11月22日の当社に関する報道について 「11月22日、一部報道において当社が米国における企業買収または経営統合を検討していると伝えられましたが、これは当社の発表に基づくものではありません。なお、この件については、報道されている会社に対して提案を行ったことは事実ですが、当該提案に対し両社間が合意に至るとの確約はありません。今後開示すべき事実を決定した場合には、速やかに公表いたします」。
2017年2月／B社	経営統合に関する不明確な情報が報道されているため	本日の一部報道について 「本日、当行の経営統合に関する報道がありましたが、これは当行が発表したものではございません。また、本件を含めて、経営の高度化など様々な検討はしておりますが、現時点で当行として決定した事実はございません」。

（出所）　東証「注意喚起情報（不明確な情報等に関する注意喚起）」

第2節　日本版フェア・ディスクロージャー・ルールの概要　63

⑶ 米国・EUのメディア公表

米国の場合、レギュレーションFDの対象となる情報受領者にマスメディアは含まれていません。すなわち、上場会社が、マスメディアに対して未公表の重要な情報を伝達したとしても、レギュレーションFDによる開示・公表の義務は生じません。むしろ、後述するように、メディア向けプレスリリースの発信はレギュレーションFDに沿った情報開示の始まりとして位置づけられています。

米国の上場会社はIRポリシー（IR方針）を自社ウェブサイトに掲載しています。そのなかで、決算業績の発表前に「沈黙期間（Quiet Period）」という、業績に関するコメントもせず、質問に対して回答もしない一定の期間を設定し、また「沈黙期間中であっても、当社の業績がすでに発表されている予測と大きく異なると予想される場合は、発表します」といった方針を明らかにする次のような例が一般的です。

　「当社は、財務報告に関する情報漏洩を防ぐため、業績の発表前に指定された日数を「沈黙期間（Quiet Period）」として設定しています。この期間、当社は業績に関するコメントを出すことはなく、質問に対して回答もしません。しかし、沈黙期間であっても、当社の業績がすでに発表されている予測と大きく異なると予想される場合は、発表します」。

ニューヨーク証券取引所の上場企業マニュアル（202条 6 項(C)「新聞・ニュースワイヤ・サービスへのリリース」）は、「即時の公開の対象とすべきニュースは最速の手段でリリースされなければならない。最速の手段は個々のケース、その日の時間によっていろいろある。一般的には、(i)様式 8 － K （臨時報告書）やその他のSEC届出を行うか、(ii)少なくともダウジョーンズ＆カンパニー、ロイター・エコノミック・サービス、ブルームバーグ・ビジネス・ニュースなどを含めた大手ニュースワイヤ・サービスにプレスリリースでニュースを発信するように発行者に求める」としています。ここでニュースワイヤ・サービスというのは、各社のプレスリリースをメディアに配信し、さらにサービス事業者のウェブサイトや提携メディアに掲載する広報通信

サービスであり、米企業の情報発信と内外への同時的な情報拡散に大きな役割を果たしています。

　また、同じ上場企業マニュアルの「噂や異常な市場の動き」（202条3項）には、「噂や異常な市場の動きで、緊迫した状況に関する情報が流出したことが示された場合、率直で明示的な発表が求められる」とあります。

　こうした「不明確な情報」が生じた場合に、上場会社として「ノーコメント」と語ることがあります。米国において、こうした「ノーコメント」が認められるためには、次の2つが要件となるとされています。

①　情報がその企業から流出したものではない。

②　その企業が情報の出所であるが、その報道内容が正確である。

　上場会社が自らリークして、これが報道された場合、レギュレーションFDに直接、抵触することはないとしても、その報道内容が正確でない場合には、「ノーコメント」とする開示対応には疑問符がつきそうです。

　EUの場合、「選択的開示が禁止される情報受領者」は「第三者」であると規定され（MAR 17条8項）、「情報受領者が、法律、規則、定款、契約のいずれに基づくものであれ、守秘義務を負う者である場合」は適用除外となる（同）とあります。したがって、マスメディアも、フェア・ディスクロージャー・ルールの規制対象となる情報受領者に含まれます。これはメディアを適用除外としている日本や米国とは異なります。そのため、上場会社が、マスメディアに、未公表の重要な情報を伝達した場合、原則、企業にフェア・ディスクロージャー・ルールに基づく開示・公表義務が生じることになります。

　また、メディア報道などで「不明確な情報」が生じた場合に、上場会社として「ノーコメント」での対応が認められるのは、報道の内容が、①「内部情報」に該当しないようなケース（たとえば、根拠のない噂（rumours）や推量（speculation））であり、②自社が発信源となっていないケースに限られるとされています。この点、米企業での「ノーコメント」対応と違います。

第2節　日本版フェア・ディスクロージャー・ルールの概要　65

8 　規制に違反した場合

〔要点〕

・FDルール違反に対しては、まずは発行者に情報のすみやかな公表を
　促し、これに対して適切な対応がとられなければ一定の指示・命令を
　発するという行政的な対応によることが基本。そして、一定の刑事罰
　も定められている。

・内閣総理大臣は、

① 　重要情報の公表者等に対して、報告もしくは資料の徴取または検
　査を行うことができる（改正金商法27条の37第1項）。

② 　公務所または公私の団体に報告を求めることができる（同条2
　項）。

③ 　公表されるべき重要情報が公表されていないと認めるときは、重
　要情報の公表等を指示することができる（改正金商法27条の38第1
　項）。

④ 　当該指示を受けた者が、正当な理由がないのにその指示に係る措
　置をとらなかったときは、その者に対し、その指示に係る措置をと
　るべきことを命ずることができる（同条2項）。

・①～④の権限は、政令で定めるものを除き、金融庁長官に委任される
　（改正金商法194条の7第1項）。金融庁長官は、政令で定めるところに
　より、①②の権限を証券取引等監視委員会に再委任することができる
　（同条3項）。

・刑事罰：……①に対し、(ⅰ)報告もしくは資料を提出せず、または虚偽
　の報告や資料を提出した者、(ⅱ)検査を拒み、妨げ、もしくは忌避した
　者、④に対し、その命令に違反した者は、いずれも6カ月以下の懲役
　もしくは50万円以下の罰金またはこれらの併科に処する（改正金商法
　205条5号・6号・6号の5）。

66　第1章　フェア・ディスクロージャー・ルールを知る

(1) FDルール違反の罰則

　FDルールの違反に対しては、まずは当局が発行者に情報のすみやかな公表を促し、これに対して適切な対応がとられなければ、一定の指示・命令を行うという行政的な対応によることが基本です。命令に違反すれば、6カ月以下の懲役または50万円以下の罰金、もしくはその両方が科されることになります（改正金商法205条6号の5）。

　改正金商法に従って、FDルール違反への対応を追うと次のようになります。

　内閣総理大臣は、①重要情報の公表者等に対して、報告もしくは資料の徴取または検査を行うことができる（改正金商法27条の37第1項）、②公務所または公私の団体に報告を求めることができる（同条2項）、③公表されるべき重要情報が公表されていないと認めるときは、重要情報の公表等を指示することができる（改正金商法27条の38第1項）、④当該指示を受けた者が、正当な理由がないのにその指示に係る措置をとらなかったときは、その者に対し、その指示に係る措置をとるべきことを命ずることができる（同条2項）。

　この①〜④の権限は、政令で定めるものを除き、金融庁長官に委任され（改正金商法194条の7第1項）、金融庁長官は、政令で定めるところにより、①②の権限を証券取引等監視委員会（SESC）に再委任することができます（同条3項）。また、金融庁長官の指示により、各地の財務局が報告や資料の提出を命じたり、検査等も行うこともあるとも思われます。

　そして、①につき、(i)報告もしくは資料を提出せず、または虚偽の報告や資料を提出した者、(ii)検査を拒み、妨げ、もしくは忌避した者、また④につき、その命令に違反した者は、いずれも6カ月以下の懲役もしくは50万円以下の罰金またはこれらの併科に処する（改正金商法205条5号・6号・6号の5）というのです。

(2) インサイダー取引規則違反の罰則

　FDルールに対する違反は、インサイダー取引規則違反を伴う場合があり

表 1 −21　インサイダー取引規制に違反した場合の罰則

違法行為	罰　則
・会社関係者が重要事実の公表前に行う株券等の取引（金商法166条1項） ・会社関係者から重要事実の伝達を受けた者または職務上伝達を受けた者が所属する法人の他の役員等であって重要事実を知った者が、その公表前に行う株券等の取引（金商法166条3項）	・左記の行為を行った者に対して5年以下の懲役もしくは500万円以下の罰金（または併科）（金商法197条の2第13号） ・左記の行為により得た財産は没収（金商法198条の2） ・左記の行為を行った者が所属する法人に対して5億円以下の罰金（金商法207条1項2号）

そうです。そこでインサイダー取引規則違反についての罰則もチェックしておきたいところです（表1−21）。

　インサイダー（内部者）取引を行った者は、5年以下の懲役もしくは500万円以下の罰則（または懲役と罰則の両方）が科され（金商法197条の2第13号）、インサイダー取引によって得た財産は没収されます（同法198条の2第1項1号）。

　インサイダー取引規制は、上場会社等そのものを、直接、規制の対象とはしていませんが、その役員等がインサイダー取引規制に触れる行為を犯した場合は、その上場会社等も処罰の対象になる可能性があります。いわゆる両罰規定です。

　両罰規定とは、必要な注意を尽くしたことの証明がない限り、違反者が所属する法人や代表者も責任を免れないとして、罰則を科す規定です。インサイダー取引規制では法人に対して5億円以下の罰金が科されます（金商法207条1項2号）。

第 **2** 章

米国のレギュレーションFDを知る
──その成立の背景、施行、
裁判事例、進展

第1節

レギュレーションFDの施行（2000年10月）

1 健全な証券市場の鍵は良質な情報

　米国証券取引委員会（SEC）は、投資家保護のため証券市場を発行・流通両面にわたり規制する強大な権限をもち、1934年証券取引所法によって同年7月に設置されました。SECは独立した連邦政府機関であり、その最大の責務は「米国資本市場・証券市場で投資家を保護すること」です。大統領が上院の勧告と承認を得て任命する5人の委員（任期は5年）で構成され、毎年6月に1人ずつ改選されます。

　「良質な情報は、健全な生気ある証券市場にとって生ける血液である」。1999年10月、当時のSEC委員長アーサー・レビット氏はニューヨークの経済クラブで行った講演で、証券市場の完全性と透明性を確保するために、情報がどれだけ重要な役割を果たすかを語りました。これは、その時の発言です。この講演でレビット委員長は、企業が特定の証券アナリストに（つまり、企業が選択した特定の証券アナリストに）重要な未公開情報を舞台裏で伝えること（The behind-the-scenes feeding of material non-public information）は市場の「汚点」であると指摘したのです。

　この当時広く行われていた選択的情報開示を理解するには、まず米国における企業と証券アナリストの関係について触れておく必要があるでしょう。米国市場の株価変動に大きな影響を与えるいくつかの要因の一つとして、証券アナリストの業績予想があげられます。証券会社に属するアナリストをセルサイド・アナリストといいます。彼らは、企業の四半期ごとの1株当り利益（EPS）を予想し、さらに株式投資格付や目標株価をそのレポートに掲載します。セルサイド・アナリストの顧客は機関投資家です。そのため、レポートに載ったEPSの予想数字が運用担当者の投資判断にもたらすインパク

トは大きいのです。

　1983年創業のファースト・コール（First Call）が始めた情報サービスは、上場企業各社のプレスリリースや株主・債券の保有者情報とともに、セルサイド・アナリストのレポートに記載された業績予想やデータを収集し、機関投資家向けにワンデータとして提供するものでした。シンプルなビジネスモデルです。そのデータにアナリストのEPS予想数字を集計した予想平均値があります。これがコンセンサス（Consensus）です。ファースト・コールのコンセンサス（First Call Consensus）は急速に機関投資家や投資銀行をはじめとするウォールストリートで大きな影響力を発揮し、やがてウォールストリートのEPS予想数字そのものとなったのです。

　このコンセンサスが契機になって、市場の関心が四半期ごとの業績予想に集中するようになりました。実際に企業業績の発表でEPSの実績値がファースト・コールのコンセンサス数字を下回ると、株価が大きく下がる事態が多発したのです。そのため、ファースト・コールのコンセンサス数字のチェックはIR担当者の仕事になります。そのコンセンサス数字が社内の数字からかけ離れている場合には、個々のアナリストに接触し、そのEPS予想値を念頭に自社の業績や状況を説明するのです。

　証券会社で働くアナリストにとって、企業は勤務先の顧客でもあり、取材先です。有力な企業のIRサイトにはアナリスト・カバレッジと題するページがあり、その企業をフォローし、レポートを書いているアナリストたちの氏名と証券会社の名前のリストが記載されています。アナリストのEメールアドレスや電話番号が載っている例も少なくありません。こうしたリストに名前が載ることは、アナリストにとってキャリアの出発点です。

　また、当時はアナリストも新規上場やM&A（企業の合併・買収）の案件などで盛んにレポートを用意し、証券会社の投資銀行業務の推進に一役買っていました。有力なアナリストは国際的なM&Aになくてはならないプレーヤーでした。ウォールストリートの投資銀行が企業に示す提案に、アナリストのレポートは大きな効果を発揮したのです。アナリストの引き抜きで、投資銀行や証券会社の強みも変わる。さらに、アナリストの報酬はこうした投

第1節　レギュレーションFDの施行（2000年10月）　71

資銀行業務で企業から得る利益に左右される面もありました。

　こういったアナリストの立場では、顧客企業の分析レポートにネガティブなことは書きづらいのではないか。実際、否定的なコメントを書くくらいなら、いっそ書かないほうがよい、と明言する証券会社の幹部やアナリストもいました。前出の講演でレビット委員長は、これを「ゲームズマンシップ（Gamesmanship）」と形容しました。きわどいことをやっているという意味です。

　企業情報の透明性も問われます。アナリストが書くレポートは、企業から入手する重要な非公開情報に依拠しているのではないか。こうしたアナリストと企業のもたれ合いの関係に疑問を投げかける声が広がり、その意味でもレポートが企業寄りの内容で書かれているのではないかと疑問視されたのです。というのも、市場に強い影響力をもつアナリストや機関投資家を対象としたカンファレンス・コール（電話会議）が日常茶飯に実施されていた実態があったからです。レビット委員長は1998年頃から、カンファレンス・コールを特定者にだけ実施するのは望ましくないと指摘し続けていました。

　このような現状に危機感を抱くレビット委員長は、「良質な情報は、健全な生気ある証券市場にとって生ける血液である」と企業情報の提供・分析においてアナリストが果たす役割を高く評価するとともに、それだからこそ、「世界をバラ色のレンズでみていくなら、見当外れの見解」にとらわれることを危惧していたのでした。

2　選択的情報開示に対する米証券取引委員会(SEC)の見解

　事実上、企業は重要な情報を公表するタイミングを操作できる。この時間ラグを容認することが、選択的情報開示を生み出している。これが、2000年8月に採択された公平開示規則（Reg. FD、以下「レギュレーションFD」）の出発点となった問題意識です。株価に影響を与えうる将来の利益や売上げの予想は重要な情報ですが、SECファイリングやニュースリリースを通じて広く一般に開示される前に、特定のアナリストや機関投資家だけに伝わる状況

が当時、IR活動の名のもとに慣例となっていました。

　SECにとって、こうした選択的情報開示は証券市場の公平性と誠実性を揺るがす大きな脅威です。本来、アナリストは勤勉に情報を集め、深い洞察力で企業を分析することが仕事であり、非公開の重要情報がアナリストだけに知らされるのは、証券市場の利益になりません。また、特定のアナリストや有力な機関投資家を惹きつけるために優先的に情報を提供する企業も出かねません。

　こうした状況は、ひいてはアナリストの独立性を侵し、利益相反の芽を生み出します。すなわち、投資家の立場に立つべきアナリストが、情報入手への支障をおそれるあまり、企業寄りのレポートを書くようになるのではないか。当時のいくつかの調査も、「アナリストの中心業務である調査分析力が弱まっており、利益予想の指針となる情報を企業に依存する傾向が強まっている」と報告しています。こうした状況のなか、一部には企業の選択的情報開示を禁止するならば、アナリストに対する圧力は軽減されるといった意見も出ていました。

　それでも、大半の上場企業は自社のリストに従って、市場に強い影響力をもつ証券アナリストや機関投資家を相手にスモール・ミーティングやワン・オン・ワン（個別面談）、カンファレンス・コール（電話会議）などで自社の企業情報を伝えていました。個人投資家はほぼカヤの外といっていい状況でした。

　ところが、1980年代から90年半ばにかけて、個人投資家向けの証券ビジネスは大きく変貌します。投資情報を提供し、売買注文から約定、さらに資産管理を行うフルサービスブローカーの時代から、投資情報の提供をやめ、その経費を手数料割引に充当するディスカウントブローカー、そしてオンラインで破格の手数料で顧客を取り込み、複数の情報提供業者と契約して投資情報や資産管理ツールを提供するオンラインブローカーの時代に移行し、個人投資家の市場アクセスの形態が一変したのです。オンライン投資家の口座数を追うと、1997年350万、98年730万、99年970万、2000年2,035万と驚異的な増加ペースだったことがわかります。そして2000年当時、個人証券取引の

37%がインターネット経由で行われていました。

　また、この頃、急速な通信技術の発達で、企業は以前とは比較にならないくらい広範に、そして迅速に自社の情報を開示することが可能となっていました。個人投資家の間では、インターネットやケーブルテレビで株主総会や投資家ミーティングのライブ中継をみたり、（フリーダイヤルを含む）電話でミーティング内容を聞いたり、企業のホームページを活用する動きが出始めていたのです。

　1998年3月、SECは「証券アナリストや機関投資家の間で未公開情報に基づくインサイダー取引が急増している可能性がある」と"異例"の警告を発しました。企業がアナリストや機関投資家向け説明会を開催した時点から一般に公表されるまでの数日間に、株価が大きく振れる例が目立っているというのです。「1980年代は弁護士がインサイダー取引の温床だった。今日では個人投資家に先行して重要情報を利用するアナリストや機関投資家が、これにかわっている」と指摘したのです。

　1999年11月、レビット委員長の非難の矛先は企業の情報開示の方法に向かいます。個人投資家よりも先にアナリストを優先する企業情報の開示のやり方を取り上げ、その見直しを求めたのです。ネット取引の個人投資家は、これまでの市場参加者からみれば新参者です。個人投資家は市場参加の度合いを強めていましたが、証券アナリストなどを通じた企業の在来的な情報開示のチャネルから外れていました。つまり、セルサイド・アナリストの顧客は機関投資家であり、（若干の例外はあっても）個人投資家は活動対象になっていなかったのです。その不満が噴出しだし、企業業績に敏感な市場に選択的情報開示が与える弊害を、SECはもはや見過ごすことができなくなったのです。

3　選択的情報開示を規制する

　冒頭で引用したニューヨークの経済クラブでのレビット委員長の講演から2カ月後の12月20日、SECは選択的情報開示の規制案を発表しました。イン

74　第2章　米国のレギュレーションFDを知る

ターネットに28ページにわたる草案を掲載し、この日から3月29日まで3カ月あまりの世間一般から意見を募る「パブリックコメント（公開ヒアリング）期間」を設定しました（公開ヒアリング期間は1カ月延長され、結局4月28日まで行われた）。レビット委員長はこの時の声明のなかで、「規制は企業の開示を消極的にし、情報の流れを"凍結"してしまうという一部の意見には反対である。むしろIRやアナリストの"最適な行動基準"を明らかにするべきだ」と述べました。

　レギュレーションFD案に対する関係各界の反響はきわめて大きいものがありました。真っ先に反対したのはウォール街です。そのネガティブな反応は予想どおりでした。2000年3月、全米証券業者の年次総会は「反対」決議を行いました。また、メディア業界の反対もありました。当時、有力な経済日刊紙『ウォールストリート・ジャーナル』や『バロンズ』『ビジネスウィーク』を発行するダウ・ジョーンズ（2007年ニュース・コーポレーションが買収）はプレスリリースを発表し、「反対」の意思を明らかにしています。いずれも企業が情報の開示に消極姿勢になりかねず、闊達な市場やジャーナリズム取材を阻害しかねないことを「反対理由」に掲げました。端的にいえば、「特ダネ」のチャンスが消えかねないというのです。

　3カ月のパブリックコメント期間にSECに寄せられた意見は約6,000。大多数が新ルール案を支持する内容でした。公平開示に対する世論の圧倒的な支持は明らかでした。

4 　レギュレーションFDの採決と施行

　当時、英経済紙フィナンシャル・タイムズ（2000年8月9日付）の社説は、レギュレーションFDについて、"Wall Street hates it. The news media fear it…."（ウォールストリートが憎悪し、ニュース・メディアはおそれる）と形容していました。

　8月10日、SECは選択的情報開示の規制案を採択しました（SEC "Final Rule: Selective Disclosure and Insider Trading"（August 15, 2000 Release Nos.

33-7881、「選択的情報開示およびインサイダー取引規制に関する最終規則」))。対象を米国企業に限り、外国企業や報道機関、格付機関を除外した「レギュレーションFD」を採択する決定を下したのです。

レビット委員長は「このルールは、投資家保護にとってきわめて重要である」「企業情報が投資家の信頼を得られないなら、投資家は逃げ去り、市場も消滅する」とコメントしました。続けて、セルサイド・アナリストについて、「競争の激化でアナリストの能力が向上し、将来は偏りのない分析を提供するアナリストによる独立した会社ができても、いささかも驚くものではない」と語り、「レギュレーションFD」が証券市場に好影響を与え、「隔たりのない」公正な取引を実現する実効的な「規則」であることを力説しました。

1998年以来、企業の決算数字に対し繰り返されたレビット氏の警告は、「レギュレーションFD」によって新たな企業情報の時代を導くことになったのです。SECが採択したレギュレーションFDの骨子は次の6つです。

① アナリスト、機関投資家など、特定のプロへの選択的開示を禁止。企業は同時にその情報を公開しなければならない。

② うっかり（unintentionally）もらしてしまった重要情報は、24時間以内に公開する。

③ ジャーナリスト、格付機関との会話、通常のビジネスでの情報のやりとりは、規制の適用を免除。

④ 経営陣（senior management）、IR責任者（IRO）、その他市場関係者や株主と定期的に話す人たちが規制の対象となる。

⑤ 違反があった場合、この規制を根拠に訴訟を起こすことはできない。

⑥ 外国企業にこの規制は適用されない。

レギュレーションFDは、企業が選択する特定の人だけに企業情報を伝えることを禁止し、すべての市場参加者に重要な情報を同時に公平に伝えることを定めたのです。これにより、個人投資家も機関投資家と同等に、企業情報に対するアクセスが全面的に開かれることになりました。個人投資家の利害にかなったレギュレーションFDは、「スモールインベスターの勝利」

76 第2章 米国のレギュレーションFDを知る

（『USAトゥデイ』2000年9月15日）と高く評価されたのです。

5　全米IR協会（NIRI）の動き

では、IR関係者はどう動いていたのでしょうか。

2000年4月、企業IR担当者を会員とする全米IR協会（NIRI）は、5,000人を超す会員に対して行った調査結果を盛り込んだ意見書をSECに提出していました。そのなかでNIRIは、SECが選択的情報開示の温床と考えるカンファレンス・コール（電話会議）が、すでにだれでもアクセスできるオープンなスタイルで実施される方向にあり、ここであえて選択的開示を規制する必要があるのかと疑問を投げかけました。米国では1999年末時点で8,500万人がインターネットを利用しており、それは2000年末には9,700万人に達すると見込まれている。個人投資家は企業ホームページばかりではなく、CNBCやCNNfnなどのケーブルテレビやインターネットの企業情報サイトなど、多様なメディアから情報を入手している。このような時代にSECへの臨時報告書（Form 8 - K）の提出とニュースリリースを推奨するのもいかがなものかと語っています。

さらに、NIRIは、SECがレギュレーションFDを採決した8月10日の2日前にも、会員を対象にした再調査（回答数462）の結果を公表しています。そこでは、アナリストや機関投資家との個別面談や証券会社主催によるアナリスト説明会への参加を取りやめる意向の企業が35％、（アナリストの要請に応えて）アナリストが書いたレポートのドラフトチェックをやめると答えた企業が33％にのぼっていました。以前の調査でドラフトチェックを行う企業は87％に達していました。これは大きな変化です。

結局、全体では42％の企業が投資家とのなんらかのコミュニケーション活動を縮小すると回答していました。レギュレーションFDによって企業の情報開示が後退しかねないという懸念が裏付けられた格好です。

他方、この調査は、61％の企業がカンファレンス・コールへの参加を（アナリストや機関投資家だけでなく）メディアや個人投資家にも、インターネッ

第1節　レギュレーションFDの施行（2000年10月）　77

ト・ライブ中継で開放しており、半年前の調査時の48%から増加している
と、企業ウェブサイトの利用が活発化していることも報告していました。

6 レギュレーションFDの概要

レギュレーションFD（17 CFR §§243.100-243.103）は、選択的開示が行
われない限り、重要な未公表の情報の開示を要求しているわけではありませ
ん。そして、規制対象となる情報受領者は、受領した情報に基づいて証券の
売買等を行う（または他の者に行わせる）可能性がある人たちに限定され、報
道メディアなどは対象外となっています。レギュレーションFDの内容を詳
しくみてみましょう（表2－1）。

表2－1　レギュレーションFDの概要

(1) 規制の対象	・発行者。外国の発行者は除外
(2) 情報伝達の主体	・発行者、または発行者のために行動する者
(3) 情報受領者の範囲	・証券会社、投資顧問業者、機関投資家の投資マネジャー、投資会社 ・当該発行者の証券保有者等
(4) 重要な情報の範囲	・「重要」かつ「未公表」の情報
(5) 規制対象となる行為	・情報の①意図的（intentional）な開示、②非意図的な（unintentional）開示
(6) 適用除外	・守秘義務を負う者（弁護士、会計士、投資銀行等）、守秘義務契約を交わした者（信用格付会社等）（注）、ジャーナリスト等への情報提供 ・有価証券の募集に伴う情報提供
(7) 公表の方法	・臨時報告書（Form 8 － K）または広範かつ非限定的に情報を公衆に伝達する合理的な方法による開示
(8) 根拠法	・SEC規則（レギュレーションFD）

（注）　2000年10月のレギュレーションFD施行で適用除外だった信用格付会社は、2010年
　　　10月のドッド・フランク法（ドッド・フランク・ウォール街改革・消費者保護法）に
　　　よって適用除外ではなくなった。

78　第2章　米国のレギュレーションFDを知る

(1) 規制の対象

レギュレーションFDの対象は「発行者」です。これは1934年証券取引所法12条に基づいて登録されている証券を発行する者、あるいは、同法15条(d)に基づきSECに報告書の提出が必要となる者です。後者には1940年投資会社法5条(a)(2)に定義されるクローズエンド型投資会社が含まれます。ちなみに、1934年証券取引所法は米国における証券（株式、公社債等）の流通市場を規制する連邦制定法です。その他の投資会社、外国政府、外国民間発行者（foreign private issuer）はレギュレーションFDが対象とする発行者に含まれていません（§243.101(b)）。

(2) 情報伝達の主体

レギュレーションFDの対象になる情報伝達の主体は、「発行者、または発行者のために行動する者（an issuer, or any person acting on its behalf)」（§243.100(a)）です。「発行者のために行動する者」とは、①発行者の上級役員（senior official）、すべての取締役、経営企画担当者（exective officer）（§240.3b-7）、PR・IR担当、その他これに類する機能を担う者（§243.101(f)）、②証券会社（broker or dealer）、投資顧問（investment adviser）、投資会社（investment company）、当該発行者の証券保有者（holder of the issuer's securities）と日常的にコミュニケーションをとる役員（officer）、従業員（employee）、代理人（agent）が該当します（§243.101(c)）。

つまり、米企業のCEO（最高経営責任者）、CFO（最高財務責任者）といった経営幹部、IRO（IR責任者）、PRO（広報責任者）といった広報・IR責任者などが該当します。クローズエンド型投資会社（いわゆる会社型投信）では、その投資顧問業者（investment adviser）の上級役職員を含みます。また、規制対象になる情報受領者と日常的にコミュニケーションをとる業務を担当する従業員や代理人も対象になります。

第1節　レギュレーションFDの施行（2000年10月）　79

⑶ 情報受領者の範囲

　レギュレーションFDの対象になる情報受領者、つまり選択的開示が禁止される情報受領者の範囲は、①証券会社（broker or dealer）またはその関連者、②投資顧問（investment adviser）もしくは機関投資家の投資マネジャー（institutional investment manager）またはその関連者、③投資会社（investment company）またはその関連者、④当該発行者の証券保有者（holder of the issuer's securities）のうち、当該情報に基づいて発行者の証券を売買することが合理的に予測できる（reasonably foreseeable）者などです（§243.100 (b)(1)）。

　証券会社のアナリスト（セルサイド・アナリスト）は①に、機関投資家のアナリスト（バイサイド・アナリスト）は②に該当します。また、証券保有者については、選択的開示で入手した情報に基づいて、当該の証券を売買するだろうと合理的に予想できる場合に適用対象となります。

⑷　重要な情報の範囲

　レギュレーションFDが対象とする情報は、発行者またはその証券に関する「重要な未公表の情報（material nonpublic information）」です（§243.100）。ただ、その具体的な範囲については明示されていません。「重要」と「未公表」の定義や範囲について、明快な記載は見当たりません。つまり、これまでの判例法により確立された解釈に依拠することになります。

　ここで「重要」とは、「合理的な株主が、投資判断に際して重要と考える実質的な見込み（substantial likelihood）がある情報」を指すとされます。つまり、ある特定の事実が「利用可能な情報の総体（トータル・ミックス）に大きな変化を及ぼすと合理的な株主が考える実質的な見込みがある」場合を指しています。そして、「未公表」とは、その情報が広く投資家が利用できるようなやり方で拡散していない状況を指すとされます。

　SECはレギュレーションFDの対象となる重要な情報として、これらに限定されるわけではないと断りを入れながら、具体的に表2－2の7つを例示

80　第2章　米国のレギュレーションFDを知る

表2-2　レギュレーションFDの対象となる重要な情報の例

①　利益情報
②　M&Aや公開買付け、ジョイント・ベンチャー、資産の変動
③　新製品、顧客・サプライヤーの新規開拓や変更（例：契約の獲得や解消）
④　支配・経営の異動
⑤　会計監査人の変更、その不適正意見
⑥　優先証券のデフォルト、償還のための証券買戻し、自己株式取得、株式分
　　割、配当の変更、証券保有者の権利変更、証券の公募または私募など、その発
　　行する証券に関するイベント
⑦　破産管財人の指名

（出所）　SEC "Final Rule: Selective Disclosure and Insider Trading" August 15, 2000
　　　　Release Nos. 33-7881

しています。また、SECは「こうした項目が、それ自体、重要（material）
であると示唆する意図はありません」と語っています。この「それ自体」と
いう表現は "PER SE" というラテン語です。「不正確な言い方だがまあそう
だ」といった意味です。

(5)　規制対象となる行為

　レギュレーションFDは、発行会社が情報の選択的開示を行った場合、そ
れが①意図的（intentional）なものか、②非意図的な（unintentional）ものか
に応じて、それぞれの対応の仕方に言及しています。ここで「意図的」と
は、情報開示を行う者が開示する情報が重要で未公表であることを知ってい
るか、または知らないことについて過失がある場合を指します（§243.100
(a)）。意図的な選択的開示の場合は、その選択的開示と同時に（simultaneous-
ly）、非意図な選択的開示の場合はすみやかに（promptly）、発行体は公表
（public disclosure）を行うよう求めています。

(6)　適用除外

　レギュレーションFDは、①発行者に対して受託者としての義務または守
秘義務を負う者（弁護士、投資銀行家、会計士など）に対する情報提供を適用

第1節　レギュレーションFDの施行（2000年10月）　81

表2－3　レギュレーションFDの適用除外

| ①　発行者に対して守秘義務を負う者（弁護士、投資銀行家、会計士など）に対する情報提供 |
| ②　提供された情報について秘匿することについて、明示的に合意した者に対する情報提供 |
| ③　証券法に基づき登録された募集に伴う情報提供 |

（出所）　CFR Title17 §243.100(a)(2)

除外としています（表2－3）。もちろん、発行者に対する受託者としての義務または守秘義務（duty of trust or confidence）に違反し、重要かつ未公表の情報を開示した者は適用除外に該当しません。また、②開示された情報の秘密保持について明示的に同意した者に対する開示、③証券法のもとの登録を受けた証券の公募に関して行われる一定の方法による開示については、明示的に規制の対象から除外しています（§243.100(a)(2)）。

　報道機関に対する情報の開示については、特に適用除外規定は設けられていません。前出の(3)情報受領者の範囲にあった「当該発行者の証券保有者（holder of the issuer's securities）のうち、当該情報に基づいて発行者の証券を売買することが合理的に予測できる（reasonably foreseeable）者」に関連して、「当該発行者の証券保有者」であったとしても、「当該情報に基づいて発行者の証券を売買することが合理的に予測できる」とはいえないとして、レギュレーションFDの適用除外とされています。（Selective Disclosure and Insider Trading, 65 Fed. Reg. 51716 at 51720 n.27（Aug. 15, 2000））。

　レギュレーションFDが施行された2000年10月の時点では、信用格付会社に対する情報提供も適用除外とする規定が設けられていましたが、2010年10月、ドッド・フランク法（ドッド・フランク・ウォール街改革・消費者保護法）939B条によって、この規定は削除されました。

(7)　公表方法

　証券の発行企業等が、その発行企業または発行証券に関する重要かつ未公表の情報を特定の情報受領者に対して開示する場合、①意図的な開示の場合

は同時に（simultaneously）、②意図的でない開示の場合はすみやかに（promptly）、当該情報を公表（public disclosure）しなければなりません。

　ここで「すみやかに（promptly）」とは、発行者の上級役職員や取締役、経営幹部、IR責任者（IRO）、広報責任者（PRO）、その他こうした人たちと同等の役割を担う者が、情報開示があったと知り、その開示情報が重要で非公開ものだったと気づいた時点から24時間後、あるいは次のニューヨーク証券取引所の取引開始時のどちらか遅いほうより前の時間を意味しています。もし、重要な非公表情報の非意図的な選択的開示が金曜日の取引終了後に発見されたなら、社外公表の期限は月曜日のニューヨーク証券取引所の取引開始時となります。

　レギュレーションFDに沿った公表としては、①"Form 8 - K"（臨時報告書）の提出、②広範（broad）かつ排他的でない（non-exclusionary）、公衆に情報を伝播させるために合理的に設計された開示方法が認められています（Regulation FD §243.101(e)）。

　②の開示方法は、発行体に、広範かつ排他的でない、公衆に情報を伝播するという目的を達成するもう一つ別の情報開示（あるいは複数の開示方法の組合せ）を選択する柔軟性をもたらすものだとされています。そして、この開示方法として「広く伝播されるニュースやワイヤーサービスを通じたプレスリリースの発信」や「公衆に通知され、アクセス可能な会議、そして電話その他の通信手段によるカンファレンス・コール（電話会議）での発表」などをあげています。

　ここで、SECは、発行者のウェブサイトで、新たな情報を掲載するのみでは公表方法として十分でないと明言しています。しかし、テクノロジーの進展やインターネットに対する投資家のアクセスや利用が高まっていることに言及し、一部の発行体のウェブサイトが投資コミュニティから広くフォローされていることを指摘します。そして、「発行体のウェブサイトへの情報掲載は、いまは十分な公表方法ではないかもしれないが、発行体のウェブサイトは情報開示プロセスの重要な一部である」として、「複数の開示方法の組合せに取り込める」としました。

第1節　レギュレーションFDの施行（2000年10月）　83

この「発行体のウェブサイトへの情報掲載は、いまは十分な公表方法では
ないかもしれないが」という指摘が、2008年8月の「企業サイトガイダン
ス」につながります。ここで、SECは一定の条件を満たした企業ウェブサイ
トへの掲載は公表に該当しうるとしました（「第3節　米レギュレーションFD
の進展」で詳述します）。

⑻　レギュレーションFD違反

レギュレーションFDが求める公表に対する違反は、証券取引所法に基づ
く一般的な詐欺的行為防止規定である規則10ｂ−５の違反ではないとされて
います。その結果、レギュレーションFDの違反を理由に発行者の民事上の
責任を問う権利はないとされています（§243.102）。つまり、レギュレー
ションFD違反を理由に投資家や株主が発行者に訴訟を起こす権利はないと
いうことです（日本のFDルールには、こうした言及は見当たりません）。

他方、レギュレーションFDに違反して情報の選択的開示がされた場合、
発行者は、SECによる排除措置命令（cease and desist order）や民事制裁金
（civil penalty）、連邦裁判所の差止命令（injunction）の対象となる可能性があ
ります。

一般に証券法令の違反に関連するSECの対応は、①行政手続、②民事手
続、③刑事手続の３つに大別されます。ここではレギュレーションFDの違
反に関連するSECの対応を確認しておきましょう。

まず、①行政手続です。SECの職員である行政法判事の前で行われる審問
会を経て制裁が決定する排除措置命令（cease and desist order）がこれに該
当します。発行者が証券関係の法令・規則に過去に違反した、あるいは現在
違反している、または将来違反しようとしている場合に、SECが当該行為の
停止を命じます。これが排除措置命令です。発行者が不服な場合は連邦控訴
裁判所に控訴できます。

次に、②民事手続の民事制裁金（civil penalty）です。SECが連邦裁判所に
違法行為者への制裁を求める民事訴訟を提起します。多くの場合、法令違反
を指摘され、民事制裁金を求められる者は、違反の事実を肯定も否定もしな

84　第2章　米国のレギュレーションFDを知る

いままSECの制裁に同意する和解が成立した状態で訴訟が提起され、裁判所がこれを確認し、その訴訟手続が終了することになります。和解が成立しない場合は、正式の民事訴訟手続が進められ、裁判所の判決が下ることになります。

もう一つの民事手続として、差止命令（injunction）があります。これは、SECが連邦裁判所に、証券関係の法令・規則に対する違反が行われている、あるいは将来行われる可能性のある場合、その違法行為の差止めを求める民事訴訟を提起し、裁判所が命じるものです。

最後の③刑事手続は司法省が行うものですが、SECは悪質な事案等につき、司法省に刑事訴追を促す役割を担っています。

7 SECの「企業情報の公表モデル」

レギュレーションFDの目的は、個人投資家に対する情報差別の解消にあります。重要な未公開の情報が「同時」に、「同一」の内容で、できる限り「広範」に発信されることを確保するために、一部に開示した場合はすみやかに公衆に対して情報を開示させるというものです。レギュレーションFDの施行により、それまでの米国企業の情報開示のやり方は根本的に変わりました。

SECはレギュレーションFDの発表時に、企業情報の発信、伝達、伝播する方法・手段が近年驚異的に発展した現実をふまえ、企業情報の公表手段の具体的モデルを提示しています（SEC "Final Rule: Selective Disclosure and Insider Trading"（August 15, 2000 Release Nos. 33-7881）。

① まず、これまでどおり、情報内容をプレスリリースで開示する。

② 次に、プレスリリースまたは（and/or）ウェブサイトでカンファレンス・コール（電話会議）の開催日時とアクセスの方法を事前に公表する。

③ そして、カンファレンス・コール（電話会議）を"オープン形式"で開催し、電話かインターネットで、関心がある人ならだれでも参加できるようにする。

第1節　レギュレーションFDの施行（2000年10月）　85

この公表モデルは、前出した全米IR協会（NIRI）の調査（2000年8月8日付）で明らかになった企業の情報発信の傾向にマッチする内容でした。すでに61％の米企業がカンファレンス・コールをアナリストや機関投資家だけではなく、メディアや個人投資家にもインターネットでライブ中継しており、翌年は、新たに22％の企業がカンファレンス・コールのインターネット・ライブ中継を開始すると回答していました。当時、米国の全世帯の半数でインターネットにアクセス可能な環境が整っていました。個人投資家のほぼ3人に1人がオンライン投資家でしたし、しかもその7割以上が投資判断の前に企業のウェブサイトを閲覧するという調査結果もあったのです。

　SECのレギュレーションFDによる公表モデルをふまえて、IR関係者の間では、「現行のやり方」を大きく転換することはないと断りを入れながら、新たな実務上の対応策を求める動きがありました。

　当時、レギュレーションFD対応について、各方面で盛んに議論が重ねられました。NIRIは、レギュレーションFDが採用された直後に、いくつかの対応ガイダンスを発表しました。その主な内容は、次のとおりです。

① 「重要な情報」はSECへの届出とニュースリリースに加えて、自社サイトにも同じ内容を公表するのが望ましい。

② アナリストとコミュニケーションをとる経営者（senior management）やIR担当者を指名し、その他の社員には会社を代表するコメントを控えさせる。

③ 取引先や格付機関は適用外だが、秘密保持契約（condidentiality agreement）を結んでおく。

④ 説明会やカンファレンス・コールを実施することはできるが、この場合、一般投資家が「ライブ」でミーティングを聞けることが望ましい。ネット上で説明会を実施した場合でも、録画を掲載するだけでは十分とはいえない。

⑤ アナリストから依頼されても、彼らのレポート・ドラフトの内容確認に応じてはいけない。また、アナリストの予想する将来の数値が、自社が考える数値より高いとか低いとかを答えてはいけない。

86　第2章　米国のレギュレーションFDを知る

NIRIは2000年9月にも企業のIR活動を担う担当者向けに「レギュレーションFDのQ&A」を発表しています。

8 　WHガイダンスの概要

ウイルマーヘイル弁護士事務所の「レギュレーションFDと過ごす実務ガイダンス」（2000年9月、以下「ＷＨガイダンス」、https://www.wilmerhale.com/pages/publicationsandnewsdetail.aspx?NewsPubId=87474）は、①カンファレンス・コール（電話会議）、②アナリスト、投資家とのワン・オン・ワン（個別）の電話・ミーティング、③業績ガイダンス、④アナリスト・レポートのレビュー、⑤セミナーなど、⑥ニュース・メディアとのインタビュー、⑦証券の募集、⑧インサイダー取引などについて、シンプルな対応策を説いており、広く参照されました。WHガイダンスの概略を以下に紹介しておきましょう。IR業務マニュアルのような内容で、日本企業のFDルールへの対応に際しても参考になると思われます。

(1) 　カンファレンス・コール（電話会議）

米企業の多くが、アナリスト・投資家向けの四半期決算説明会を電話会議で行っています（日本企業は、国内の四半期決算説明会にアナリスト・投資家が出席し、海外のアナリスト・投資家向けは電話会議で行うケースが多い）。

まず、決算説明会は、前出のSEC公表モデルに沿って進めるのが順当です。当然、電話会議の設定について、「ダイヤル・インか自社のウェブサイト経由で、関心のある投資家が聞ける仕組みを用意する」ことが必要となります。

さらに、WHガイダンスは、電話会議の開催の日時などは、事前にゆとりをもって、「プレスリリースや自社サイトなどで告知し、その公表後に電話会議を開催」することを推奨しています。電話会議では聞き取りのみ（リッスン・オンリー）の状態の参加者もいます。そして、「企業が質問する参加者の数を限定することは許されるが、一部のアナリストに質問を許し、自社に

好意的なレポートを出さなかったアナリストをリッスン・オンリーの状態に
するといった差別的対応を行うべきではない」と断言しています。

　電話会議でのプレゼン原稿についても、WHガイダンスは注意を促してい
ます。「その正確性について社内弁護士に検討してもらい、電話会議中の不
適切な発言のリスクを減らすべきである」。「たとえ、不適切な発言が選択的
開示の懸念を生じさせるものでなくても、こうした発言は反詐欺法において
法的責任を問われ、のちに情報の更新や訂正を迫られるとか、公募やM&A
契約に関連して、ガン・ジャンピング（gun jumping、登録届出書がSECに提
出される前に売付け・買付けまたはその申込みの勧誘をすることは禁じられてい
る。その違反をガン・ジャンピングと呼ぶ)の問題を生じさせる可能性がある」。

　電話会議がこのように適切に設定され、「一般大衆に情報を広く、非排他
的に拡散している限り、電話会議中のどんな発言にも選択的開示の懸念はな
い」。それどころか、「以前は、プレスリリースに載っていない重要な情報を
電話会議中に発言しないように神経を使ったものだが、もうそんなことは必
要ない。決算業績ガイダンスや自社のビジネスモデルなどの重要情報を提供
したい企業は電話会議中にそうすればいい」と、言い切っています。

　電話会議を始めるにあたっては、まず「セーフ・ハーバー（安全港）」条
項に関連する「注意喚起文（cautionary statements)」の読み上げを徹底する
ようにと薦めています。「セーフ・ハーバー」条項とは、1995年に制定され
た民事証券訴訟改革法（Private Securities Litigation Reform Act：PSLRA）で
導入されたルールであり、1933年証券法と1934年証券取引所法に定義された
「将来情報に関する記述」について、企業が予想した将来情報が実際と乖離
するリスクを投資家に警告し、その要因をあらかじめ指摘している限り、証
券訴訟から守られるというものです。セーフ・ハーバー条項が対象とするの
は、証券の発行体、発行体のために行動する代理人（役員、従業員など）、そ
して発行体に依頼され、発行体のために意見表明する外部監査人、証券の引
受人などで、こうした者が行った将来予測の表示に限定されています。

　実際にレギュレーションFDが施行されると、各社の電話会議中に語られ
る将来情報は多岐にわたり、量的にも増えるとみられていました。そうなる

とセーフ・ハーバーの必要性は高まります。そこで、「電話会議ではセーフ・ハーバーの入った注意喚起文を読み上げてから開始する」という法的なアドバイスとなるのです。

WHガイダンスは電話会議の録音の公開方法についても具体的なアドバイスを行っています。「電話会議を録音し、その再生テープをダイヤル・インかウェブサイトで会議の模様を広く発信するべきである」。「しかし、急速な事業環境の変化の中で、電話会議での発言はその日は本当であっても、数日後には本当とはいえないかもしれない。そこで、電話会議を録音した再生テープの発信に期間を設けるべきである」。「一般的に、その期間は1週間を超えない」。

一方、電話会議の議事録については「一般に、企業が電話会議の議事録をウェブサイトに掲載するとか、求めに応じて議事録を入手可能とすることはお勧めできない」としています。また、「議事録に記載された将来情報については注意喚起文を添付すべきである」としています。

⑵　アナリスト、投資家とのワン・オン・ワン（個別）の電話や面談

レギュレーションFDの施行に対して、一部の企業から、今後は証券アナリストとワン・オン・ワン（個別）で面談も電話で話もしないという声があがりました。WHガイダンスは、それは「たしかに法的リスクの観点からいえば安全な対応かもしれないが、ほとんどの企業にとって現実的な選択とはいえない」と語り、「SECのレギュレーションFDには、企業とアナリストとのコミュニケーションをなくする意図はない」と指摘しています。

まず、一般の公衆がアクセスできるカンファレンス・コール（電話会議）がダイヤル・インか自社サイトで用意されていれば、決算説明会などの電話会議で語られるどんな企業情報も公開情報となります。そこで、WHガイダンスは「決算発表やこれに関連するカンファレンス・コール（電話会議）の直後に投資家と面談の機会をもつ」ことを推奨します。

また、WHガイダンスは、「発行体がアナリストに非重要の情報を開示することは禁じられていない。発行体が知らないうちに、アナリストはそうし

た情報を組み合わせ、情報のモザイクを完成させていく。アナリストは一般投資家にとって重要でない情報から重要な結論を導く、価値の高いサービスを提供できる専門家である。レギュレーションFDは、そうした活動を阻害するものではない」といっています。

一方、企業がワン・オン・ワン（個別）の電話や面談など当事者以外の一般投資家がアクセス制限にある環境でアナリストや投資家と話を交わす場合、いかなる重要な未公開の情報も開示できません。そこで、WHガイダンスは「四半期末のブラック・アウト・ピリオド（発行体が社債や自社株の買入れを自粛する、決算期直後から決算発表のプレスリリース発表までの期間）の会話は避ける」べきだと指摘しています。

また、「回答しない質問についてのルールを作成する」ことを勧めています。たとえば、社内の財務見通しを開示しないとか、在庫を公表していないなら、ワン・オン・ワンでも在庫を開示しないということです。こうした会話に参加する企業側の代表者は、すでに公表されているといった誤った思い込みで重要な未公開情報がうっかり開示されることがないよう、自社の事業や財務の開示状況について十分、承知している必要があります。

⑶ 業績ガイダンス

レギュレーションFDに沿って決算説明会を行う場合、上場企業側が特に懸念するのは、アナリストや投資家に対して業績見通しの「ガイダンス」をどのように行うかです。SECはレギュレーションFDを採択した時のプレスリリースで次のように語っています。

「発行体の役員が業績見通しに関するガイダンスを求めるアナリストと非公開の議論をしている場合、レギュレーションFDの下で高いリスクを抱えている。もし、発行体の役員が非公開で、自社の業績見通しはアナリストの予想以上に高いとか、低いとか、あるいは同じだといった非公表情報を伝えると、発行体はレギュレーションFDに違反している可能性がある」（SEC "Final Rule: Selective Disclosure and Insider Trading" August 15, 2000 Release No. 33-7881）。

このSECの指摘は明快です。WHガイダンスは「限定公開のアクセス設定ではなく、公開の電話会議で業績予測についてガイダンスを行うことをお勧めしたい。投資家ミーティングなどアクセスに制限のある環境でガイダンスが行われる場合、企業は、そのミーティングの前に同じガイダンス内容を記載したプレスリリースを発信しなければならない。しかし、公開の場であっても、業績予想のガイダンスは慎重に行われなければならない」と確認しています。

⑷ アナリスト・レポートのレビュー

レギュレーションFDの施行前、発表前のアナリスト・レポートを企業のIR担当者がレビューしてコメントすることが少なくありませんでした。レギュレーションFDのもとでは、この行動にはアナリストに重要な未公表の情報を開示しかねない法的リスクがあります。

WHガイダンスは「アナリスト・レポートのレビューは行わないことが推奨される」としつつ、目の前の対応として「アナリスト・レポートのレビューは事実の記載だけを扱うもので、自社はレポートに載っている将来予想に関する記述や財務予測についてコメントをしたり、是認するものではない、と文書で述べる」ことを勧めています。

そして、「アナリスト・レポートのドラフトをレビューしない方針を、自社をカバーしているアナリストに知らせ、そのようなドラフトを送付しないように通知することがベストである」と言い切っています。

⑸ セミナーなど

企業には、自社の情報をアナリストや機関投資家、個人投資家、株主などに向かってプレゼンする多様な場面があります。たとえば、「投資銀行が主催する投資家カンファレンス」や「株主総会」が思い浮かびます。大勢の人たちが参加することもあり、こうしたイベント（催事）を一般市民に公開されていると考え、情報の選択的開示にさほど注意を払わない気持ちになりかねません。

第1節　レギュレーションFDの施行（2000年10月）　91

「しかし」と、WHガイダンスは指摘します。「これらの場面で企業が開示した重要な情報は、一般に広く非排他的に配布されない限り公表されていないとみなされず、選択的な開示となる」。つまり、セミナーなどでのプレゼンには、アナリスト、投資家とのワン・オン・ワン（個別）の電話や面談と同様のリスクがあるというのです。

企業は、前出の投資家向けカンファレンス・コール（電話会議）と同様の方法で、「投資銀行が主催する投資家カンファレンス」などのイベントを、「事前に告知し、一般の市民がダイヤル・インや自社サイトを通じてアクセスできる」ものにすることで、レギュレーションFDに沿った情報開示が可能になります。ポイントは、一般市民ならだれでもアクセスできる仕組みを構築することです。

⑹　ニュース・メディアとのインタビュー

レギュレーションFDは、新聞その他のニュース・メディアの人たちに対する情報開示には適用されません。つまり、メディアの人たちへ重要な未公表の情報を開示しても、企業に公表の義務が生じるわけでないのです。しかし、WHガイダンスは、「企業はメディアに対してレギュレーションFDの趣旨を遵守するように求めるのがいい」とアドバイスしています。「たとえば、切迫した取引に関する情報を事前に記者に提供し、取引の公表時に詳細な記事を掲載したい企業は、社内で承認された発表の日まで情報を公（おおやけ）にしないという新聞社の同意を取り付けておくべき」だというのです。

⑺　証券の募集

米国の1933年証券法は、すべての有価証券の勧誘・募集・販売は、SECに登録されていなければならない、もしくは登録が免除されていなければならないと規定しています。レギュレーションFDによる公表義務は、ほとんどの登録証券の発行に関連する情報のやりとりからは生じません。登録届出書の提出後のロードショーと営業担当者のプレゼンテーションは、レギュレーションFDの対象となりません。

しかし、WHガイダンスは、「レギュレーションFDは、自社公募（shelf offering）および公開企業による未登録証券の募集に関連して行われた開示に適用される」と注意を喚起しています。ここでいう自社公募とはSEC規則415によるもので、一括登録制度（shelf registration）ともいい、発行体は新証券を一度にすべて販売するのではなく、一定期間にわたって再登録することなく販売できます。

　WHガイダンスは、次の4つを例示しています。

① 　規則144A（適格機関投資家向けの証券販売に関する登録免除規定）

② 　レギュレーションSによる募集（米国外での証券の募集・販売に関する登録免除規定。米国外の投資家への証券販売は、ある一定の要件を満たせば登録義務が免除される。米国の企業が日本の投資家に証券を販売する場合などはこの規定が適用されうる）

③ 　PIPE取引（PIPE：Private Investments in Public Equities。限定された投資家に株式の募集・売出しを行うもの。上場企業は迅速に資金調達でき、引受け側には未公開株よりも売却先を見つけやすいというメリットがある）

④ 　従来からある私募

　WHガイダンスは、「未登録証券の募集を行う公開企業は、投資家に非公開で開示されたいかなる重要な情報も公開するか、投資家から明示的な機密保持合意を取得しなければならない。さらに、これらの募集に関連するロードショー期間中の情報開示はレギュレーションFDの対象であり、それゆえ、企業はこれらのミーティングにおける発言に注意しなければならない」とアドバイスしています。

　続けて、「登録公募の適用除外は公募に‘関連した’発言や文章にのみ適用される。たとえば、レギュレーションFDは、登録公募の過程で発生する非公開のカンファレンス・コール（電話会議）での発言や文章を適用免除していない」と見落としがちな注意点を指摘し、「一括登録の企業は、レギュレーションFDが要求する公開情報を慎重に検討する必要がある。とくに情報を一括登録書の記載に組み込む必要があるかどうかについて検討しなければならない。この場合、Form 8 - K（臨時報告書）で、情報を提出すること

第1節　レギュレーションFDの施行（2000年10月）　93

が推奨される」と締めくくっています。

(8) そ の 他

WHガイダンスが指摘している、その他の事項についてまとめておきます。

・自社のスポークスパーソンの承認……会社として自社のスポークスパーソンを指名する。一般的にはCEO（最高経営責任者）やCFO（最高財務責任者）を含む2〜3人、これにIR担当の経営幹部を入れる場合もある。彼らは投資家、アナリスト、メディア、一般市民の人たちとのコミュニケーションを会社から承認されている。

・「ノーコメント」ポリシー……将来の事業展開や企業買収などの取引に関する噂やコメントに対して、会社を代表して回答するのを禁止する「ノーコメント」の方針に従う。そのためには、問合せや噂にコメントや回答をしないことが社の方針であることを記載した文書が必要である。会社がこのような噂の根拠を知らない、または当該取引を認識していないという文書は、この方針と一致するものではなく、もし不正確であれば、会社が責任を負う可能性がある。

・社内の情報フローを管理する……社で承認したスポークスパーソンと重要性の判断を継続的に行う必要のある弁護士に対する迅速かつ完全な情報フローを用意する。

・セーフ・ハーバー条項の活用……すべての将来情報の伝達について適切な注意喚起を行って、民事証券訴訟改革法（PSLRA）を活用する。

・反詐欺法が適用されていることを忘れない……連邦証券法の反詐欺条項は、たとえレギュレーションFDの対象外の情報開示であっても引き続き適用される。企業は証券法に基づき、虚偽、誤解を招く陳述、不完全な陳述について依然として責任を負う。

インサイダー取引に新たな規則
——SEC規則Rule10ｂ5－1、Rule10ｂ5－2の成立

　米国には、インサイダー取引を直接規制する法律の規定はありません。裁判所の判例が、証券取引に伴う詐欺行為の一種としてインサイダー取引を扱ってきました（米国1934年証券取引所法（Securities Exchange Act of 1934）10条ｂ項、米国証券取引委員会（SEC）規則Rule10ｂ－5など）。

　2000年に施行されたSECのレギュレーションFDの正式名称は「選択的情報開示およびインサイダー取引規制に関する最終規則」です。この時、SECはインサイダー取引（insider trading）に関連する新たな規則、Rule10ｂ5－1とRule10ｂ5－2を盛り込んだのです。

　重要な非公開情報に基づいて有価証券を売買することは、SEC規則Rule10ｂ－5の詐欺防止条項に違反し、インサイダー取引に該当します。ところが、SEC規則Rule10ｂ5－1が制定される前は、「重要な非公開情報（material nonpublic information）に基づいて（on the basis of）有価証券を売買すること」という点について、①売買した者が、重要な非公開情報を「使用」（use the information in trading）した証拠を必要とするのか、②重要な非公開情報の「保有を知りながら」（trade while in knowing possesion）売買していることを証明するだけでいいのかどうか、をめぐって裁判所の判断は分かれていました。

　この点について、SEC規則Rule10ｂ5－1(b)項は「重要な非公開情報を認識したうえで」売買を行った場合は、重要な非公開情報に基づいて売買が行われている、としたのです。そして、「重要な非公開情報に基づいて」取引を行った者を、証券を購入または売却する際に重要な未公開情報を認知して（be aware of）いた者と定義しました。重要な非公開情報の「利用」を基準とするのではなく、「保有」を基準として採用したのです。つまり、「売買判断の決定時に、取引する者がその情報を使用したとか、その情報の影響を受けたという証明は必要ない」（WHガイダンス）というのです。

　また、SEC規則Rule10ｂ5－1(c)は、重要な非公開情報を認知していた取引者がインサイダー取引の責任から免除されるためには、「取引者が重要な未公開情報を認知していたとしても、当該情報が取引の決定的な要因となっていないことを立証しなければならない」と規定しました。①取引者が情報を認知する以前から、証券を購入または売却する契約を結んでいた、②取引者の計算で証券を売却または購入することを他人へ指図していた、③証券の取引に関する書面による計画があった、という3つのうちのどれかの存在を立証しなければならない、というのです。

　これ以後、規則Rule10ｂ5－1をふまえて、重要な非公開情報を保有する立場にあり、同時に自社株の売買を希望する取締役などのインサイダーが、重

第1節　レギュレーションFDの施行（2000年10月）　95

要な非公開情報を保有していないときに、前出の①②③を証券会社（ブローカー）との間で契約し、違法なインサイダー取引の容疑に対する積極的な抗弁を用意する仕組みがみられるようになりました。企業が自社株式の買戻しなどで結ぶ、証券会社（ブローカー）との契約と同様です。

　一方、SEC規則Rule10ｂ5－2は、インサイダーの家族や個人的な友人などの非ビジネス関係者が、インサイダーから重要な非公開情報を入手した場合の信認義務について規定しています。具体的には、以下の3つの類型で示されるような状況で重要な非公開情報を受け取る場合は、情報の受領者に信認義務または守秘義務（duty of trust or confidence）が生じることになると規定しました。

・第1の類型：情報を秘密にすることに同意した場合(SEC規則Rule10ｂ5－2(b)項(1))
・第2の類型：重要な未公表情報を共有した過去の例、行動様式、慣行があり、情報の受領者が、情報の伝達者が情報受領者にその機密を維持するだろうと期待させる十分な根拠がある場合（SEC規則Rule10ｂ5－2(b)項(2))
・第3の類型：配偶者、親、子ども、兄弟から内部情報を入手した場合で、機密性に関して信任義務に合理的な期待がないことが積極的に示されなかった場合（SEC規則Rule10ｂ5－2(b)項(3))

　ここでは、情報源となった者の合理的期待を考慮して、その者の期待として情報に関する秘密を保つことが認定できる場合については、情報の受領者は信任義務または守秘義務を負うとされています。こうした信任義務または守秘義務を負う者が重要な未公開情報に基づいて証券を購入または売却した場合は、内部者取引規定の対象になりうるのです。

(参考)　家田崇「アメリカ証券流通市場における選択的情報開示および内部者
　　　　取引の新規制（2・完)」('NUCB Journal of Economics and Infor-
　　　　mation Science' Vol.47 No.1 July 2002)

9　レギュレーションFDに対する米企業の対応

　レギュレーションFDが採択された翌年、2001年2月に発表されたNIRIの調査（回答577社）によると、レギュレーションFDの施行後、28％の企業が投資家へ開示する情報量を増やし、48％の企業は以前と変わらず、情報量が減少した企業は24％にとどまっています。レギュレーションFDの施行前に

96　第2章　米国のレギュレーションFDを知る

ウェブ・カンファレンスを実施している企業は60％でしたが、この数字は89％に上昇しました。ウェブ・カンファレンス実施の告知方法は84％がプレスリリース、75％がウェブサイト、Ｅメールは55％でした（複数回答）。さらに、業績ガイダンスを発表する企業は全体の８割に達し、アナリストとの１対１の個別ミーティングは、74％がこれまでどおり実施し、増やした企業も５％ありました。そして、98％の企業でIRサイトが用意されていることが明らかになりました。

NIRIは「これは、NIRIが会員に対し、財務データ以外にも、企業を評価するアナリストや投資家と議論するべき重要な情報、つまり非財務（ノンファイナンシャル）な情報がある、と従来からアドバイスしてきた成果だ」と評価しています。「47％の企業で収益分析モデルの確認を依頼するアナリストの数が減り、残る53％も数字など事実確認がレポートチェックの目的である」と回答しています。後者の比率は施行前から約30％低下していました。「SECの期待通り、企業情報に対する公平なアクセスに関して公平開示規則はほぼ有効に機能している」（NIRI）というのです。

他方、同じ年に米個人投資家協会（National Association of Investors Corporation：NAIC）が行った「インターネットにおける企業情報に関する調査」は、会員の80％がインターネットにアクセスできるコンピュータを所有しているとしたうえで、次の３点を指摘しました。

① 75％が企業サイトを利用している。

② 70％は「企業サイトの情報は信頼できる」と考えている。

③ ほぼ70％が「必要な情報を必要な時に入手できる便利なサイトを提供する企業に対しては、そうでない企業よりも投資したい」と思う。

企業サイトは個人投資家の手に届く情報収集源として利用され、信頼されており、「必要な情報を必要な時に入手できる便利なサイトを提供する企業に対しては、そうでない企業よりも投資したい」というのです。1951年に創立され、全米の個人投資家の投資クラブを組織したNPO（非営利）団体による調査結果は、その後の情報発信の方向を示唆するものだといっていいでしょう。

10 レギュレーションFDに対する英仏当局の反応

　米国における選択的開示の禁止、レギュレーションFDの実施に対する欧州の当局者の反応は、きわめて素早いものでした。英国の金融サービス機構（1997年に発足したFSA。なお、FSAは2013年に健全性規制機構（PRA）と金融行為監督機構（FCA）に分割され、新たな金融監督体制が発足した）の会長ハワード・デイビス氏（当時）は、2000年10月25日、ブルームバーグ主催の昼食会でレギュレーションFDに言及し、英国では30年以上もの間、選択的情報開示を禁じてきたと語りました。

　そのうえで、「英国の上場規則では、株価に影響を与える（株価センシティブな）いかなる情報も遅延することなく、市場全般にアナウンスしなければならないし、『公表される以前にいかなる人物にも与えられてはならない』と明快である。このルールは、SECのレギュレーションFDとほぼ同様の実効性があり、ロンドン市場でよく機能している」。しかし、米国同様、英国でもこの2年間、株式市場に魅された膨大な数の新しい投資家が生まれており、彼らが「大手機関投資家と同様なベースで情報にアクセスできないなら、このトレンドは後退するかもしれない」と警告したのです。

　さらに、同氏は「企業は、（アナリスト・投資家との）いかなるブリーフィング内容もその記録を常に保管しておく必要性がある」と指摘し、「企業はアナリストの業績予想を修正する必要はないが、もし公表された情報に誤りがあれば、修正してよい。アナリストの業績予想が市場をミスリードするほど不正確であれば、企業はこの誤りを正すためにアナウンスメントを検討することになる」と述べました。

　英国と同様、フランス証券取引委員会（COB。2003年にAMF（金融市場庁）に統合された）も2000年10月、「ファイナンシャル・アナリストが入手した情報の利用」と題するコメント（Bulletin COB 350号、2000年10月）を発表しました。この「職業倫理規則は、とりわけファイナンシャル・アナリスト・フランス協会（SFAF）とフランス・ファイナンシャル情報提供者連絡協会（CLIFF）が協力し起案した」と経緯に触れたあとで、「一般的な原則に加え

98　第2章　米国のレギュレーションFDを知る

て、次に記したとおり、アナリストはその雇用者の内部規則が定めた規則を遵守しなければならない」として4つのポイントをあげています。

① アナリストは、他部署が入手した企業に関する非公開情報やファイナンス活動に関与した際に入手した非公開情報を、自身のアドバイスのために利用してはならない。

② アナリストは情報の受け手（個人顧客、経験深い機関投資家など）の利害を第一にして、レポートやアドバイスを書かなければならない。

③ 公正なやり方、"すべての人々（機関投資家顧客、投資運用顧客、預金口座顧客）が同等に取り扱われることを確実にするやり方"で、情報伝達を実行しなければならない。調査を外部に発行するときは、社の内外へ同時に配布しなくてはならない。

④ アナリストはそのレポートを、雇用者とファンドの委託者がともに、あるいは一方が入手したあとで、はじめてアナリスト個人の目的で利用できる。

そして、すでにフランスでは1992年に「アナリスト情報の配布の同時性」を、1995年には「公平開示」を職業倫理規則が明記しているというのです。

英国、フランスの市場監督の当局者はともに、自国市場での情報開示に関し、「公平開示」が市場でかねてから実行されていること、英国ではルールの見直しに着手していることを市場関係者にあらためて知らせ、レギュレーションFDが与えるインパクトに配慮したのです。

11 レギュレーションFDに対する日本企業の反応

2000年8月、SECが決定したレギュレーションFDは外国企業を対象外としています。その1カ月後の日本経済新聞（2000年9月13日付）は日本企業の主要194社の68％（132社）がアナリストなどを優先する情報開示を見直し、「何らかの改善を検討中」と報じています。外国企業は対象外でも、ニューヨーク証券取引所（NYSE）などに上場する日本企業や米預託証券（ADR）の取引がある日本企業は対策を迫られていたのです。

すでに 7 月26日、ソニーは報道関係者、アナリスト、機関投資家を集め、4 ～ 6 月決算説明会を開催していましたし、これに続いて 8 月29日、京セラがアナリスト向け業績予想説明会を自社のホームページにリアルタイムで公開し、英語通訳も用意していました。当時の新聞報道は、「有力証券アナリストも『早耳情報』を伝えるのではなく、公開情報を使っていかに正しく分析し、企業価値を評価するかが重要になる」「アナリストの分析力が問われる時代になる」（日経金融新聞2000年 9 月20日付）と時代の変化を指摘しています。

　当時の日本企業のレギュレーションFDに対する全般的な反応をよく示すのは、東証正会員協会（2001年東証取引参加者協会に改称。2004年解散）が2000年10～11月、公開企業（回答1,877社）、証券会社（回答93社）、個人投資家4,412人（郵送・ファックス2,221人、HP2,191人）を対象にして実施したアンケートでしょう。その結果は「公開企業の情報開示に関するアンケート調査」として発表されています（2001年 3 月16日）。

　選択的な情報開示を規制する「レギュレーションFD」について、個人投資家、公開企業、証券会社とも、その大半は「公開企業の会社情報は公平に開示されるべき」と考えていますが、個人投資家の77.4％が「会社情報は公平に開示されるべきである」とし、公開企業の65.6％を上回っています（表2 － 4 ）。

　では、実際はどうでしょうか。公開企業の50.6％（926社）が「情報格差はつけていない」としているものの、半数近くの公開企業（869社、49.4％）は「特に意識はしていないが、結果的に格差がついている場合がある」とし、34社（1.9％）は「常になんらかの格差をつけている」と答えています（表2 － 5 ）。

　対策はあるのか。「開示情報に格差が発生しないような対策」を講じている企業は31.5％（573社）で、「今後、講ずる予定である」（211社、11.6％）と合計しても半数に届いていません。「必要性は感じるが、特に講じていない」（874社、48.1％）、「講ずる必要はない」（160社、8.8％）が過半数を占めます。具体的な対策は「報道機関向けの発表とアナリスト向けの発表を同時

表2－4　米国での「選択的情報開示の規制ルール」に対する意識

	情報は公平に開示されるべきである	詳細な情報まで公平に開示される必要はない	かえって開示される情報量が少なくなるのではないか	その他（個人投資家は「よくわからない」を含む）
個人投資家	77.4%	4.2%	5.5%	13.0%
公開企業	65.6%	12.6%	18.7%	3.1%
証券会社	79.3%	7.6%	10.9%	2.2%

（出所）　東証正会員協会資本市場委員会「『公開企業の情報開示に関するアンケート調査』の調査結果について」（2001年3月）

表2－5　日本の公開企業：情報格差に対する認識状況（時価総額別）

	なんらかの格差をつけている	結果的に格差がついている場合がある	格差はつけていない
5,000億円以上	2.2%	64.5%	33.3%
5,000億円～1,000億円	3.7%	56.9%	39.4%
1,000億円～100億円	2.0%	52.3%	45.7%
100億円未満	1.2%	38.7%	60.1%

（出所）　東証正会員協会資本市場委員会「『公開企業の情報開示に関するアンケート調査』の調査結果について」（2001年3月）

表2－6　日本の公開企業：情報格差に対する対策

○貴社では、開示情報に格差が発生しないような対策を講じていますか。

1．講じている	573社（31.5%）
2．今後、講ずる予定である	211社（11.6%）
3．必要性は感じるが、特に講じていない	874社（48.1%）
4．講ずる必要はない	160社（ 8.8%）

（出所）　東証正会員協会資本市場委員会「『公開企業の情報開示に関するアンケート調査』の調査結果について」（2001年3月）

第1節　レギュレーションFDの施行（2000年10月）　101

に行っている（行う）」が62.6％（487社）でトップ。次いで「開示情報についてだれもがアクセスできるシステムを導入している（する）」（363社、46.7％）でした（表2－6）。

　企業サイドのコメントも紹介されています。「開示情報に格差が発生しないよう、会社説明会には、アナリストと報道機関両者を招いているが、各報道機関の記者の裁量に委ねられている点で、記事になって個人投資家に伝わっているか、また、会社側の意図も含めて、正確に伝わっているのか疑問である。今後は、自社のホームページなどを通じて、直接個人投資家に積極的な開示を行う必要があると考えている」。

　情報発信に現場の努力を強調するコメントもあります。「『重要事項』の開示はすべての投資家に平等に同一のタイミングで伝達されるべきである。しかし、個人投資家、機関投資家、報道機関でそれぞれ興味の異なる事項もあるため、より深く会社の内容を理解してもらう観点から、それぞれの対象向けに情報発信の方法を工夫することも必要と思われる」。

　公平な情報開示とは何か、米国発のレギュレーションFDに日本企業はどう対応するのか。2000年12月、レギュレーションFDについて企業経営者、アナリスト、弁護士、IR担当者、大学教授など各方面の識者がパネラーとなった初めての公開討論会が開催されました。会場はIR関係者で埋まり、緊張感に満ちていました。

・企業経営者……「公平といった場合、内容の公平性と時間の公平性がある」「内容の公平性を保つために想定問答集をつくり、重要事実については公認会計士、弁護士などと相談しながら、当社独自のインサイダー規程を設けている。同時性という点では新聞発表と説明会の時間を接近させ、ホームページでも公開している」。

・アナリスト……「選別的情報開示を気にせざるをえなくなった」「アナリストの業務の90％以上は公開情報をベースに分析し、仮説を立て、検証していく」「分析力のあるアナリストと早耳アナリストの違いがいよいよ大きくなる」。

・弁護士……「米国でいうフェアは公平というより公正に近い。"選択的情

102　第2章　米国のレギュレーションFDを知る

報開示は公平を欠くことで不公正になる”と受け止められている」「一貫した判断とポリシーをもっている企業が最終的には市場から尊敬されよう」。

・IR担当者……「実務的な対応としてマニュアルをつくるのはどうか」「ある製薬会社の場合、“原則としては積極的に開示する”としているが例外事項を3つ設けている」「それは、競争上開示できないもの、契約上開示できないもの、いま開示すると情報の確度が低く投資家をミスリードするおそれのあるものだ」「この3つを、いつ、だれが、どのように開示すべきか、かなり詳細なマニュアルをつくっている」。

・大学教授……「個人投資家が、直接アクセスするようになってきた」「ある程度時間が過ぎたらだれでもアクセスできる場が日本でも準備され、積極的にディスクローズすることが報われるようにし、そこに個人投資家を巻き込んでいく場をつくれたらと思う」。

第 2 節

米国におけるレギュレーションFD違反の事例

1　SEC、レギュレーションFD違反で4社を摘発（2002年）

　施行から2年後の2002年11月25日、SECはレギュレーションFDの違反で初めて4つの企業を摘発したと発表しました（www.sec.gov/news/press/2002-169.htm）。防衛大手レイセオン、ソフトウェア大手セキュア・コンピューティング、ソフトウェア開発のシーベル・システムズ（2006年にオラクルが買収）、情報通信大手のモトローラで、いずれも特定のアナリストやファンド・マネジャーに非公開の重要情報を明らかにしたことによるものです。レイセオン、セキュア・コンピューティング、シーベルに排除措置命令、シーベルには25万ドルの民事制裁金が課され、モトローラは調査結果の公表でした（表2-7）。

（1）　レイセオン
　　　──ファースト・コールのコンセンサス数値V.S.社内の予想数値

　レイセオンはS&P500に採用されている防衛大手です。2001年2月7日、同社はウェブキャスティングによってだれでもアクセスできる投資家向けカンファレンス・コール（電話会議）を行いました。参加したアナリストの関心は、2001年通年のEPS（1株当り利益）に対して、各四半期決算のEPSが与える影響、とりわけ第1四半期の影響はどうかという点にありました。

　この時、1999年4月から同社の最高財務責任者（CFO）を務めてきたフランクリン・A・ケイン氏は通年ベースのEPS数字は155セントから170セントの間だろうという見通しを示したのですが、このEPS数値の四半期ごとの構成に関するガイダンスはありませんでした。

　もちろん、CFOのケイン氏は、社内の四半期ごとのEPS予想数値を定期的

104　第2章　米国のレギュレーションFDを知る

表2－7　レギュレーションFD違反の主な事例

	企業名（業種）	違反の主な内容
2002年	レイセオン（防衛）	CFOが特定のアナリスト（複数）に業績ガイダンス。
〃	セキュア・コンピューティング（ソフトウェア）	新しい契約情報を2人のファンド・マネジャーにリーク。
〃	シーベル・システムズ（ソフトウェア開発）	CEOが約200人の招待者に非公開の重要情報を明かし、自社の業績についてポジティブなコメントを行った。
〃	モトローラ（情報通信）	特定のアナリスト（複数）に内密の業績ガイダンス。
2003年	シェリング・プラウ（医薬品）	CEOが非公開ミーティングで業績予想について非公開のネガティブな重要情報を示した。
2005年	フローサーブ（精密機器）	一部のアナリストたちに業績予想で非公開の重要情報を開示。
2005年	シーベル・システムズ（ソフトウェア開発）	CFOが非公開イベントで、自社の業務活動についてポジティブなコメントを行い、数週間前のネガティブ発言を翻した。2004年、SECは提訴したが、05年8月ニューヨーク連邦地裁は提訴を却下した。
2010年	オフィス・デポ（事務用品小売）	2007年4～6月期の収益が市場予想を下回る可能性を一部のアナリストや機関投資家に伝えたとして会社、CEO、CFOをレギュレーションFD違反で提訴。
2013年	ファースト・ソーラー（太陽エネルギー）	IR責任者が特定のアナリストや機関投資家に非公開の重要情報を開示。

（出所）　筆者作成

に受け取っていました。2001年第1四半期の社内のEPS予想数値は19セントでした。ケインCFOはファースト・コールのコンセンサス数値も承知していました。2001年2月9日時点でコンセンサス数値は31セントで、レイセオンの社内予想数値を12セント上回っていました。2月中旬、同社は売上げの

第2節　米国におけるレギュレーションFD違反の事例　105

増加を主因として、第１四半期の社内のEPS予想数値を28セントに上方変更しました。それでもコンセンサス数値に３セント足りません。この数値の乖離について、ケインCFOは部下から報告を受け承知していました。

　前出の電話会議のあと、ケインCFOは部下に命じ、一人ひとりのセルサイド・アナリストとコンタクトし、ファースト・コールに提出される業績予想の算出モデルを求めました。そして、同氏の部下は、各アナリストによる四半期ごとの収益予想値をモニターする表計算ソフトを作成しました。

　レイセオンは2000年度、前期で収益の３分の１、残りを下期に稼いでおり、収益カーブは年度末に向かって急角度で上昇していたのですが、この時点でのアナリストの見通しは、同社の2001年度の四半期収益パターンは均等という予測でした。つまり、2000年度ほど季節的な偏りはないだろうとみていたのです。ですから、アナリストにとって、2001年度の収益がどういうカーブを描くかは大きな関心事となっていたわけです。

　つまり、ケインCFOは、①レイセオンが2001年の四半期別の収益ガイダンスを発表していないこと、②アナリストによる第１四半期のEPS予想数値はレイセオンの社内数字を上回っていること、③アナリストの四半期収益の予想値は2000年の決算数字ほど季節的な四半期要因を織り込んでいないことを承知していたことになります。

個々のアナリストにフォローアップ

　ケインCFOは、2001年２月中旬から３月５日にかけて、レイセオンを担当し、ファースト・コールのコンセンサス数値に大きな影響力をもつ13人のセルサイド・アナリストのうち11人と個別（ワン・オン・ワン）に電話会議を行いました。ここで、ケイン氏はアナリスト一人ひとりに２つの収益情報を伝えたのです。①レイセオンの2001年度の収益は2000年度と同様の季節的に偏った配分になると見込まれる、②つまり、年度の前半でEPSの３分の１、後期に３分の２を稼ぐ見込みということです。

　個別の電話会議でケインCFOは、あるアナリストに対し、特定の部門での第１四半期の収益や利益の予想数値が「高すぎる」とか、ガイダンスを行っていないにもかかわらず、「ガイダンスに沿っていない」と語り、別の

106　第２章　米国のレギュレーションFDを知る

アナリストには「アグレッシブだ」「とてもアグレッシブだ」「ビジネスは最後の最後に数字が載ってくるのです」と意味深長なコメントをしたといいます。また、担当アナリストが出張で不在の場合は、アシスタントに同様の収益情報を伝えたというのです。

こうした会話のあと１週間たっても、アナリストが2001年度第１四半期のEPS予想数値を変えなかった時は、ケインCFOからアナリストに収益ガイダンスが載ったメールが届きました。そこには、「貴社のモデルについて私たちがお話をしたとき、当社の収益プロファイルは2000年度とほぼ同じだと予想していると申し上げたと存じます。すなわち、年度の上期に約３分の１のEPSをつくりだすのです」とありました。

この情報を入手した各アナリストは、ケインCFOのガイダンスにあわせ

表２－８　レイセオン：2001年度第１四半期EPS予想数値

（単位：ドル）

会社	第１四半期EPS予想数値		差
	個別の電話会議の会話以前	個別の電話会議の会話以後	
A	0.34	0.26	（．08）
B	0.28	0.25	（．03）
C	0.27	0.25	（．02）
D	0.30	0.27	（．03）
E	0.29	0.26	（．03）
F	0.34	0.25	（．09）
G	0.33	0.25	（．08）
H	0.35	0.25	（．10）
I	0.28	0.25	（．03）
J	0.32	0.28	（．04）
K	0.28	0.27	（．01）
平均	0.31	0.26	（0.05）

（出所）　www.sec.gov/litigation/admin/34-46897.htm

第２節　米国におけるレギュレーションFD違反の事例　107

図2−1　レイセオン：株価／出来高の推移（2001年2月1日〜3月15日）

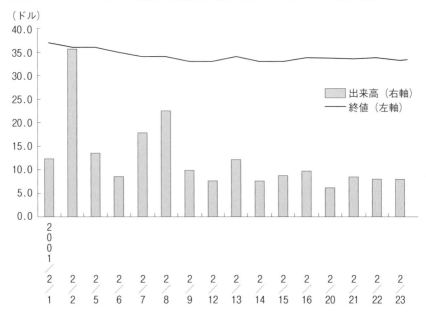

て、2001年度第1四半期の収益とEPS予想数値を修正したのでした。「個別の電話会議を通じた情報開示によって、アナリストたちは同社の収益を上期から下期に移し、予想数値を変更した。ただし、通期ベースのEPS数値は変更していない」とSECはコメントしています。

レイセオンのEPS予想数値を修正した時のアナリストのコメントをファースト・コールで追うと、2月14日付のあるアナリスト・レポートに「レイセオンの経営陣との討論によって2001年四半期収益を修正した」という記載がみられました。表2−8のように、電話による個別会議での会話のあと、各アナリストの予想数値は下方修正となりました。

こうして、3月12日の時点で、アナリストによる2001年度第1四半期の平均的なEPS予想数値は31セントから26セントに下落しました。レイセオンの社内予想数値を若干下回る水準です。この数値は4月21日、レイセオンが第1四半期のEPSが28セントだと発表するまで変更されませんでした。

レイセオンのターゲットとなったアナリスト13人のうち2人とは、結局、

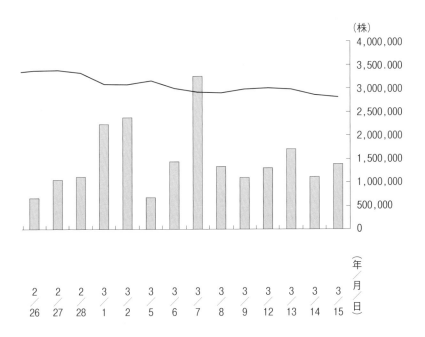

時間の調整がつかず、個別の電話会議は実現しませんでした。ちなみに、この２人による第１四半期のEPS予想数値は１人が0.27ドル、もう１人は0.35ドルでした。

「非公開」「重要な企業情報」「同時開示」に違反する行為

　こうしたレイセオンとケインCFOの行為は、「非公開」の「重要な企業情報」を「同時開示」するように定めたレギュレーションFDに違反するものです。2002年11月、SECは、レイセオンとケイン氏はともに1934年証券取引法13項(a)とレギュレーションFDに違反するとし、両者に証券取引法21項(c)に基づいて将来の違反を禁止する排除措置命令を発しました。公開調査の開始前にレイセオンとケイン氏はSECに和解を提案、SECはこれを受け入れ、レイセオンとケイン氏は前出の事実を肯定も否定もすることなく、排除措置命令を受け入れました（注）。

　SECは、今回の違反の背景について、「1999年から2000年にかけて、同社の四半期、通期のEPS（１株当り利益）がアナリストの予想数値に達しない

第２節　米国におけるレギュレーションFD違反の事例　　109

と注意を促す発表を行い、同社の株価は下落した。それ以来、アナリストの予想値を満たす力量が同社の株価回復のベンチマークとなった」と指摘しています（図2－1）。

　レイセオンは、この事件によって同社の財務状態は影響を受けず、同社は「すべての投資家に対する十分で公平な開示」にコミットしているとのコメントを発表しました。

　（注）　www.sec.gov/litigation/admin/34-6897.htm

⑵　セキュア・コンピューティング
——CEOが主役、遅れるプレスリリース

　シリコン・バレーに本社を置き、ナスダック市場に株式を上場するソフトウェア開発のセキュア・コンピューティング（以下「セキュア」）は、機関投資家に新しい契約に関する未公開の情報を内密にリークし、さらに、この契約の噂が広まり、株価が上昇しても翌日まで関係するプレスリリースも出さないという行為について、SECからレギュレーションFD違反に問われました。

　2002年初め、セキュアは自社開発のセキュリティ対策ソフトウェアのOEM（委託者ブランド名製造）供給契約を米国有数のコンピュータ・ネットワーキング企業と交わしました。当時、契約した両社はともにこの合意を公表せず、セキュアが公表する場合は事前に契約相手の同意を得ることを求められていました。そこには、契約相手の顧客にセキュアのソフトウェアを試験的に利用してもらって、そのフィードバックや意見をプレスリリースに掲載する意図がありました。契約相手のウェブサイトには営業員と顧客を対象に、この商品に関する技術情報を含むユーザー・マニュアルが載りました。

　2002年3月初め、セキュアは最高経営責任者（CEO）のジョン・マクナルティ氏が電話で参加する幹部スタッフ・ミーティングを開催しました。このミーティングで契約相手の営業員たちが顧客にこの商品を売っているので、OEM契約のニュースがリークされるのではないかとの懸念がセキュアの幹部スタッフから表明されました。そこで、セキュアは契約相手にOEM契約

110　第2章　米国のレギュレーションFDを知る

をできるだけ早く公表するよう求めることにしました。

　3月6日、セキュアは契約相手の営業員や商品の評価を行う顧客向けに情報やソフトウェアのダウンロードができるページを自社サイトに用意したのですが、その際、自社のウェブサイトに、この契約への言及も、開設した自社サイトのページへのリンクもありませんでした。3月6日の時点で、マクナルティCEOは契約相手もセキュアもOEM契約を公表していないことは承知していました。

　同じ日、マクナルティCEOは機関投資家の運用担当者とカンファレンス・コール（電話会議）を行いました。マクナルティCEOは自宅から、同社のIRディレクター（IRD）はオフィスから参加し、この電話会議をアレンジした証券会社の営業員も参加しました。この時、マクナルティ氏は契約相手の実名をあげ、OEM契約の存在を明かしたのです。これは重要な非公開情報の開示に相当し、レギュレーションFDに違反します。OEM契約の存在は、証券会社の営業員にとっても初めて聞くものでした。電話会議がまだ進行している間に、この営業員はウェブサイトの当該ページや「CEOが非公開情報を開示している」と告げるボイスメールのメッセージを目にしたのです。

　それだけではありません。電話会議後に証券会社の役員からOEM契約に関する質問を受け取ったマクナルティCEOは回答メールに、試験的に使っている契約相手の顧客の推奨が集まるまで、この契約の公表（プレスリリース）はできないと書き、当該商品の技術情報が載ったウェブページのアドレスも載せていたのでした。

　このメールを送った直後、ほぼ午後12時（太平洋標準時刻）、マクナルティCEOはIRDが午前11時ごろ届けた「CEOが電話会議で非公開情報を開示している」とのボイスメールのメッセージを知り、証券会社の役員に電話して先ほどの情報を機密扱いにするよう依頼したのでした。セキュアは3月6日に、ソフトウェア供給契約の合意に関して一般に公表することはありませんでした。

　3月7日午前、セキュアは投資家やアナリストからOEM契約についての市場の噂に関連する問合せを受けます。セキュアの経営陣（マクナルティ

図2－2　セキュア・コンピューティング：株価／出来高の推移
　　　　（2002年3月1日～3月15日）

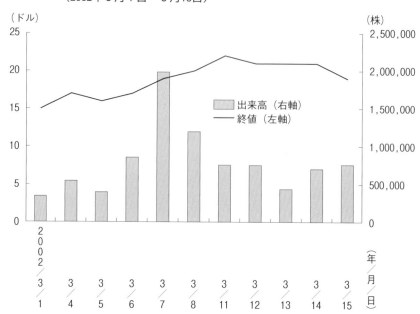

CEOを含む）は契約を公表するプレスリリースをできるだけ早く出すことにし、契約相手の了解を取り付けようと動き出します。他方、マクナルティCEOは、この日の午前、4人の機関投資家と電話会議を行い、その4番目の投資家からOEM契約について質問を受け（10時15分頃、太平洋標準時刻）、ここでもOEM契約の存在を認めました。これもレギュレーションFD違反です。結局、セキュアがプレスリリースを出したのは午後1時40分、この日の証券市場が引けたあとでした。

　セキュアの株価は最初の電話会議があった3月6日に8％、7日には7％上昇し、7日の出来高は6日に比べ130％増でした。SECは、セキュアとマクナルティCEOは1934年証券取引法13項(a)とレギュレーションFDに違反したと結論しました。セキュアとマクナルティ氏は、こうした事実の肯定も否定もすることなく、排除措置命令を受け入れたのでした（注）。

　（注）　www.sec.gov/litigation/admin/34-46895.htm

⑶ シーベル・システムズ
──投資銀行主催のカンファレンスで「重要情報」を開示

インターネット・ソフトウェア会社シーベル・システムズ（以下「シーベル」、本社カリフォルニア州サン・マテオ、2005年にオラクルが買収）について、SECは次のような事実と経緯を明らかにしています。

2001年10月17日CEOのトーマス・シーベル氏は、公開スタイルで開催されたカンファレンス・コール（電話会議）で、2001年第3四半期決算は「2000年第3四半期比、売上げ・利益は下落した。アナリストの業績予想も満たせなかった」と語り、9月11日の同時多発テロ以降、IT産業の環境に言及して、「状況は厳しい。短期的にはこうした状況が続くと考えている。テック商品やサービスへの出費は減少が続いている。状況は本年の残る期間も厳しいと見込んでいる」と続けました。

その3週間後の11月5日、カリフォルニアで投資銀行ゴールドマン・サックスが主催する、証券アナリストやブローカー、投資アドバイザー、機関投資家など約200人の招待者だけが参加できるテクノロジー・カンファレンスで、シーベルCEOは自社の販売や成約率に関する情報から「第4四半期に関する多くの懸念がありましたが、9月の業績をみると、業務は平常に戻っている」と語りました。これは10月17日のネガティブなコメントとまったく異なり、「同社の業務に関してポジティブなコメントを行った」ことになります。

重要な非開示情報を明らかにした場合、レギュレーションFDに沿ってプレスリリースの発信やSECへのForm 8 - K（臨時報告書）届出を行うことになるはずです。シーベルの場合には、それがなかったのです。実はテクノロジー・カンファレンスが近づいた11月1日、IRディレクター（IRD）から部下にウェブ・キャスティングを用意するよう指示があったのですが、部下のアシスタントはカンファレンスにはウェブ・キャスティングが用意されないと伝えたとされています。というのも、すでに10月11日、ゴールドマン・サックスからウェブ・キャスティングはないと知らされていたからです。11

月5日のカンファレンスが始まる直前、IRDはCEOと話した際にこれを伝えませんでした。

すでに11月2日、カンファレンスの事前打合せのためにシーベルCEOとIRDに面談したゴールドマン・サックスのアナリスト（カンファレンスの司会を担当）は、カンファレンス当日の11月5日朝、まだ市場もカンファレンスも始まる前に「USモーニング・プレビュー」と題する社内限の電子メールで「シーベル社の経営陣と話したあとで思ったのですが、当社のカンファレンスで（同社のCEOが）ポジティブなトーンを示すグッド・チャンスがあると思う」と記載していました。

カンファレンスが開催された当日の午前10時、シーベルCEOが話し始めた時点で、同社の株価は18.98ドルでした。約40分のスピーチの最初の10分間でポジティブ情報の確認があり、CEOのスピーチが終わる頃、株価は19.81ドルに達しました。この日の同社の出来高は、それまでの平均出来高の2倍を上回り、株価は前日比20％の上昇を示しました（図2-3）。

図2-3　シーベル：株価／出来高の推移（2001年10月29日～11月15日）

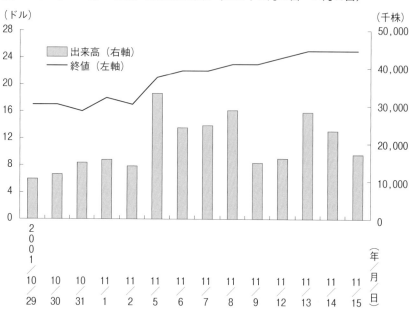

114　第2章　米国のレギュレーションFDを知る

複数のSEC関係者によれば、この日のミーティングに参加した人のうち、だれがどれほどの売買利益を得たのかがトレースできました。一般投資家は何も知らされず、カンファレンスで開示された情報から得るべき利得を獲得できなかったのです。

シーベルCEOは、カンファレンスでの自分のコメントが重要な非公開情報であると自覚していました。またIRDも、テクノロジー・カンファレンスには一般投資家向けの同時的なブロードキャスティングがないという問題点を認識していましたが、その事実をシーベルCEOに知らせていませんでした。その結果、同社は証券取引法13項(a)とレギュレーションFDに違反するとされたのです。同社はこうした事実の肯定も否定もすることなく、民事制裁金25万ドルと排除措置命令を受け入れました（注）。

（注）　Rels. 34-46896; www.sec.gov/litigation/admin/34-46896.htm

(4)　モトローラ
——IR責任者（IRD）の対応が問われる

2001年1月11日、情報通信大手モトローラ（本社イリノイ州シャンバーグ）は定例のアナリスト向けカンファレンス・コール（電話会議）を開催し、会社幹部が「2000年度第4四半期業績」と「2001年度第1四半期の売上予想88億ドル、予想EPS12セント」を明らかにしました。この電話会議はウェブ上でライブ配信され、その議事録は同社のウェブサイトに掲載されました。

しかし、2月23日に公表したプレスリリースでは、自社の受注が「相当（significant）弱く」、1月11日に伝えた第1四半期の売上予想88億ドル、予想EPS12セントの達成を見込めないと記載し、同じ23日に開催したウェブ上でライブ配信されたアナリスト向け電話会議でも、同社の社長やCOO（最高業務執行責任者）が「当初の予想に対して第1四半期の受注や売上げは相当（significant）弱い」と説明し、「セミコンダクターは売上げが低く、受注は相当（significant）低い。全体でも前年同期比で落ちている（down）」と語ったのです。

ここでモトローラが23日のプレスリリースや電話会議に用いた「相当（sig-

第2節　米国におけるレギュレーションFD違反の事例　115

nificant)」「相当に（significantly）」「落ちている（down）」という用語に明確な定義はなく、定量的な情報を示すものではありませんでした。

　2月23日のプレスリリースと電話会議を受けて、モトローラを担当する多くのアナリストが出した予想収益は、モトローラの意図する水準を大きく上回っていました。モトローラのIRディレクター（IRD）は個々のアナリストの分析モデルとリサーチの内容を検討すると、2月23日のカンファレンス・コールで語った第1四半期の業績をアナリストがまだ過剰評価していると判断しました。

　2001年3月6日から12日にかけて、このIRDは、約15人のアナリストに直接コンタクトし、2月23日に使った「相当に（significant）」という単語が、実際は「25％かそれ以上」の下落を意味すると口頭で伝えたのです。ここで初めて「相当（significant）弱い」の意味が数値で示されることになりました。その結果、モトローラのIRDが電話でコンタクトしたアナリストは全員、評価モデルを変更したのです（注1）。

（注1）　www.sec.gov/litigation/investreport/34-46898.htm

社内弁護士の法的意見に基づくIRガイダンス

　モトローラの場合、ことは単純ではありません。アナリストに電話をする前に、IRDがSECに対するリポートと情報開示に責任をもつ社内の弁護士のアドバイスを求めていた経緯があるからです。この社内弁護士はIRDに次のように答えたというのです。①自ら選んだアナリストにコンタクトできる、②2月23日に開示された情報を強調し、2月23日に用いた定性的な表現に定量的な定義を付け加えることも可能である、と。社内弁護士による法的アドバイスは、「相当（significant）」という表現に定量的な定義を与えるのは重要なこととはいえないというものでしたし、また、「相当」という用語に関するモトローラ自身の定義は、レギュレーションFDの目的から見て公知のことであるという結論でした。

　これに対し、SECは、この弁護士の見解は明らかに不正確であると指摘しました。IRDがアナリストに内密に伝えた追加情報は、明らかに重要な情報であり、モトローラによる「相当な」という用語の使い方は、一般投資家な

どには理解できないというのです。

　モトローラはアナリストに直接、電話で重要な非公開情報を伝えました。まさしくレギュレーションFDが禁止する行為です。しかし、SECは、誤ったとはいえ、法的見解を求め、「善意（in good faith）」に基づいた見解を与えられていることを勘案し、同社に対する公的な行動を起こすより、調査レポートを発行するにしました（注2）。つまり、違反行為はないと認定し、排除措置命令は出さずに調査結果を公表したのです。

　このSECの判断について、11月26日付『ニューヨーク法律ジャーナル』は、「モトローラを訴追しない決定について、2つの考え方がある」と語るSEC北東地域事務所（ニューヨーク市）の責任者ウェイン・M・カーリン氏のコメントを紹介しています。

　「SECはレギュレーションFDの遵守をめぐる問題について、企業が法的なアドバイスを求めるのはよいことだといっている。アドバイスが善意（in good faith）に基づいているのなら、それは法的な保護ともなる」。しかし、「同時に、関係する事実を弁護士に開示していなかったり、その弁護士のアドバイスに従わなかったりすれば、アドバイスを求めても何の役にも立たない」。また、「弁護士のアドバイスはフリーパスではない」というのです。

　カーリン氏はモトローラとレイセオンに対する調査の担当者でした。彼は「私たちはレギュレーションFDの適用にきわめて真剣である」「レギュレーションFD違反の扱いは、他の法令違反と変わりなく、きわめて厳しい態度で臨む」と明言しています。

（注2）　www.sec.gov/litigation/investreport/34-46898.htm

レギュレーションFDと折り合う時代に

　SECがレギュレーションFD違反で初の4社の摘発を発表した翌日、ワシントン・ポスト紙（2002年11月26日付）は「SEC初のレギュレーションFD適用」という見出しの記事を掲載し、1998年から2001年までSECで公平開示規則の起案にかかわったマイケル・A・マカリビー氏の次のようなコメントを引用しました。

　「これはストレートなケースである。SECは魔女狩りを行う気持ちはない

と繰り返し言明してきた。レギュレーションFDは議論の多い規則だったが、いまではほとんどの人がそんな見方をしていない。この規則とどのように折り合っていくのかを学んだのです」。

　元SEC委員のエドワード・H・フライシュマン氏のコメントもあります。

　「（今回の）SECの動きは今後を占うメッセージだ。今日までなら、4つの会社に別のやり方や話し方もあるではないかとアドバイスし、すでに行ったことを心配することはない。悪いことをしたわけじゃないからとなんら躊躇もなく言い放っただろう。しかし、今日から私のアドバイスはこうだ。台本なしに話をしないこと。台本にない質問には答えないこと。放送中でなければだれとも話さないこと」。

2　その後の摘発事例

(1)　シェリング・プラウ事件（2003年9月）
──「身振りの言語」を問う

　4社の摘発公表後も、SECによるレギュレーションFD違反の摘発は続きます。2003年9月9日、米医薬品大手シェリング・プラウ・コーポレーション（本社ニュージャージー州ケニルワース、以下「シェリング」）は、前会長兼CEOリチャード・J・クーガン氏が2002年9月30日に行った投資家向けミーティングでの発言に関するSECとの係争で和解したと発表しました。同社とクーガン氏はSECの主張を認めることも否定することもなく、レギュレーションFDや関連法に将来違反しないというコミットメントに同意し、同社が100万ドル、クーガン氏は5万ドルの民事制裁金を支払うことに同意しました（注）。

　SECによれば、その経緯は次のようなものです。2002年9月30日に始まる週に、クーガン会長とIR担当副社長はボストンで、アナリストやポートフォリオ・マネジャー（ウェリントン・マネジメント、マサチューセッツ・ファイナンシャル・サービス、フィデリティ、パトナム・インベストメント）と非公開の

ミーティングを行いました。

　そのうちの3社（ウェリントン、フィデリティ、パトナム）は同社の大手投資家でした。これらの機関投資家との個々のミーティングで、クーガンCEOはシェリングの業績見通しについて口頭で語ったのですが、その言葉、語調や強弱、さらに物腰を組み合わせることによって、当時のアナリストによる2002年度第3四半期の業績予想が高すぎること、そして2003年度の業績は大きく落ち込むといった非公開のネガティブな重要情報を開示したというのです。ここでの注目点は「身振りの言語」です。

　ミーティングの直後、フィデリティとパトナムのアナリストはシェリングの投資格付を引き下げ、この2社とウェリントンのポートフォリオ・マネジャーはシェリングの株を大量に売却しました。ミーティング直後の3日間で、フィデリティとパトナムはそれぞれ1,000万株を超す売却を行ったのです。これは、この期間の市場出来高全体の30%超を占める規模でした。3日間で株価は21ドル32セントから17ドル64セントに下落し、出来高は平常時の

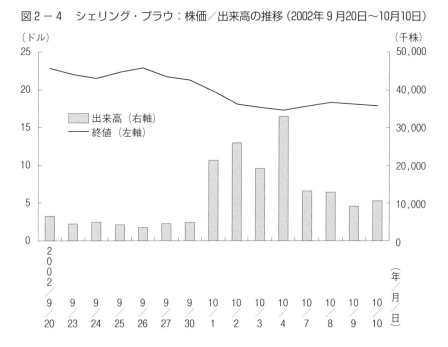

図2－4　シェリング・プラウ：株価／出来高の推移（2002年9月20日～10月10日）

第2節　米国におけるレギュレーションFD違反の事例　119

4倍に膨れ上がっています（図2－4）。

さらに10月3日、こうした売り攻勢のなかで、クーガンCEOはシェリング本社で約25人のアナリスト、ファンド・マネジャーと非公開のミーティングを行い、シェリングの2003年業績が「ひどい」ものになると語ったのです。その日の午後遅く、シェリングは2002年度、2003年度がアナリストのコンセンサス予想を大きく下回り、2002年度の年次業績は従来の業績ガイダンスを大きく下回るというプレスリリースを発表しました。

（注）　www.sec.gov/news/press/2003-109.htm
　　　　www.sec.gov/litigation/admin/34-48461.htm

(2) フローサーブ事件（2005年3月）
　　　──発行体による業績確認で最初の違反事例

SECによる精密エンジニアリング製造大手フローサーブ（本社テキサス州アービング）の摘発は、同社が会計年度末に迫った時期に行われたアナリス

図2－5　フローサーブ：株価／出来高の推移（2002年1月1日～12月30日）

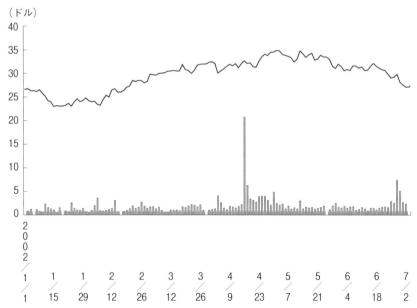

トとの非公開のミーティングで、すでに公表ずみの業績ガイダンスを確認したことが、レギュレーションFD違反とされたものです。新たな業績ガイダンスの発表日までは現行の業績ガイダンスが有効であるというのが、同社の情報開示ポリシーでした。

2005年3月24日、フローサーブはSECの指摘に同意も否定もせず、民事制裁金35万ドル（約3,850万円）に同意し、同社CEO（最高経営責任者）のC・スコット・グリア氏も民事制裁金5万ドルの支払に同意しました（注1）。また同社のIRディレクター（IRD）のマイケル・コンレー氏もレギュレーションFD違反の幇助の責任を問われました。発行体による業績確認に関連してSECが提訴した最初の事例であり、同時にレギュレーションFD違反でIRDと和解した初の事例でもあります。

SECによると（注2）、フローサーブ（12月期決算）は、2002年度のEPS（1株当り利益）見通しを1ドル90セント〜2ドル30セントに置いていましたが、2002年7月、これを1ドル70セント〜1ドル90セントに見直し、9月27

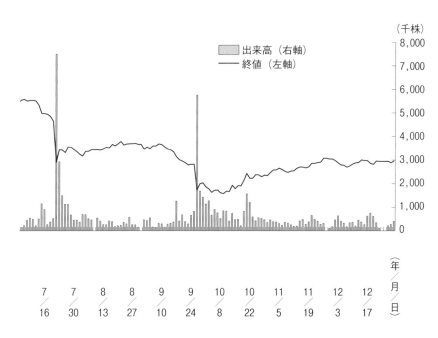

第2節　米国におけるレギュレーションFD違反の事例　121

日には１ドル45セント～１ドル55セントと改め、これを10月22日付でSECに届け出た「10−Q」(四半期報告書) でも確認したのです。EPS見通しの１ドル45セント～１ドル55セントは、年初の業績見通しから30％を超す減少でした。

同社の財務決算日 (12月31日) まで42日を残す11月19日、グリアCEOはコンレーIRDとともに同社の本社でアナリストと非公開のミーティングを行いました。そこで１人のアナリストから年末業績のガイダンスを求める声が出ました。この時、コンレー氏もグリア氏も新たな業績ガイダンスの発表日までは現行の業績ガイダンスが有効であるという同社の情報開示ポリシーに沿った回答を行わなかったのです。

IRDのコンレー氏はCEOのグリア氏がアナリストの質問に答える前に、そうした警告を与えませんでした。質問に答えて、グリアCEOは10月22日に公表していたガイダンスを再び確認したのです。11月19日時点での業績予想

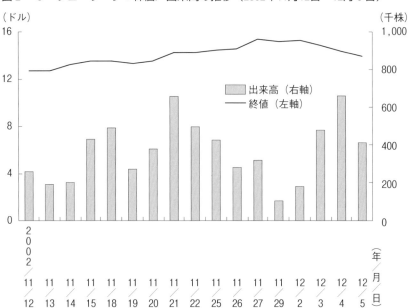

図２−６　フローサーブ：株価／出来高の推移 (2002年11月12日～12月５日)

をプレスリリースなどの公表措置もないまま、出席したアナリストたちに明らかにし、かくして非公開の重要情報を提供することになってしまいました。

　翌日の11月20日、前日のミーティングに出席したアナリストたちはフローサーブが業績ガイダンスを再確認したとする内容のリポートを発行しました。そのレポートはトムソンのファースト・コール経由で機関投資家やメディアに配布され、翌日の11月21日、フローサーブ株の終値は前日より約6％上昇し、売買高も前日の37万9,500株から21日には65万8,300株の75％増となりました。11月21日、市場が閉じてから、フローサーブは2002年通期の1株当りの予想業績を再確認した内容の「8－K」（臨時報告書）を届け出たのです。

（注1）　www.sec.gov/news/press/2005-41.htm
（注2）　www.sec.gov/litigation/litreleases/lr19154.htm

③　最初の裁判事例（2004年）

⑴　シーベル・システムズ裁判

　2004年、SECはシーベル・システムズ（以下「シーベル」）をレギュレーションFD違反で再び摘発しました。SECによる最初のレギュレーションFD違反で排除措置命令を受け、民事制裁金の支払に同意してから5カ月後、シーベルにとって2回目の摘発を導く出来事が起こっていたのです。

　SECの提訴に対し、シーベルは提訴却下を申請し、問題とされる情報はすでに公表しており、さらに、レギュレーションFDは憲法上の疑義があり、憲法修正1条（宗教の自由、表現の自由、報道の自由、集会の権利などを保障する条項）の権利を侵害しているため、レギュレーションFDの制定は、SECの権限を超えていると主張しました。この時、米国商工会議所が、シーベルの違憲の主張を支持する意見陳述書を提出するという動きもあり、シーベル裁判は大きな注目を集めることになりました。

第2節　米国におけるレギュレーションFD違反の事例　　123

⑵　2回目のレギュレーションFD違反を問う

　SECの訴状によれば（注）、シーベルによるレギュレーションFD違反の概要は次のようなものでした。

　2003年4月4日、4月23日、4月28日、シーベルは2003年度第1四半期の決算と第2四半期の業績予想を発表しています。そこで、2003年度第1四半期の不調な業績は低迷する経済に由来すると語り、交渉中の事案が四半期中に成約に至らなかったことも響いたと説明しました。

　4月23日のカンファレンス・コール（電話会議）で、トーマス・シーベル会長兼CEO（当時）は業績見通しについてネガティブでした。逸失事案などについて定量的な質問があっても、シーベルCEOは直接、答えることはなく、「自社の将来業績は経済の動向とリンクしている」としたのです。その場に、シーベルの最高財務責任者（CFO）ケネス・A・ゴールドマン氏も、IRディレクター（IRD）マーク・D・ハンソン氏も同席していました。

　たしかに、4月23日と4月28日に発表されたシーベルの文書には「もし経済が改善すれば、シーベルのビジネスは改善し、経済が改善しなければ、シーベルのビジネスは改善しないだろう」と記されています。

　また、4月28日に行われたドイツ銀行のカンファレンス（インターネットで一般市民にオープンとなっていた）におけるスピーチでも、シーベルCEOは「市場がシーベル商品にとってどれほど厳しい（tough）のか」を強調し、「シーベルの過去・将来の業績が経済全般の条件にリンクしている」と語りました。

　4月30日、ゴールドマンCFOはハンソンIRDと、ニューヨークに赴き、投資銀行モルガン・スタンレーによる機関投資家との「ワン・オン・ワン・ミーティング（個別面談）」と招待者だけが参加するディナーの2つの非公開イベントに参加しました。

　大手機関投資家アライアンスとの個別面談で、ゴールドマンCFOは、シーベルの業務活動は「よくなっている」とポジティブなコメントを行い、「売上高は増えており、500万ドル規模の商談が複数、進行中である」といった

124　第2章　米国のレギュレーションFDを知る

情報を明らかにしました。これは、シーベルも、経営幹部（シーベルCEO、ゴールドマンCFO、ハンソンIRD）も、それまで明らかにしていなかった情報でした。

この発言の直後、シーベルとの個別面談に同席したファンド・マネジャーは、シーベル株式11万4,200株の買い注文を出します。そして、翌日の5月1日、同じく出席していたファンド・マネジャーからゴールドマンCFOの開示情報を知った第3のファンド・マネジャーが、それまでのシーベル株のショート・ポジションをカバーする動きに出て、さらに別のファンド・マネジャーに同様の動きをするようアドバイスしたのです。

結局、アライアンスは全体として、10万8,200株のショート・ポジションを11万4,200株のロング・ポジションに変更しました。全体では22万2,400株のポジション・チェンジです。5月1日、シーベル株は前日の終値から約8％も上昇し、売買株数も前年平均のほぼ2倍でした（図2－7）。

4月30日の午後6時頃、ゴールドマンCFOはハンソンIRDと、モルガン・

図2－7　シーベル：株価／出来高の推移（2003年4月25日～5月15日）

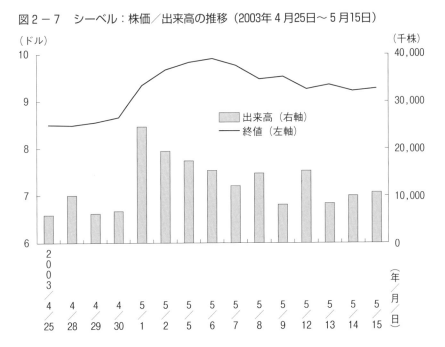

第2節　米国におけるレギュレーションFD違反の事例　125

スタンレーのオフィスでディナーに臨んで、「シーベルの業務活動の水準は'グッド'あるいは'ベター'であり、販売契約交渉も進行中です」と語りました。SECの訴状によれば、この発言は、シーベルの業務に関する重要な非公開情報であり、4月23日の電話会議でシーベルCEOが公（おおやけ）に語った内容と対照的なものでした。

　4月30日にゴールドマンCFOが、モルガン・スタンレーが設定した大手機関投資家との個別面談やディナーで語った話は、きわめてポジティブで、それまで第2四半期についてシーベルが開示していた情報とは違う、とSECはいうのです。

　ハンソンIRDはシーベルでレギュレーションFDのコンプライアンスを担当する人物でした。その人物が選択的開示の防止を怠り、ゴールドマンCFOの発言の翌日にシーベルが公的開示を行う動きもなかったと指摘されています。

　それから1年あまり過ぎた2004年6月29日、SECはシーベルをレギュレーションFD違反などで提訴しました。機関投資家との「ワン・オン・ワン・ミーティング（個別面談）」と招待者だけが参加するディナーでの発言が、その直後に株式売買を促した点などが取り上げられました。また、発言の直後にSECに「Form 8 - K」（臨時報告書）を届け出ず、広く一般市民に重要な非公開情報を開示しなかったことについて、1934年証券取引所法の規則13a-15が定める情報の適時開示手続の違反も問い、ゴールドマンCFOとハンソンIRDの2人に同社の違反を幇助したとして民事制裁金の支払を求めたのです。

　これに対し、シーベルは提訴却下の申請を行って、4月4日、4月23日のカンファレンス・コール（電話会議）でのトランスクリプション（筆記録）や4月28日の公表文書などを提出し、SECが問題にしている情報はすでに公表しており、ゴールドマンCFOが4月のディナーで語った内容は重要な非公開情報ではなかったと主張しました。また、レギュレーションFDには憲法上の疑義があり、憲法修正1条（宗教の自由、表現の自由、報道の自由、集会の権利などを保障する条項）の権利を侵害しているため、SECによるレギュ

126　第2章　米国のレギュレーションFDを知る

レーションFDを制定は、その権限を超えていると主張しました。

（注）　http://www.sec.gov/litigation/litreleases/lr18766.htm

(3)　連邦裁判所、SECのシーベル提訴を退ける

　2005年8月31日、ニューヨーク南地区連邦裁判所のジョージ・B・ダニエルズ判事は、レギュレーションFDに違反したとして2004年にシーベルを提訴したSECの主張を全面的に却下しました（注）。

　判決のなかで、ダニエルズ判事はゴールドマンCFOが投資家ミーティングで示した発言は、重要さという点で、同社がそれ以前に開示していたものと異ならず、合理的な投資家が利用可能な情報ミックスの全体に変更をもたらすものではないと指摘しました。その根拠はおよそ、次のようなものです。

①　4月23日の電話会議でのトランスクリプション（筆記録）で、シーベルCEOが、既存顧客や新規顧客との商談についての質問を受けて、「どの四半期でもビジネスの45〜55％は新規顧客が占めるでしょう」と話している。こうした話は、明らかに第2四半期の商談に新規契約が含まれていることを意味している。

②　シーベルが発表した、4月23日と4月28日の文書には「ソフトウェア・ライセンス収益は1億2,000万〜1億4,000万ドルの範囲と見込んでおり、これは第1四半期の収益を上回る」との記載があり、さらに第2四半期の総収益が第1四半期を上回る3億4,000万〜3億6,000万ドルの範囲になりそうであると公（おおやけ）に開示していた。

③　4月23日の電話会議で、シーベルCEOは、予想されるライセンス収益の増加は交渉中の商談の分析に基づいていると説明し、4月28日のカンファレンスでも、この予想される増加は、現在交渉中の商談に基づく同社のプロとしてのベストの判断であると、再度、語っている。シーベルが公にしている文書は第2四半期の収益の増大を見通しており、その一部は交渉中の商談の分析に基づいている、と明快に開示している。

④　合理的な投資家であれば、こうした情報により、商談が進行し、契約に

第2節　米国におけるレギュレーションFD違反の事例　127

向かっていることに気づくであろう。それゆえ、ゴールマン氏の非公開の場での言い回しは、公（おおやけ）に利用可能な情報ミックスの全体に何一つ加えるものではない。

つまり、問題とされた4月30日の非公開の機関投資家との面談におけるゴールドマンCFOの「売上高は増えており、500万ドル規模の商談が複数、進行中である」という発言は、言い回しこそ異なるものの、開示されている内容と違わず、レギュレーションFDが禁じる選択的開示には当たらないというのです。シーベルの勝利です。

そして、判決はSECの行き過ぎたレギュレーションFDの援用を批判し、大要、次のように述べています。「公開、非公開の場で開示された情報について、SECは、動詞の時制、構文、一つひとつの単語をきわめて高度な水準で調査している。こうしたアプローチは企業経営者や広報責任者に対して、言語の専門家になるか、自分たちの使った言葉が後日、SECによって企業の公的文書から若干でも変更があると解釈され、レギュレーションFD違反を犯したことになるのではないかという不安のなかで生きていくという非合理的な責務を負わせることになる」。そして、判決は「レギュレーションFDは、以前、公（おおやけ）にした内容をすべて逐語的に語ることのみを企業の幹部（officials）に求めるものではない」と指摘しました。

この判決から間もない2005年9月12日、ソフトウェア大手のオラクルは、シーベルを58億5,000万ドル（約6,400億円）で買収すると発表しました。オラクルはシーベル株を1株10.66ドルで買い取ることになりました。直前の取引日の終値は9.13ドルで1.53ドルのプレミアム付きです。シーベルの創業者で事件当時CEOだったシーベルは、すでに同年5月、CEOのポストを離れていました。

（注）www.casemine.com/judgement/us/5914b603add7b049347765bc

4 近年の摘発事例

(1) オフィス・デポ (2010年)
──CEO、CFOが違反行為を先導する

　2010年10月21日、SECは事務用品小売大手オフィス・デポ（フロリダ州ボカラトン）のステファン・オドランドCEOとパトリシア・マッケイCFOの2人を2007年度4～6月期の収益が市場予想を下回る可能性を一部のアナリストに伝えたとして、レギュレーションFD違反で提訴しました。これを受け、オフィス・デポはSECの指摘に肯定も否定もすることなく和解することに同意し、100万ドルの民事制裁金を支払い、オドランドCEOとマッケイCFOも同様にレギュレーションFD違反の和解に同意し、それぞれ5万ドルの民事制裁金を支払ったのです（注）。10月25日、オドランドCEOが11月1日付で辞任すると発表されました。SECによれば、事の経緯は次のようなものでした。

（注）　https://www.sec.gov/news/press/2010/2010-202.htm

　2007年2月、オフィス・デポは一般に公開された決算説明会の電話会議で、10％後半のEPS（1株当り利益）の増加を想定する自社のビジネスモデルを概説し、同年4月下旬の電話会議では投資家に向かって、自社の最大の事業部門が需要の後退に直面しており、それが第2四半期にも続いていると語りました。

　4月下旬、アナリスト予想値が出そろった（ほとんどが予想値を切り下げていました）直後に、同社は公開された投資家向けカンファレンスで、自社のビジネスモデルは長期的に10％後半のEPS増を想定しており、現在、同社は需要が軟化する環境に直面していると繰り返しました。

　5月31日、オドランドCEOは取締役会で、同社の第2四半期がアナリスト予想のEPSコンセンサス0.48ドルに達しそうにないと報告し、これを受けて経営幹部は市場のサプライズを避けるための戦略を議論したとされています。6月上旬、取締役会の意向を受けたマッケイCFOはIRディレクター

第2節　米国におけるレギュレーションFD違反の事例　129

（IRD）に、第2四半期の業績情報をプレビューした自らの見解を盛り込んだプレスリリース原稿の準備を指示しました。

6月中旬、第2四半期の社内EPS予想値は0.44ドルでした。CEOもCFOも、最終的なものではなかったこともあり、この予想数値に満足していませんでした。

6月20日。この日は第2四半期が終わる10日前です。この日、オドランドCEOがマッケイCFOに、市場予想の数値を下げるために、景気の緩やかな後退に影響された財務実績について自社と比較可能な2社が直前に出した発表をアナリストに参照するように求める提案を持ち掛けたのです。また、その際、4月、5月に行った電話会議で語った内容について指摘することにしました。このアプローチにCEOとCFOの2人が同意し、アナリストとのコミュニケーション・プランの要点をまとめます。

① 経済の後退
② 比較可能な他の2社の集計が落ちている事実
③ 比較可能な第3の会社は、自社の成長がスローになった理由として経済状況に言及している
④ 経済が2007年度第2四半期に改善しない可能性
⑤ オフィス・デポの経済モデルは安定的な状況を想定していること

当時、オドランドCEOは、アナリストがこうした点に照らしてオフィス・デポを検討すれば、自分たちの予想値が高すぎ、下方修正するだろうと思っていたとされています。

オフィス・デポは6日間、自社をカバーしている18人のアナリスト全員に個別に電話をかけ、自社の業績がアナリスト予想値に達しないとは直接いわなかったものの、景気後退の影響について自社と比較可能な他社の公表メッセージを参照するように促し、4月と5月の電話会議でアナリストに示した注意喚起文を思い起こすように仕向けたのでした。

CEOとCFOの2人は電話コンタクトの場に立ち会ってはいなかったものの、IRDと連絡をとりあっていました。マッケイCFOはオドランドCEOにアナリストの予想修正値をメールし、進行中の電話での会話について報告

130　第2章　米国のレギュレーションFDを知る

し、オドランドCEOは電話コンタクトを継続するよう求めています。電話をかけ始めて2日が過ぎた時点で、18人のアナリストのうち15人が予想値を下方修正していました。2人のアナリストからIRDに対し、この件でプレスリリースが出ていないという質問が届きましたが、マッケイCFOの回答は、IRDに対する、同社のトップ20の機関投資家に電話して同じ情報を伝えるようにという指示でした。

電話コンタクトを始めて6日目、オフィス・デポは臨時報告書（様式8－K）を届け出て、「緩やかな経済状況が継続し、売上と利益がネガティブな影響を受けた」と発表しました。

SECによると、オフィス・デポはレギュレーションFD手続を文書にしておらず、2007年6月以前には「時に応じて、同社の法律顧問がレギュレーションFD関連のガイダンスと更新を配信することはあっても」、正式なレギュレーションFDの研修も行っていませんでした。

電話コンタクトを始めた日のオフィス・デポの株価は終値で33.49ドル。前日比2.8％の下落で、出来高は750万株と前日の2.5倍でした。2日目の引値は32.32ドル、前日比3.5％の下落で、出来高は700万株でした。臨時報告書が出るまでの6日間で株価は7.7％下落したのです。

この件に関して、SEC幹部のコメントがあります。「オフィス・デポのCEOとCFOが率先して行った行動は、業績予想を管理しようとして自ら選んだアナリストや大手株主と情報を共有する行為である。これでは、企業経営者が好意を寄せる投資家が不当な優位を占めてしまう。レギュレーションFDはすべての投資家が同時に非公開の重要な情報を入手できるよう平等な条件（level playing field）を用意するものであり、彼らの行動はレギュレーションFDに違反している」。

なお、この時、SECは2006年度第3四半期～2007年度第2四半期の純利益を水増ししたとしてオフィス・デポを告発しました。同社は、営業活動に対する見返りとして小売店から受領した約3,000万ドルを会計規則に準じた報告期間より早く計上したというのです。2007年11月、オフィス・デポは訂正報告を行い、財務報告に関連する社内管理に重大な弱点があると発表しまし

第2節　米国におけるレギュレーションFD違反の事例　131

た。SECはこの訂正報告に関連して、オドランドCEOやマッケイCFOを告発していません。レギュレーションFD違反などに問われた本件で、オフィス・デポは100万ドルの民事制裁金を支払っています。

(2) ファースト・ソーラー（2013年）
——IR責任者の独走

2013年9月6日、SECは太陽エネルギー企業ファースト・ソーラー（本社：アリゾナ州テンピ、以下「FS」）の元IR責任者（IRO）ローレンス・D・ポリゾット氏を将来の事業展開について非公開の重要情報を伝えたことを理由にレギュレーションFD違反で5万ドルの民事制裁金を科したと発表しました（注）。SECによれば、その経緯はおよそ次のようなものです。

FSは太陽光発電施設建設の分野で、アンティ・ヴァレー・ソーラー・ランチ（AVSR）、デザート・サンライト、トパズ・ソーラー（Topaz）という3つの事業プロジェクトを展開する企業で、2011年6月、連邦エネルギー省（DOE）の債務保証プログラムで総額45億ドルにのぼる債務保証を受ける条件付コミットメントを得ていました。この債務保証は、FSにとって、低利の資金調達を可能にする重要な案件でした。債務保証の成否は、同年9月30日までに複数の法的要件を満足したかどうかをめぐるFSとDOEとの交渉にかかっていました。

2011年6月以来、アナリストはFSが9月30日までに、この法的要件を満たせるかどうかについて多数のレポートを書いていました。ほとんどがAVSR、デザート・サンライトの債務は問題がなく、トパズは交渉次第とみなしていました。

FSのCEOは、2011年9月13日の投資家向けカンファレンス・コール（電話会議）で、「3つの事業プロジェクトに対して、DOEの債務保証プログラムで総額45億ドルの債務保証を受けることができるという確信がある」と語りました。しかし、2日後の9月15日、ポリゾットIROは、他の会社幹部と同様、債務保証がトパズ・プロジェクトにはつかないと知ります。ポリゾットIROや社内弁護士などの間で債務保証がつかないことをどのように、いつ

132　第2章　米国のレギュレーションFDを知る

開示するべきかについて話が始まり、その日の夕方遅く、社内弁護士からポリゾットIROたちにEメールが届きます。

「明日、債務保証がつかないとの通知を受け取っても、同じ日にプレスリリースの発信や自社のウェブサイトに何か掲載する必要はない。しかし、当社がプレスリリースや自社ウェブサイトに何か掲載するまでは、アナリストや投資家などの質問に対する回答ではレギュレーションFDに拘束される」。

9月20日、連邦議会からDOEにFSの債務保証プログラムや条件付コミットメントに関する連絡がくると、当然ながら、アナリストや機関投資家からポリゾットIROに対して電話で多くのコンタクトがありました。

9月21日朝、ポリゾットIROが出勤した時点で、FSは何のプレスリリースも発信がなかったのですが、ポリゾットIROは「3つの債務保証のうち2つは得られる可能性が高いが、残る1つは可能性が低い」と書き込んだメッセージを、同僚とともに30人を超すアナリストや機関投資家に配布したのです。

このメッセージは、前出の9月13日の電話会議でCEOが語った内容とは異なるものです。しかも債務保証がつく可能性の低いプロジェクトをめぐる風評に言及して、「この風評（FSは公（おおやけ）に確認していない）によれば、大手エネルギー企業がこのプロジェクトの買収についてFSと交渉中であり、そうなればきわめて低い資本コストで資金調達ができ、DOEの債務保証がないというネガティブ効果を大きく低減することになる」と記載していました。

その一方でポリゾットIROは、この日、少なくとも1人のアナリスト、1社の機関投資家に「控えめにみるならトパズの債務保証も得られないと想定するべきだ」と語ったといいます。

9月21日の夕方、FSの経営陣は、ポリゾットIROが特定のアナリストや投資家にトパズの情報を選択的に開示したことをニュース記事で知ります。その結果、トパズ関連のプレスリリースを用意し、翌日の22日、株式市場が始まる前に「最大規模のプロジェクトTopazについてはDOEの債務保証を受けられなかった」と発表しました。このプレスリリースが発表された日、

第2節　米国におけるレギュレーションFD違反の事例　133

図2-8　ファースト・ソーラー：株価／出来高の推移
　　　（2011年8月31日〜10月4日）

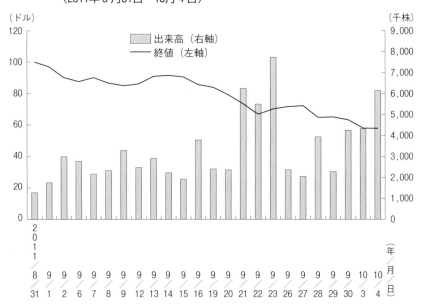

同社の株価は6％下落しました（図2-8）。

　ポリゾットIROはSECの主張する罪状を認めることなく和解に同意し、5万ドルの民事制裁金を支払い、FSには提訴も罰金もありませんでした。それは、FSが「ポリゾットの選択的開示が判明すると翌朝、市場がオープンする前に迅速にプレスリリースを発表した。FSは当時素早く違法行為をSECに自ら報告した」という点が評価されたためだとされています。

　（注）　www.sec.gov/news/press-release/2013-174

第3節

米レギュレーションFDの進展

1 企業ウェブサイト・ガイダンス（2008年）の登場

(1) コンピュータ大手サン・マイクロシステムズの問題提起

　21世紀に入り、ITテクノロジーはますます加速度的な進展を続けています。企業の情報発信もウェブサイトの構築から、大量のEメール発信、説明会の動画配信、ブログやRSSフィードと、情報の送り手と受け手がともに流動化し、いわゆるウェブ2.0時代を迎えます。その進展の速度は、かつてドッグイヤー（犬の寿命は人間の約7分の1で、人間社会の7倍のペースで進化することに由来する）といわれましたが、いまやマウスイヤー（マウスの寿命は人間の約18分の1で、人間社会の18倍のペースで進化する）だと形容され、やがてそうした表現も霧散してしまいました。

　こうした、ITテクノロジーの驚異的な進展もあり、各社のウェブサイトは自社情報の基本的な発信源となりました。消費者、同業者、行政関係者、メディア、アナリストや投資家、そして社員もアクセスするものとなり、過去の公表情報を格納したアーカイブなども充実し、自社情報の「図書館」として社会インフラともいうべき地歩を占めるに至りました。

　2006年当時、米コンピュータ大手サン・マイクロシステムズ（以下「サン」。2010年1月にオラクルが買収）のウェブサイトには、1日で平均約100万件ものアクセスがありました。同年10月、同社は（SECのレギュレーションFDによる開示モデルにある）プレスリリース経由の情報発信よりも、自社ウェブサイトによる開示のほうがレギュレーションFDの趣旨を十分に満たすと主張し、SECにレギュレーションFDの再考を求めました。

　これに対して、SECは、レギュレーションFDの見直しにあたっては、①

第3節　米レギュレーションFDの進展　135

企業の自社サイトに対してすべての投資家がだれでも同等にアクセスできるかどうか、②投資家の利用が担保でき、効果的かどうかが判断のポイントになると回答しました。

2007年7月24日、サンの最高経営責任者（CEO）ジョナサン・シュワルツ氏は自身のブログに「真に公正な開示方法」と題する文章を掲載し、7月30日に2007年度第4四半期と通期の決算を発表するが、「これまでとは違った方法で決算結果を公開する」と書き込みました。

「サンの投資家向け広報部（「IR」と呼ばれています）と一般広報部（こちらは「PR」です）の両部に、決算結果をサンのウェブサイトとRSSフィードを通じて発表するための準備をするよう頼みました。これにより、従来この手の財務情報を有料で視聴者に配信してきたサードパーティのニュース・サービスが決算情報を発信する前に、サン自らがサンのIRウェブサイトを通じて一般の人々に結果を発表できるようになるのです。そして、これと同時に米国証券取引委員会（SEC）に様式8－K（四半期開示）も提出します（再配布用です）」。

そして、「今後は、発表のタイミングが重要になる財務実績に関するその他の情報も、同じ方法で公開していきます。これは小さな変化ではありますが、同時に非常に象徴的な変化でもあります」と続けたのです。

7月30日の午後1時（太平洋時間）、まずシュワルツ氏のブログが掲載されているサンのウェブサイトに決算結果が発表され、同時にその決算発表はRSSによってサンのニュース・フィードにアクセスしている人たちにも発信されました。また、同時にSECに対する届出も完了します。それから10分後、従来の方法で民間のニュース報道機関やその他の通信媒体にも情報を公開しました。

これは、SECがレギュレーションFDの施行にあたって示した、まず「第三者のニュース配信業者にプレスリリースを配信」すると同時に、「SECに当該届出を行う」という手順と大きく異なります。従来の方法で民間のニュース報道機関やその他の通信媒体にも情報を公開したのは、自社サイトでの掲載の10分後となったからです。決算数字などの市場情報で、10分は相

136　第2章　米国のレギュレーションFDを知る

当な時間差になります。

⑵ SECの企業ウェブサイト・ガイダンス

2008年1月、コックスSEC委員長（当時）はワシントンでの講演で次のように語りました。「SECは企業サイトが公的開示の場になるよう期待している。もちろん、いまではインターネットの利用は大きく拡大している。実際、プレスリリースの配信はインターネットによっている」。

続く2月、SECの「財務報告改善に関する諮問委員会（Advisory Committee on Improvements to Financial Reporting）」の報告書は、企業サイトの活用に言及し、SECに対して「非公開の重要情報の選択的開示に関するSEC規則に関連する問題点を明快にするように」に求め、なかでも次の3つを訴えました。

① 開示情報の要約版に掲載する情報に対する企業の責任と義務
② 企業サイト内部、あるいは外部とのハイパーリンクによる情報の取扱い
③ 企業サイトで開示される情報の公開アクセス性

とりわけ、ハイパーリンクの取扱いに関心が集まりました。ハイパーリンクは、だれもが認めるインターネットの特性です。しかし、社外のサイトとハイパーリンクするIRサイトの事例はそれほど多くありませんでした。リンクはあっても、ほとんどが自社サイトにとどまる。その理由の一つは、外部リンクによって法的な問題が生じかねないことにありました。

この提言に対し、SECのコックス委員長（当時）は、レギュレーションFDを満たすメディアとして企業サイトを受け入れるかどうかのポイントは「すべての投資家にとって、広範でフェア、そして非独占的なアクセスが確かとなるやり方で、企業が自社ウェブサイトの利用をギャランティする効果的な方法があるかどうか」にあると指摘しました。

2008年7月31日、米証券取引委員会（SEC）は、企業が選択的に情報を開示することを禁止したレギュレーションFDを見直し、一定の要件を満たせば、企業が重要な非公開情報を自社ウェブサイト経由で開示することができるとする決定を行い、そのガイダンスを公表しました（注）。

それまで、米企業は重要な非公開情報を公表する際には、ニュースリリースの発行か、SECへの様式8－K（臨時報告書）の届出を求められ、SECは企業ウェブサイトでの情報開示のみでは、レギュレーションFDの要件を満たさないとの立場でした。しかし、SECはこの決定によって、企業のウェブサイトを法的に有効な企業情報の開示メディアと認め、企業ウェブサイトのみでの重要な非公開情報の開示でもレギュレーションFDからみて問題なしとしたのです。そして、企業のウェブサイトから第三者サイトにハイパーリンクを張った場合に、第三者サイトに記載されている内容についての責任にも言及しています。

　公表されたガイダンス（全文47ページ）は、（A）企業ウェブサイトに掲載される「公開情報」の評価、（B）企業ウェブサイトの掲載情報、リンク先の掲載情報に対する企業の責任、（C）情報開示の管理・手続、（D）掲載情報のフォーマット、という4つの論点を扱っています（表2－9）。

　（注）　www.sec.gov/rules/interp/2008/34-58288.pdf

（A）企業ウェブサイトに掲載される「公開情報」の評価

　企業ウェブサイトにおける重要な非公表情報の開示が、レギュレーション

表2－9　SEC：企業ウェブサイト・ガイダンスの主なポイント

A	企業ウェブサイトに掲載される「公開情報」の評価
	1．いつ、企業ウェブサイトの掲載情報はレギュレーションFDに照らして「公開」となるのか 2．レギュレーションFDにおける公表開示要件の履行
B	企業ウェブサイトの掲載情報、リンク先の掲載情報に対する企業の責任（反詐欺罪条項とウェブサイト）
	1．古い掲載情報や記述 2．第三者のウェブサイトへのハイパーリンク 3．要約（サマリー）情報 4．インタラクティブ（双方向）のツール
C	情報開示の管理・手続
D	掲載情報のフォーマット

（出所）　www.sec.gov/rules/interp/2008/34-58288.pdfから作成

FD上の情報の「公開」とみなされ、その後の同一情報の特定投資家への開示が非公開重要情報の優先的開示とみなされないために、各社は次の3点を検討しなければならないとしています。

① 当該企業のウェブサイトが、当該企業による情報開示のチャネルとして広く認知されていること。

② 当該ウェブサイトにおいて、市場参加者が広くかつ容易にアクセスできるかたちで情報が発信されていること。

③ 開示情報を受けて、投資家や市場が必要な対応行動をとるための適切な猶予期間が設けられていること。

そして、①に関する判断では、次の要因が考慮されるといいます。

・自社ウェブサイトの存在とそこでの情報開示を市場参加者に知らしめるために、当該企業はどのような対策をとってきたか。

・投資家、市場参加者による当該企業ウェブサイトの利用実態。

また、②に関する判断では、次の要因が考慮されるといいます。

・当該情報が当該企業のウェブサイトでどのように掲載されているか。

・投資家や市場参加者が当該情報を適時かつ迅速に入手できるか。

　①と②に共通する参考項目として、次のような項目がリストアップされています（なお、ガイダンスは、こうした項目は絶対条件ではない、と断っています）。

・投資家や市場に自社ウェブサイトの存在やその掲載情報について知らしめ、彼らが参照するように対策を講じているか、その方法はどのようなものか。

・投資家や市場に、自社ウェブサイトに重要情報を掲載する予定であると知らしめているか、こうした予告が定例パターン、慣行となっているかどうか。

・ウェブサイトが投資家や市場を関連情報に効率的に誘導するデザインとなっているかどうか、そして掲載情報が一般の公衆にとってアクセス可能なフォーマットで提供されているかどうか。

・ウェブサイトへの掲載情報に市場やメディアが実際にどの程度アクセスしているか、メディアはどの程度レポートしているか。

第3節　米レギュレーションFDの進展　139

・RSSフィードなどのプッシュ・テクノロジーや、ニュース配信チャネル経由でのリリースを利用するなど、容易なウェブサイトや情報へのアクセス対策を講じているか。ただし、プッシュ・テクノロジーの利用が必ず求められるわけではない。

・ウェブサイトは常に最新にアップデートされ、掲載情報は正確か。

・情報の配信のために自社のウェブサイトに加えて、他の方法を利用しているか。また、自社ウェブサイト以外の情報提供手段の優位性はどの程度か。

・掲載される情報の内容。

　さらに、③に関連して、ガイダンスは次のような参考項目をリストアップしています。

・企業の規模と市場。

・どれほど、ウェブサイト上の投資家向け情報に定期的にアクセス可能か。

・自社ウェブサイトが重要情報のキーとなる情報源であり、どのように情報を配置しているのかを投資家や市場に知ってもらう企業の努力。

・自社情報の配信や、他の配信チャネルを含めたウェブサイトの利用可能性に関する告知の配信を積極的に行っているかどうか。

　この①②③の検討で大事なことは、SECは、企業ウェブサイトの掲載情報が前出の３つの条件に合致するかどうかについて、明快な基準を明らかにしていない、という点です。しかし、以上の参考項目を参照して、企業ウェブサイトの掲載情報はレギュレーションFDに照らして「公開」となるのかの判断が導かれるというわけです。参考項目の多くが、当時、各社のウェブサイトで実行中の項目でした。

（B）企業ウェブサイトの掲載情報、リンク先の掲載情報に対する企業の責任

　米証券法や証券取引所法は、証券の発行や販売に際して、企業が投資家に重要事項に関して誤った情報を提供したり、重要情報の開示を怠ったりすることを禁じています。企業ホームページ上で開示された情報が、証券法、証券取引所法などが規定する詐欺防止条項（antifraud provisions）の違反となるのはどのような場合なのでしょう。ガイダンスは①企業サイトに掲載され

140　第2章　米国のレギュレーションFDを知る

ている古い情報や記述、②第三者のウェブサイトへのハイパーリンク、③要約（サマリー）情報、④インタラクティブ（双方向）のツールなどを取り上げ、具体的に検討しています。

① 企業サイトに掲載されている古い情報や記述……たとえば、1年前に自社ウェブサイトに掲載され、そのまま掲載中のプレスリリースなどの情報です。SECは、過去の情報がホームページに残されているという事実だけで、こうした掲載情報が、投資家がアクセスするたびに再発信・再発行されたものとはみなさないとする見解を明示しました。そして、過去の情報と現時点の新しい情報を投資家が混同しないようにするために、各社が講じる措置についても言及しています。

② 第三者のウェブサイトへのハイパーリンク……企業ウェブサイトから第三者のウェブサイトにハイパーリンクが張られている場合、企業がリンク先サイトに掲載されている情報（の正確性）に関する責任を免れるためには、ハイパーリンクを行う経緯や理由を明らかにすること、サイト上で第三者へのハイパーリンクであることをなんらかの方法で表示することを求めています。ハイパーリンク先の情報が第三者によって提供されていることを明確にするために、"exit notices"（ここから先は当社のウェブサイトではありません）という注記を表示したり、自社サイトとリンク先サイトの間に中間的スクリーンを介在させたりするなどの対応を求めています。そして、「リンク先サイトの内容の正確性に当社は責任をもちません」といった免責文言の表示だけで、企業はリンク先サイトの内容に対する責任を免れることはできないとしています。また、ハイパーリンクがリンク先の情報に対する自らの肯定的な見方に結びつくことにも言及しています。これは、多くの企業ウェブサイトの関係者から「ハイパーリンクをめぐる責任問題について、対処の方向性が明らかになった」と好感をもって迎えられました。

③ 要約（サマリー）情報……企業ウェブサイトのページ冒頭部分で要約（サマリー）を掲載する場合、要約文のもとになった情報が掲載されているサイトを示す必要があり、それが要約情報であること、どの程度の要約

かを示す説明や、ハイパーリンクの設定を検討すべきであるとしています。

④　インタラクティブ（双方向）のツール……ガイダンスは、ブログや株主フォーラムなど企業ウェブサイト経由での投資家・株主とのインタラクティブ（双方向）なコミュニケーション・ツールの利用についても言及しています。こうしたインタラクティブなフォーラムでは、(1)発信した情報（ステートメント）をモニターするための仕組みを準備すること、(2)企業代表者の発言に対して連邦証券法の詐欺防止条項が適用されることを十分に認識しておくこと、を企業に対して求めるとともに、(3)企業を代表する者として参加している従業員は、「個人」の立場での発言であることを理由にして責任を回避することはできない、と念を押しています。

　さらに、(4)企業は、インタラクティブ・フォーラムに参加する条件として、投資家に対して連邦証券法の詐欺防止条項の適用除外に同意するように求めることはできない、と指摘しています。たとえば、自社がポスティングするブログの場合、ブログのコンテンツに基づいて投資に関する意思決定を行わないことを投資家に同意させることは連邦証券法に抵触する、というのです。また、こうしたブログや株主フォーラムなどを利用したことから（または利用できなかったことから）発生した損害に対する賠償責任は負わない旨のディスクレーマーも連邦証券法に抵触するとしています。ただし、インタラクティブ・フォーラムにおける第三者の誤った発言等に関して企業は責任を負いません。

(C)情報開示の管理・手続

　米証券法は、企業がSECに提出する開示書類等に関して、企業の最高経営責任者（CEO）や最高財務責任者（CFO）が、「虚偽や記載もれがないこと」「内部統制の有効性評価の開示」などを保証する証明書と署名を添付することを求めています。虚偽があった場合には個人的な責任が問われ、罰金もしくは5～20年の禁固刑という厳しい刑事罰が設けられています。ここでは、企業のウェブサイトに掲載する情報に対する当該規定の適用に関して、「企業が自社ウェブサイトに掲載する情報に関しては、証券法の規定は適用され

ない」としています。

(D)掲載情報のフォーマット

　企業が自社のウェブサイトに掲載する情報は、読みやすく印刷できる（プリンター・フレンドリーな）フォーマットで掲載されていなければならないかとの疑問に関連して、ガイダンスは、特に規定がなければ、企業ウェブサイトの掲載情報は「プリンター・フレンドリー」基準を満たすとか、紙ベースの情報と同様のフォーマットにする必要はない、としています。企業ウェブサイトのガイダンスでは、この記述が最も重要ではないかとの声が多方面からあがりました。これによって、SECは企業ウェブサイトにおいて映像や音声による情報開示を可能とする道を開いたというのです。

⑶　グーグル、変わる決算発表の手順

　2010年4月5日、グーグルは自社IRサイトのファイナンシャル・ニュースで「2010年第1四半期の財務結果」の電話会議を開催するというプレスリリースを掲載しました。そして、4月15日には「今後もファイナンシャル関連の発表は自社のIRサイトのみで行う方針だ」と発表したのです。グーグルは従来の決算発表のやり方を改めました。

　これまでのプレスリリース経由での発表をやめ、自社IRサイトのファイナンシャル・ニュースに2010年第1四半期の財務結果を掲載したのです。PDF版で12ページ。掲載されたリリースには決算サマリーのパワーポイントも用意されました。

　2000年10月に施行されたレギュレーションFDは、アナリストや機関投資家など特定の人たちに対する重要情報の優先開示を禁止し、企業はだれに対しても「同時に、同じ内容を、広範に」公開しなければならないとしたSEC規則です。そのレギュレーションFDの施行にあたって、SECが示した重要情報の公表モデルは、まず発信する情報をプレスリリースで開示するとしていました。決算発表などIR関連の情報が最初にプレスリリース配信業者に発信され、それから多くのメディアやインターネットのニューズ・プロバイダーに配信される根拠はここにありました。

その後、ウェブ2.0時代を迎え、企業の情報開示の手順も変わります。グーグルに続いて、2010年10月27日、マイクロソフトは2011年度第1四半期決算を翌日の28日に自社の投資家向け広報（IR）サイトで公表する旨のプレスリリースを発表し、その開示プロセスを明らかにしました。グーグルにマイクロソフトが歩調をあわせて動き出したのです（表2−10）。

実はグーグルに先行する3月8日、商業不動産情報大手のライスは「3月15日（月）ナスダック証券市場の寄付前にリリースを発表する」と告知し、財務報告の全文は当日の午前8時30分（東部時間）までに自社のウェブサイトで入手可能だとして、そのURL（http://www.reis.com/investorsとhttp://www.reis.com/pressreleases）を掲載していました。自社ウェブサイトに重要情報を開示して、レギュレーションFDをクリアする動きは広がっていたのです。

表2−10　米企業、変わる決算発表の手順

手順	2000年10月	2007年7月	2010年4月
	レギュレーションFDの開示モデル	サン・マイクロシステムズの決算開示	グーグルの決算開示
1	第三者のニュース配信業者に、プレスリリースを配信。		
2	同時に、SECに10−Q（四半期報告書）をファイル。同時に、自社のIRサイトで、発表内容を掲載（RSS登録をしている人に同時配信）。	SECに10−Q（四半期報告書）をファイル。同時に、自社のIRサイトで、発表内容を掲載。サン・ニュースのRSS登録をしている人に同時配信。	自社のIRサイトで、発表内容を掲載。同時に、SECに10−Q（四半期報告書）をファイル。
3		10分後、第三者のニュース配信業者に、プレスリリースを配信。	
4	決算説明会	決算説明会	決算説明会

（出所）　各種資料から筆者作成

⑷ グーグルの決算発表に学ぶ

グーグルの四半期決算発表の2カ月後に開催された2010年6月のNIRI年次大会では、ソーシャルメディアに対する各社の取組みが大きなテーマでした。ダニエル・カイネル氏（ハーター・セレスト＆エミリー法律事務所パートナー）が講演を行っています。

講演の冒頭で、カイネル氏は「レギュレーションFDは非開示の情報だけに適用されるのであって、当該情報がすでに公開ずみであるのなら、レギュレーションFDは適用されない」「それゆえ、ひとたび公開情報になっていれば、当該情報を選択的に開示することはレギュレーションFDのもとで許容される」と語りました。つまり、すでに公開されている情報をどのようなかたちで、どのような相手に対して再利用しても問題がないというのです。ソーシャルメディアをIRメディアの一つとして位置づけるときに感じる法律面での戸惑いを払しょくするものでした。

カイネル氏は、直近の4月に自社IRサイトを通じてのみ四半期決算を開示し、従来のようなプレスリリースによる情報配信を行わなかったグーグルの事例として持ち出し、プレスリリースを取りやめた経済効果として、大手ニュース配信業者の400語で700ドル（約6万3,000円）、そのあとは100語ごとに200ドル（約1万8,000円）という配信コストに言及しました。そして、グーグルのサイトをスクリーンに示しながら、

①　サイトへのアクセスはイージーでスムーズ

②　各情報がわかりやすく分類されている

③　掲載されているニュースには日時がある

④　プッシュ・テクノロジーが用意されている

など4点を指摘し、グーグルのIRサイトは投資家に広く「認知されたチャネル」の一つとみなされてきたと語りました。すでにグーグルの四半期決算を報道するオンラインニュースやブログには、同社のIRサイトへのリンクが張られてきたからです。

続いて、グーグルがSECに届け出ている年次報告書（10−K）や四半期報

表2－11　グーグル2010年第１四半期報告書：自社ウェブサイトに言及

○入手可能の情報

> 当社のウェブサイトはhttp://www.google.comであり、当社のIRウェブサイトはhttp://investor.google.comである。以下の届出文書は当社がSECに届け出た後、当社のIRウェブサイトで入手可能である。様式10－Ｋの年次報告書、様式10－Ｑの四半期報告書、当社の年次株主総会に関する議決権行使文書（直近２年間）。また当社は、自社の公表文書のすべてを掲載しているSECのウェブサイト（www.sec.gov）にリンクを張っている。直近２年間にわたる当社の年次報告書、四半期報告書、議決権行使文書は当社のウェブサイトから無料でダウンロードでき入手可能である。また様式10－Ｑの四半期報告書はSEC（100 F Street, NE, Washington, D.C. 20549）の一般閲覧室に収蔵されている。一般閲覧室の業務に関する情報はSECに電話（1-800-SEC-0330）すれば入手できる。当社の届出文書に関して、SECはwww.sec.govで届出報告書や議決権行使文書など開示文書を掲載するインターネットを維持管理している。

（出所）グーグル「2010年第１四半期報告書」p.35（http://investor.google.com/documents/20100331_google_10Q.html）

告書（10－Q）に載っているウェブサイトに関する記述（表2－11）を引用します。これはカイネル氏が提唱する「SECへの届出書類やプレスリリース、カンファレンス・コールの開催では、自社ウェブサイトのURLアドレスを開示しておく」の典型例です。

　グーグルに続いて、大手資源企業PNMリソーシーズ（PNMR）の10－Ｋ（年次報告書）やプレスリリースにおける自社ウェブサイトに関する記述が引用されました（表2－12）。「自社ウェブサイトのコンテンツの更新や定期的な改訂」に踏み込んだ内容となっています。また、Ｅメール配信、RSSフィードについても言及しています。自社ウェブサイトを2008年のSEC企業ウェブサイト・ガイダンスがいう「認知された配信チャネル」とするために、PNMRの事例は学ぶ点が多いと考えられます。

　このように、市場に重要情報を直接、発信するところまで企業ウェブサイトの存在感は高まっていました。それだけに、ウェブサイトの新たな進展として、ソーシャルメディアがIR担当者の次の関心の的となったのです。

146　第2章　米国のレギュレーションFDを知る

表2-12　PNMリソーシーズ（PNMR）：10-K（年次報告書）／
　　　　プレスリリース

○10-K（年次報告書）

［ウェブサイト］
　PNMRのウェブサイト（www.pnmresources.com）は当社の重要な情報ソースであり、投資家やアナリストをはじめ、すべての利害関係者においてはぜひとも頻繁に同サイトにアクセスしていただきたい。PNMRはサイトの更新を行い、定期的に新たな情報を掲載している。PNMRは投資家やアナリストをはじめ、すべての利害関係者が当社情報をEメールで自動的に受信できるように、このウェブサイトに登録してほしいと思っている。登録すればニュースリリース、ウェブサイトの告知、SECへの届出などお求めの情報を自動的に入手できるようにメニューが選択できる。登録の解除はいつでもでき、求めていない情報が送付されることはない。
　PNMRのインターネット・アドレスはhttp://www.pnmresources.com、TNMPはhttp://www.tnpe.comである。こうしたウェブサイトは様式10-Kの一部ではない。

○プレスリリース

［Eメール配信、RSSフィードが利用できます］
　PNMRは、投資家やアナリストをはじめ、すべての利害関係者が当社の財務情報をEメールやRSSフィードで自動的に受信できるように、当社のウェブサイト（www.pnmresources.com）に登録してほしいと思っている。登録すれば、ニュースリリース、ウェブサイトの告知、SECへの届出などお求めの情報を自動的に入手できるように、メニューを選択できる。登録の解除はいつでもでき、求めていない情報が送付されることはない。

（出所）　○10-K（年次報告書）……www.pnmresources.com/investors/secfiling.cfm?filingID
　　　　　=1108426-10-22
　　　　○プレスリリース……http://files.shareholder.com/downloads/PNM/
　　　　　967830722x0x372702/61f9d652-bf31-4565-a3ee-e65cc6b8d1e6/5-7-10%20
　　　　　PNM%20Resources%20Reports%20Q1%20Results.pdf

2　SEC、ソーシャルメディアでの重要情報発表を認める（2013年）

　今世紀に入って登場したウィキペディア（2001年）、フェイスブック（03年）、ユーチューブ（05年）、ツイッター（06年）などのソーシャルメディア

第3節　米レギュレーションFDの進展　147

表2−13　主なソーシャルメディア

ウィキペディア	http://en.wikipedia.org/
	インターネット上のユーザーが共同でつくりあげる百科事典。
ユーチューブ	http://www.youtube.com
	動画共有サービス。ユーザーが撮影したビデオ映像や、作成した動画ファイルなどをインターネット上で公開できる機能を提供するサイト
フェイスブック	http://www.facebook.com/
	会員制交流サイト。ソーシャル・ネットワーキング・サービス（SNS）大手
リンクトイン	http://www.linkedin.com/
	ビジネス上の人脈開拓を目的とするSNS
フリッカー	http://www.flickr.com/
	ネット上で写真を共有するサイト
スライドシェア	https://www.slideshare.net/
	プレゼンテーション説明資料（パワーポイント）の共有サイト
ツイッター	https://twitter.com/
	140文字未満の短文によるミニブログで、ネットで友人や不特定多数に情報発信ができる。写真なども貼り付けられる。

（出所）　筆者作成

は、2009年にはアレクサ・インターネット・グローバル・トラフィック・ランキング（注）で上位10のうち6つを占めるまでになりました。ウェブ空間の情報拡散に大きな変化が始まったのです（表2−13）。

　（注）　http://www.alexa.com

（1）　ソーシャルメディアで抜き出るツイッター

　2009年の夏から秋にかけて発表された2つの調査結果を受けて、140文字以内の「つぶやき」のような短い言葉をネット上に投稿し合う無料のサービス、ツイッターにIR関係者の関心が引き寄せられました。

148　第2章　米国のレギュレーションFDを知る

一つは、米広告大手バーソン・マーステラ（本社：ニューヨーク）による
７月の調査発表です。「フォーチュン100」の米企業トップ100社では、ス
テークホルダー向け広報にツイッター（54％）を活用する企業がフェイス
ブック（29％）やブログ（32％）より多いといい、ツイッター、フェイスブック、
ブログのうち１つだけを利用する企業は21％。１つだけを利用する場合
に「ツイッターのみ」とした企業が、そのうち76％に達していました。ブロ
グとツイッターを併用する企業は64％。ツイッターを利用している企業の
94％が最新ニュースやリリースに関連した情報を発信し、67％が顧客の質問
に答えるなど顧客サービスに活用していると回答していました。

　もう一つは、11月に発表されたIRサイト向けソフト大手Ｑ４ウェブシス
テムズ（本社：カナダ・トロント、以下「Ｑ４」）の「公開企業とツイッターの
IR活用」と題する調査です。ツイッターにアカウントのある北米の公開企
業350社のうちIR活動に利用している企業は87社で、この87社はツイッター
に自社サイトへのリンクを張っていました。「決算発表リリースにリンク」
している企業は53％で最も多く、「決算発表リリースと電話会議のお知らせ
にリンク」（18％）、「決算発表リリースと電話会議、ウェブ・キャストのお
知らせにリンク」（８％）が続きます。他方、自社のウェブサイトからツイッ
ターにリンクのある企業は39％で、そのうち32％はどのページからもリンク
があり、28％がニュース／プレス関係のページからリンクがありました。

　ソーシャルメディアをIRに利用する企業を業種別にみるとIT業界が多く、
ツイッターをはじめ、ソーシャルメディアのどのツールでも、IT業界は突
出しています。次はサービスと資源関連。そして、消費財、薬品・ヘルスケ
アが続きます。この頃、ツイッターのIR活用で先行する企業として、鉱業
大手バリック・ゴールド、石油大手シェル、パソコン大手のデル、小売り大
手ジョンソン・エンド・ジョンソンなどがよく引用されました（表２−14）。

　この頃、ソーシャルメディア利用に関する市場関係者の動きも明らかにな
りました。コミュニケーション・コンサルタント、ブランズウィック（本
社：サンフランシスコ）が同年９月に発表した、米国・欧州の機関投資家／
株式アナリスト448人を対象にした調査レポートによれば、448人のうちの

第３節　米レギュレーションFDの進展　149

表2−14　ツイッターのIR活用で先行する主な企業（2009年9月現在）

バリック・ゴールド （鉱業）	http://twitter.com/barrickgold
	・ニュース、イベント、説明会などをツイートする。基本的にほとんどがウェブサイトの更新関連。
シェル（エネルギー）	http://twitter.com/shelldotcom
	・ツイッターで先行。自社サイトの更新で活用。メディア向けのニュースリリース、IRコンテンツが中心。
デル（コンピュータ）	http://twitter.com/dellshares
	・ツイッターを活用する代表的な企業。IRはもちろん、アナリスト向け説明会を取り上げたブログも。ユーチューブやフリッカー、フェイスブックに取り組む。
ジョンソン・エンド・ジョンソン （小売り）	http://twitter.com/jnjcomm
	・同社をはじめ、多くの薬品関連企業がニュースや企業情報にツイッターを利用している。
イーベイ （ネットオークション）	http://twitter.com/ebayinkblog
	・同社は業績発表や業績予想発表の更新をはじめ多くの情報開示をツイッター経由で行い、ツイッターの活用で定評がある。
サン・マイクロシステムズ （コンピュータ）	http://twitter.com/sunirnews
	・自社のIRサイトにツイッター関連の情報を掲載している。

米国証券取引委員会 （SEC）	http://twitter.com/SEC_Investor_Ed　・投資教育
	http://twitter.com/SEC_News　・ニュース
	http://twitter.com/SEC_Jobs　・求人

（出所）　筆者作成

47％が投資調査やアイデアに関連してファイナンシャル・ブログを読み、20％が株式推奨や投資決定のためにブログを調べ、58％がソーシャルメディ

150　第2章　米国のレギュレーションFDを知る

アなどのニューメディアは投資判断に大きく貢献している考えていました。また、米国の機関投資家の63％が「ブログやソーシャルメディアは今後、投資決定でさらに大きな役割を果たす」と回答しました。

さらに、2010年3月、マーケティング調査会社リダーマーク（本社：ボルティモア）は、金融サービスに従事する50歳未満の人たちの85％がソーシャルメディアを利用し（50歳を超す人たちは50％）、40％が現在のビジネスに影響していると回答（同19％）、86％超が5年以内にソーシャルメディアがビジネス展開で重要な役割を占める（同50％）と考え、ソーシャルメディアを時間の無駄とする回答はなかったという調査結果を発表し、「年齢の若い金融関係者ほどソーシャルメディアをビジネス関係構築の新たな手段と位置づけている」と指摘しました。

(2) SEC、ソーシャルメディアでの重要情報発表を認める

2013年4月2日、米国証券取引委員会（SEC）は、重要な情報を発信するために、フェイスブックやツイッターなどのソーシャルメディアを利用できるとしたプレスリリースを発表しました（注1）。もちろんレギュレーションFD遵守のためには、「あらかじめ、投資家にどのソーシャルメディアが利用されるのかを明らかにしておかなければならない」という一文が盛り込まれていました。そして、プレスリリースはSEC幹部の「現行のガイダンスは、ソーシャルメディア経由のコミュニケーションを選ぶ企業が抱く疑問にフレキシブルに対応する」というコメントを引用しています。

もともと、こうした見解は米インターネットテレビ・ネットワーク大手ネットフリックスの最高経営責任者（CEO）リード・ヘイスティングス氏のレギュレーションFD違反の容疑を扱った調査報告書（注2）のなかで明らかにされたものです。

2012年7月3日の午前11時前（東部時間）、ヘイスティングスCEOは自分のフェイスブック・ページに、ネットフリックスのユーザーによる月間総ストリーミング時間が6月、初めて10億時間を超えたとポスティングしました。これは、ネットフリックスが同年1月25日に発表した直前の四半期にお

第3節　米レギュレーションFDの進展　151

ける20億時間から50％近い増加です。

　ヘイスティングスCEOのページは当時、ブロガーやメディア関連の記者を含め20万人を超すフォロワーがいたといいます。しかし、この10億時間を超えたという情報は、それまで同社のプレスリリースやSECに届け出る様式８－Ｋ（臨時報告書）などで投資家に開示されておらず、その後のプレスリリースにも関連する記述はなかったのです。それまでネットフリックスもCEOもフェイスブックで、企業の指標を公表していませんでした。

　ヘイスティングスCEOによるポスティングの前から、ネットフリックスの株価は上がり始めていたのですが、ポスティング時点の70.45ドルは次の取引日の終値で81.72ドルと大きく上昇していました。SECは、このCEOのポスティングがレギュレーションFDに違反する疑いがあるとして調査を行ったのです。

　SECは調査報告のなかで「株主や投資家とのコミュニケーションにソーシャルメディアを利用する公開会社は増加している」とし、「今日の市場におけるソーシャルメディア・チャネルのもつ価値やその普及ぶりを高く評価し、各社のこうした新たなコミュニケーション方法の追求を支持する」と明言し、ソーシャルメディアに対して大きく踏み込んだ姿勢を示したのです。

　そして、SECの企業のウェブサイトを対象にした2008年ガイダンスがソーシャルメディアにも適用されるとし、同ガイダンスは発行者に対して重要な未公表の情報を拡散させるために利用するチャネルを事前に投資家や市場に十分知らせる措置をとらなければならないと説明していると、繰り返し強調しました。

　なお、本件で、SECはネットフリックスとヘイスティングスCEOに対して、特に法的措置をとることはありませんでした。

　当時、すでにパソコン大手デルや有力ネットオークションのイーベイといった米大手企業はツイッターを使って投資家向けに財務などの重要情報を発表していました。また、多くの企業が四半期報告（10－Ｑ）をSECに届け出ると同時に、ソーシャルメディア経由でプレスリリースや届出の情報を送信していました。しかし、それまでソーシャルメディアはその情報発信の効

152　第2章　米国のレギュレーションFDを知る

用を認められても、公的な配信チャネルとしてSECから認知されていません
でした。

　しかし、この調査報告書をきっかけにして、ソーシャルメディアもレギュ
レーションFDをクリアしうる情報開示チャネルとして認知されたのです（表
2－15）。この後、自社が情報の開示を行う可能性のあるソーシャルメディ
アを「公認の開示チャネル」と特定してアップする企業のウェブサイトが定
着していきました。

表 2－15　米国証券取引委員会（SEC）：ウェブサイト対応の進展

・2000年、SEC：レギュレーションFDの施行
　発行体が非公表の重要情報を自ら選択する個人（たとえばアナリストや機関投
　資家のファンド・マネジャーなど）に開示する意思があるときは、同じ情報を
　同時に開示しなければならない。
　意図しないで開示した場合は、すみやかに当該情報を公表する。
　○レギュレーションFDは非公開の情報を対象にし、すでに公開された情報は
　　適用外。
　○インターネットを使った公表モデルを発表。
・2005年、SEC：通知＆アクセス（Notice & Access）の改正案を採択
　株主総会の委任状説明書等をウェブサイトにおいて開示し、その旨を株主総会
　開催日前に株主に通知することにより、個々の株主の同意を得ることは不要と
　する「通知＆アクセス」規則改正案を採択。
　2007年にSEC規則を改正。2009年（一部の企業については2008年）より制度導入。
・2008年、SEC：企業ウェブサイト・ガイダンスの発表
　―3つの要件―
　　①　自社のウェブサイトが認知された配信チャネルであること
　　②　自社のウェブサイトへの掲載情報が証券市場が利用できるほど一般に広
　　　く伝播していること
　　③　投資家と市場が掲載情報に反応するだけの十分な猶予時間があること
　○2000年のレギュレーションFD施行当時は、企業ウェブサイトに情報をアッ
　　プするだけでは公表には不十分であるとされていた。
　○「企業ウェブサイト・ガイダンス」によって、企業ウェブサイトへの情報掲
　　載を公表措置とする道が開かれた。
・2013年、SEC：ソーシャルメディアを使った重要情報の公表を認める。ただ
　し、事前に発表の告知を行っておくこと。

（出所）　筆者作成

第3節　米レギュレーションFDの進展　153

2013年 4 月 3 日、全米IR協会（NIRI）は「これはレギュレーションFDの内容がもう一つ進展したことを示すものである。そして、どのように情報を発信しても、レギュレーションFDを遵守することが重要である」というメッセージを発表しました。

NIRIは2012年 4 月に発表した「IR活動基準―情報開示2012（Standards of Practice Volume Ⅲ-Disclosure 2012)」で、すでにソーシャルメディアを取り上げています。そこでは、①ツイッター、フェイスブックにポスティングを行うとき、レギュレーションFDやSEC規則が適用されること、②最も重要なことは、内容のある明快なソーシャルメディア・ポリシーを用意することであり、ソーシャルメディア・ポリシーはどんなソーシャル・チャネルにも対応できる内容とし、ユーザーも読めるようにすること、③現在のディスクロージャー・ポリシーにソーシャルメディア・ポリシーを組み込むこと、④ソーシャルメディアを利用する人たちは関連する証券法に関する研修を受け、徹底した理解をもつことが推奨されています。なかでも、「ソーシャルメディア・ポリシーはソーシャルメディアを利用する企業の潜在的な不都合を減らし、利便を高めるために、基本となるものである」とその重要性が強調されています。

同じく2012年 4 月、英国IR協会（IRS）も「ソーシャルメディアのベストプラクティス・ガイドライン」を作成しました。このガイドラインは冒頭で「近年のソーシャルメディアの登場は、コミュニケーションとマーケティングに根本的な変化をもたらしている」と指摘し、ソーシャルメディアを「始める前」と「始めた後」との 2 つに分けて説明しています。

「始める前」のガイドラインは、各社でソーシャルメディアの利用の仕方は違っても目標を決めること、その成果測定を行うKPI（主な業績指標）を設定すること、「理解する」「見る」「聞く」の 3 つを求めています。

「理解する」では、自社がコントロールできる自社のウェブサイトやソーシャルメディア・アカウントと、コントロールできないもの（たとえば、会社についてどこかのサイトで語られていること）には大きな違いがあると指摘し、これはソーシャルメディアに参入しても解消されるものではないことを

154　第 2 章　米国のレギュレーションFDを知る

認識するように求めています。

「見る」では、自社のソーシャルメディア利用状況や他社動向のチェックを求めています。どの会社がソーシャルメディアでどんな情報を、どんなスタイルで発信し、それに対する反応はどうか、どれほど効果的なのか、どの会社のものが不人気なのか。これを知っておけば、自社のソーシャルメディア戦略の立案にかける時間・労力・費用の節約につながるというのです。

「聞く」では、自社や競合他社、業界についてソーシャルメディアでどんな議論が交わされているのか、そのモニタリングを求めています。これにより、議論の度合いや、どのソーシャルメディアに集中すべきか、どんなテーマをソーシャルメディアで語るべきかなどについて、わかってくるというのです。

次のソーシャルメディアを「始めた後」のベストプラクティスは、「戦略」「管理」「コーディネート」「統合」「モニター」「更新」の6つで構成されています。そのうちの「モニター」をみると、チェックしたい情報として次の5つがあげられています。

① どのくらいの頻度で、いつ、どこで関連する会話が行われているか（量、頻度、地理的場所）

② 自社に関する、どのような問題や主題が最も頻繁に議論されているか（トピックス）

③ これらの議論が、主にブログやツイッターで行われているか（メディアタイプ）

④ これらの議論が、主にポジティブか、ネガティブか、中立か（意見）

⑤ 重要な人たちがこれらの議論を聞いているか（影響）

では、日本の企業はどうでしょうか。IRサイト評価大手ゴメスのIRサイトランキングで、ソーシャルメディアの利用は「情報開示の積極性・先進性」の項目で評価されています。この項目のランキング上位3社（2017年）は、①カプコン、②TDK、③NTTドコモです。カプコンは「カプコン広報IR室」の公式アカウントとして、フェイスブック、ツイッター、スライドシェアなどを利用し、TDKは「IR公式Twitter」を用意し、決算や株価など

第3節　米レギュレーションFDの進展　155

のIR関連情報を中心に発信している。またミネベアミツミのツイッターの充実ぶりは定評のあるところです。

　また2013年4月4日、金融情報端末大手ブルームバーグは、企業や企業経営者、政府高官、エコノミスト、コメンテーターのツイッターや、各種金融メディアの報道から派生するツイッターの更新をリアルタイムにモニターし、その傾向と個別企業の株価動向を分析する「ブルームバーグ・ツイッター」のサービスを発表しています。

（注1） www.sec.gov/news/press-release/2013-2013-51htm
（注2） Release No. 69279/April 2, 2013 Report of Investigation Pursuant to Section 21(a) of the Securities Exchange Act of 1934: Netflix, Inc., and Reed Hastings

(3)　決算説明会でツイッターを活用する

　2013年6月のNIRI年次大会の「ソーシャルメディア・ワークショップ」で、不動産検索大手ジローのIRO、RJジョーンズ氏がツイッターを取り込んだ自社の決算説明のカンファレンス・コール（電話会議）を紹介しました。およそ次のとおりです。

　　2013年5月7日、ジローはツイッターを利用した初めての業績発表の電話会議を開催した。ハッシュタグは＃Zarnings。この日の電話会議で、＠Zillow発のツイートは全部で43、ソーシャルメディア経由で12人から24の質問があった。

　　電話会議で、ジローのCEOは全体で7人から9つの質問に回答したが、ソーシャルメディア経由の質問も2つ含まれていた。一つは現在のカバレッジ・アナリストからのもので、もう一つはカバレッジ・ターゲットのリストにあったアナリストからの質問である。残りの7つは、メールなど従来どおりの質問の受付によるものだった。電話会議の参加者は、前回比で2倍。会議終了後にフォローアップ・ブログをアップロードすると、さらに2人から2つの質問があった。

　ジョーンズ氏は、こうした取組みが実現したのは、CEOとCMO（最高マー

156　第2章　米国のレギュレーションFDを知る

ケティング責任者）がともにソーシャルメディアに積極的だったこと、CFO
や社内法務部門のサポートがあったことなど「リーダーシップとチームが
あった」からであり、ソーシャルメディア利用はIRのカンファレンス・コー
ル（電話会議）で活用されていくと考えていると述べました。

2013年11月、英IR支援会社インヴェスティス（本社：ロンドン）の調査は、
ソーシャルメディアが各社のIR／コーポレート・コミュニケーションのサ
イトで急速に定着しつつある現実を明らかにしました。調査によれば、世界
1,200社のIRやコーポレート・コミュニケーションのサイトのうち、自社の
ソーシャルメディア・アカウントとのリンクがある企業は54％に達します。
1年前は34％、6カ月前は45％であり、その急速な浸透ぶりがわかります。
自社ウェブサイトにソーシャルメディアの自社アカウントへのリンクを用意
している企業は、S&P100採用の米国企業の88％、CAC30採用のフランス企
業の83％、DAX40採用のドイツ企業の77％、FTSE100採用の英国企業の
62％にのぼりました。ちなみに、2018年2月の時点で、日本企業のIR／コー
ポレート・コミュニケーションのサイトなどにソーシャルメディアの自社ア
カウントが載っている例はきわめて限られています。

調査報告書は、リアルタイムな情報拡散能力からツイッターが最もよく利
用されていると述べ、ユーチューブは決算発表や電話会議などでの利用が増
加し、フェイスブックはIRや企業活動で有用、リンクトインは多くの企業
で人気が高まっていると書いています。そして、「いま各社は、ツイッター、
ユーチューブ、リンクトインでの自社アカウントに注力し、うまく組み合わ
せるために動くべきである」と指摘しています。つまり、「毎日、毎週、ツ
イートを重ねて、ソーシャルメディアにおける継続的で確実な露出を実現す
るべきだ」というのです。

⑷ 資本市場とのコミュニケーション方法はより多彩に

多くの米公開企業の決算発表には、レギュレーションFDに沿った手順が
あります。まず、四半期の決算なら様式10－Q、年次決算なら様式10－Kを
SECのエドガー・サイトに届け出る。同時に専門の配信サービスを使ってプ

第3節　米レギュレーションFDの進展　157

レスリリースを発表する。その後、カンファレンス・コール（電話会議）でアナリスト・投資家向けに説明会を行う。これが一般的なやり方です。

電話会議は、はじめに経営トップが決算の概要を説明し、その後、質疑応答に移ります。こうした電話会議での説明や質疑応答のようすは、各社のウェブサイトにおいてライブで聞くことができます。もっとも、経営者の説明は事前原稿の棒読み、質疑応答も毎回テープの繰り返しを聞く感じでマンネリだという声も少なくありません。アナリストや機関投資家の運用担当者のなかには、ライブではなく、後日ウェブサイトに掲載されたプレスリリースと電話会議の議事録（トランスクリプション）を読んだほうが効率的だという人もいます。

2015年6月、米IR支援大手アイプリオが発表した「決算プレスリリースの新たな動き」と題する調査レポートは、電話会議での経営トップによる説明をもっと短くし、質疑応答の時間を長くしてもらいたいという声に対応する各社の取組みを紹介しています（注）。

動画のネット配信最大手ネットフリックスでは、決算説明の電話会議が始まる2時間前に業績の概要を説明する「投資家向け四半期レター」をウェブサイトにアップロードし、電話会議の時間をすべて質疑応答に充てています。その時間は40〜45分にもなります。また、油・ガス大手デボン・エナジーも、電話会議の前夜にプレスリリースや経営幹部の説明原稿をアップロードしています。

こうすれば、アナリストや投資家は事前に決算の概要を入手して、しかるべき準備をしておくことができます。その結果、電話会議では基本事項に関する質問が減り、経営戦略をめぐるやりとりが増えるなど、質疑の内容も向上したといいます。そして、それが説明原稿や決算資料を市場目線で見直すという効用をもたらすと、調査レポートは指摘しています。

いま、ツイッターを決算発表のプレスリリース発信で利用し、そこから投資家を自社ウェブサイトにリダイレクトし、関連する決算資料へのアクセスを高め、拡散効果をねらう情報開示のやり方を多くの米企業が採用しています。

前述したジローの決算説明会はその先を行き、ツイッター経由でアナリストや投資家の質問を受け付けています。ツイッターでハッシュタグの#ZEarningsをみると、どんな質問があり、どんな回答があったのか、だれでも、時系列に沿ってアナリストや投資家の反応を追うことが可能です。しかも、それは消去されることはありません。

　ジローのIR担当者によれば、同社は決算のリリースを出す前後からツイッターに載っている質問を確認し、リリースで整理が不十分な点を確認しています。その目的は、電話会議でできるだけプロアクティブな回答を行うためです。こうしたツイッターの活用によって質問するアナリストが多彩になり、数も増えたといいます。

　日本でも四半期の決算発表では、決算短信を東証のTDネットに届け出たあと、多くの企業がその日か翌日にアナリストや投資家が参加する説明会を開催します。しかし、配布資料はその場で渡され、説明会が始まる前に自社のウェブサイトに配布資料をアップロードする、ツイッターであらかじめ質問を受け付けるといった例は聞きません。決算説明会の質をさらに高めるために、米企業の先例は参考になります。

（注）　http://www.ipreo.com/blog/2015/06/01/better-ir-newsletter-may-2015/

第 3 章

フェア・ディスクロージャー・ルールに対応する

日本でのFDルールの導入が決まると、各方面でいろいろな議論が生まれ、今後の企業情報の発信について多くの不明な点や課題が提起されました。

　たとえば、①FDルール導入の背景をふまえて、現状のIR（投資家向け広報）の課題をどのように考えるか、②今後、企業のIRの評価軸はどのように変わっていくか、③FDルールの導入にあたり、企業はどのような方針を打ち出し、IR担当者はどのような準備（情報収集等）を進めていくべきか、④FDルール導入後のIR活動の良し悪しを分けるポイントついてどのように考えるか、などです。

　本章では、FDルールの導入によって影響を受ける証券会社、アナリスト、企業のIR担当者など関係者によるガイドラインや調査結果、行動指針を取り上げ、投資家との対話に向けた企業情報開示の今後のあり方を探ります。

第1節

日本証券業協会「アナリストによる
取材等のガイドライン」(2016年)

　2016年9月20日、証券業者の自主規制機関である日本証券業協会（以下「日証協」）は、「協会員のアナリストによる発行体への取材等及び情報伝達行為に関するガイドライン」（以下「アナリストによる取材等のガイドライン」）を制定しました。これは、決算発表直前に証券会社のアナリストが担当企業を取材して未公表の重要情報を入手し、特定の顧客だけに提供、勧誘したとして、金融庁から、2015年12月にドイツ証券、2016年4月にクレディ・スイス証券に対して相次いで業務改善命令が下された事件をふまえて、日証協が、協会員（証券会社など）のアナリストによる発行会社への取材や、証券会社内での情報の管理、アナリスト・レポート以外の手段での情報伝達のあり方などについて指針を示したものです。

1　発行体への取材、未公表情報の管理・伝達

　「アナリストによる取材等のガイドライン」は、①発行体への取材等、②未公表情報の管理・伝達という2点をポイントとしています（表3−1）。
　まず、協会員のアナリストが上場企業の未公表の決算情報を取材することは原則禁止とされています（①）。投資家と同行する取材も禁止対象に含まれます。言い換えると、未公表の決算期における業績に関する情報、業績の

表3−1　アナリストによる取材等のガイドライン：2つの論点

① 未公表の決算期の業績に関する情報の取材等は例外を除き行わない（発行体への取材等）
② 未公表の決算期の業績に関する情報を取得してしまった場合、調査部門の審査担当者または管理部門に報告する（情報管理の徹底）

把握に容易につながるような業績以外の定量的情報について企業に取材してはならないというのです。かつて証券業界では、業績情報をいち早く顧客企業に伝えるアナリストを評価する向きがありましたが、アナリストは本来そうした「早耳情報」とは一線を画するべきだという趣旨です。

　もちろん、未公表の決算期の業績とは関係のない定量的情報や、公表ずみの決算期の情報、未公表の決算期の情報であっても業績以外の定性的な情報、来期以降の通期・中期計画、将来予想などについての取材は可能です。ここで「例外」とあるのは、「公表または公開・公知となった情報は、その内訳（発行体から個別に提供される地域やセグメントごとの詳細の情報等）を含め取材等で入手してもよい」とされているからです。もっとも、「未公開の決算期の業績を容易に推測するために、公開・公知となった情報の深耕となる情報（公開・公知となっていない費用、利益率等の数値や、月次の決算数値の容易な推測につながるような情報）を取材しないように留意する必要」があります。

　ここで「公表」とか「公開・公知」といった用語が並んでいますが、どう違うのでしょうか。ガイドラインによれば、「公表」は「法令に基づいて行われる開示、そして発行体自身による記者会見または記者クラブへの投げ込み等により周知されているもの」であり、「公開・公知」は「公表ではないが、自社のホームページへの掲載、業界団体を通じての発表、または新聞報道（観測記事を除く）により広く入手可能となっているもの」という定義です。

　では、「ラージミーティングやカンファレンスでの説明」は「公開・公知」なのでしょうか。ガイドラインによると、一律に公開・公知になるわけではなく、「当該説明会等の議事や資料等が説明会の主催者や発行体のホームページに掲載される等、公開・公知の方法に即して入手可能となっているか等を勘案し、個別事例ごとに実態に即して実質的に判断されるべき」とされています。

　次に、発行体から未公表の決算期の業績に関する情報を取得してしまった場合（意図せず入手したものも含む）、未公開情報がレポートにならなくても、

164　第3章　フェア・ディスクロージャー・ルールに対応する

調査部門の審査担当者または管理部門に報告することになります（②）。つまり、証券会社内で「適切に管理」することが求められるということです。

2 アナリスト・レポート以外の方法による情報伝達

　ガイドラインは重要情報と、発行体から取得した未公表の決算期の業績に関する情報は、それがたとえ重要情報に該当しないものであっても、アナリスト・レポート以外の方法で特定の投資者等に選択的に伝達してはならないと規定しました（表3－2）。

　ここでいう重要情報は、日証協の「アナリスト・レポートの取扱いに関する規則」（以下「アナリスト・レポート規則」）8条で規定されている「重要情報」であり、インサイダー取引規制上の「重要事実」とは異なるものです（表3－3）。

　ここで「法人関係情報」とは、金融商品取引業等に関する内閣府令1条4項14号に規定される、①上場会社等の運営、業務または財産に関する公表されていない重要な情報であって顧客の投資判断に影響を及ぼすと認められるもの、②公開買付け、これに準ずる株券等の買集めおよび公開買付けの実施または中止の決定に係る公表されていない情報です。

　金商法で法人関係情報に基づく自己売買や法人関係情報を提供した勧誘が禁止されていることを受けて、アナリスト・レポート規則は、発行体から取得した未公開情報のうち公開・公知となっていないものが法人情報または将

表3－2　「未公表情報をアナリスト・レポート以外の手段により伝達する場合」

> 発行体から取得した未公表情報のうち公開・公知となっていないもの、または当該情報をもとにした個別企業の分析、評価等であって、規則で規定する重要情報に該当するものは、アナリスト・レポートの公表等前に、アナリスト・レポート以外の方法で、特定の投資者等に選択的に伝達してはならない。ただし、発行体から取得した未公表の決算期の業績に関する情報は、重要情報であるか否かにかかわらず特定の投資者等に選択的に伝達してはならない。

（出所）　日本証券業協会「アナリストによる取材等のガイドライン」p.7

表 3 - 3 「アナリスト・レポート規則」における「重要情報」

（情報管理の徹底）
第 8 条 協会員は、次の各号に掲げる情報（以下「重要情報」という。）について、適正に管理しなければならない。
1 アナリスト・レポートを執筆するに際し、アナリストが担当している会社及び社内の他の部門等から入手した情報、または審査担当者がアナリスト・レポートの審査にあたり入手した情報であって次に掲げるもの
　イ 法人関係情報
　ロ イ以外の未公表の情報であって投資者の投資判断に重大な影響を及ぼすと考えられるもの
2 公表等前のアナリスト・レポートの内容等であって投資者の投資判断に重大な影響を及ぼすと考えられるもの
3 協会員がアナリスト・レポートの公表等を制限した場合における当該制限を行ったこと

（出所） 日本証券業協会「アナリスト・レポートの取扱いに関する規則（平27. 2 .17)」
　　　　p.4

来法人関係情報になる蓋然性が高い情報である場合（たとえば、具体的な方法の決定に至っていないが、一定の時期や規模が想定される資本調達ニーズに関する情報など）、当該情報および当該情報に基づく分析、評価等をアナリスト・レポートに記載してはならないと定めています。

　ガイドラインはアナリスト・レポート以外の方法による情報伝達を 6 類型に分類し、それぞれについて参考となる具体例をあげながら伝達の可否を示しました（表 3 - 4 ）。基本的な考え方として、「公表ずみのアナリスト・レポートに記載がなく、投資判断に影響を与える可能性のある情報」についてはアナリスト・レポート以外の手段による伝達を禁止し、「公表ずみのアナリスト・レポートと矛盾せず、かつ投資判断に影響のない範囲の情報」は伝達してよいとしています。

　このガイドラインは、日証協の協会員（証券会社など）のアナリスト、つまりセルサイド・アナリストが対象です。ということは、機関投資家に属して運用担当者向けにレポートを用意するバイサイド・アナリストや上場会社に勤務して自社情報を提供するIR担当者や広報担当者はガイドラインの対

166　第 3 章 フェア・ディスクロージャー・ルールに対応する

表3－4　「レポート以外の方法による情報伝達」の可否

○情報伝達の6類型	○原則的な考え方
①　アナリスト・レポートの背景となる事実を補足説明する行為	アナリスト・レポートに記載された分析、評価等の理由の説明であり、その内容が公表等ずみのアナリスト・レポートの内容と矛盾しない場合には、特定の投資者等に選択的に情報伝達することは認められる。
②　アナリスト・レポートの詳細分析（補足説明）を伝達する行為	公表等ずみのアナリスト・レポートに記載された分析、評価等の基礎資料または解説であり、当該アナリスト・レポートの内容と矛盾しない情報については、特定の投資者等に選択的に伝達することは認められる。
③　アナリスト・レポートに記載のない長期の分析、評価等を伝達する行為	公表等ずみのアナリスト・レポートに記載されているシナリオに沿った内容でなければ、特定の投資者等に選択的に伝達することは認められない。
④　アナリスト・レポートにおけるレーティング等の設定期間よりも短期の分析、評価等を伝達する行為	公表等ずみのアナリスト・レポートに記載されているシナリオを前提としたものでなければ、特定の投資者等に選択的に伝達することは認められない。
⑤　アナリスト・レポートに記載のない発行体の未公表情報を伝達する行為	発行体から取得した公開・公知されていない情報については、それが規則で規定する重要情報に該当するものである場合は、投資者等に伝達してはならない。
⑥　発行体の情報に対する分析、評価等であり、アナリスト・レポートの分析、評価等と異なる内容を伝達する行為	発行体の情報が公開・公知となっているか否かを問わず、当該情報をふまえた新たなアナリスト・レポートを公表等するまでの間は、当該情報に対するアナリストの分析、評価等について、特定の投資者等に選択的に伝達することは認められない。

（出所）　日本証券業協会「協会員のアナリストによる発行体への取材等及び情報伝達行為
　　　　に関するガイドライン（概要）」p.9～10から作成

象者に該当しません。

　しかし、いまセルサイド・アナリストは、グループの研究所など証券会社

第1節　日本証券業協会「アナリストによる取材等のガイドライン」（2016年）　167

と別組織に属する人も少なくありませんから、セルサイド・アナリストの研究所やバイサイドの機関投資家の社内規定にガイドラインの趣旨を取り入れる動きもあります。アナリストの勤務先が直接、日証協の協会員（証券会社）でない場合でも、社内規定など規則に抵触すれば最終的に、業務上の処分を受ける可能性はあります。

3 　ガイドラインの効果

2016年7月に、「アナリストによる取材等のガイドライン」が発表された時点で、すでに大半の証券会社のアナリストが、いわゆる「四半期の決算プレビュー」のレポートをやめてしまっていたという報道がありました。

2015年12月、2016年4月と相次いだ証券会社に対する金融庁の業務改善命令があり、すでに、証券各社はアナリスト業務を見直し、社内規定に今回のガイドラインの内容を先取りしていたのです。企業も、アナリスト向けの決算プレビュー・ミーティングの取りやめに動きました。

しかし、2016年9月に「アナリストによる取材等のガイドライン」が制定されても、企業によっては「（ガイドラインに沿って）アナリストに話せること、話せないことにかまうことなく、どんどん話してくる」こともあるといいます。そんな「対話」に、アナリストが困惑する光景が目に浮かぶようです。

第2節

日本証券アナリスト協会「日本版FDルールに関する アンケート調査結果」（2017年10月）

2017年11月、日本証券アナリスト協会は「フェア・ディスクロージャー・ルールガイドライン（案）について」という意見書を金融庁に提出しました。意見書は「公表前の内部情報を発行者が第三者に対して提供する場合に、公平な情報開示を確保するというルールは、全ての投資家が安心して取引できるために極めて重要な制度であり、資本市場の健全な発展に資するものと考える」とし、同協会の会員向けアンケート調査によれば、FDルールの導入をアナリストの約8割が評価していると述べました。これは、2017年10月に発表された「日本版FDルールに関するアンケート調査結果（以下「アンケート調査」）によるものです。

1 「重要情報」の範囲

FDルール導入の具体的な検討を行った「フェア・ディスクロージャー・ルール・タスクフォース」（2016年12月）の報告書（以下「TF報告書」）を受けて、「アンケート調査」は、①FDルール導入の評価、②「重要な情報」の範囲、③情報の公表方法、④建設的な対話を促進するための環境整備、⑤アナリスト業務における変化、⑥アナリストのあるべき姿などについて質問を用意し、2017年7月に実施されました（回答93人）。

この調査結果の大要を追ってみましょう。セルサイド、バイサイド両者のアナリストの生の声が伝わってきます。

「FDルール導入の評価」について、回答全体では78%、セルサイドの83%、バイサイドの73%が「高く評価する」または「ある程度評価する」と回答しています。

「重要な情報」の範囲について、アナリストの業務に支障があるためにそ

の範囲から除外すべき情報として具体的な項目を取り上げています（表3－5）。これらはいずれも「モザイク情報」に該当するという考え方です。

「情報の公表方法」として「発行者のホームページへの掲載」が認められた点については、開示のハードルが下がり、適時性および弾力性が向上すると95％が評価する一方で、ホームページでは遡及的修正や抹消が可能となる懸念や、競合企業への情報漏洩をおそれるために開示が進まないという懸念があり、メールによるホームページへの案内が別途必要とする声もありました。

「建設的な対話を促進するための環境整備」として、関係者に対して次のようなコメントがありました。

企業：① 「ディスクロージャーポリシー」の制定と公表
　　　② 「ディファレンシャル・ディスクロージャー」（相手レベルに応じた開示）の運用
　　　③ 積極的な情報開示への体制整備
　　　④ メディアに対する規律ある情報開示の体制整備

表3－5　アナリスト調査：「重要な情報」の範囲から除外すべき項目

将来情報	(1) 業績予想変動をもたらす機会とリスク (2) 業績予想の前提および中期経営計画の詳細情報 (3) 業績予想の前提の変化に関する感応度分析 (4) 業績予想の前提と異なる仮定に基づく考え方の議論 (5) 財務戦略、事業戦略
過去情報	(1) セグメント別、部門別受注・売上げの詳細、販売数量、価格、市場シェアと、その変動要因 (2) 業績予想修正の要因、決算変動要因、月次売上情報 (3) 各業界特有のオペレーティング測定基準と、その変動要因 (4) 決算の資産・負債科目の詳細内訳と、その変動要因 (5) 経営陣の事業環境に対する認識（市場規模、競争状況、技術動向、海外企業動向など） (6) 財務戦略、事業戦略

（出所）　日本証券アナリスト協会「日本版FDルールに関するアンケート調査結果」から作成

170　第3章　フェア・ディスクロージャー・ルールに対応する

金融庁：①　周知徹底を目的とした説明会の開催

　　　　②　実務対応をふまえた極力明確なガイドラインの策定

　　　　③　運用実情をふまえたタイムリーな制度の改善と見直し

メディア：すでにFDルールが実施されている諸外国の報道の事例などをふまえ、資本市場の健全な発展に資する報道

　「アナリスト業務における変化」としては、アナリストとして技術・知識の向上が求められる、投機から投資への回帰などの前向きな声がある一方で、情報開示の姿勢が後退してアナリストの分析が表面的なものに終始する、過度に短期志向の投資家を排除する方向は市場の多様性の阻害要因となるとのコメントもありました。

　FDルール導入をふまえた「アナリストのあるべき姿」については、より中長期的視点が重要とのコメントが多い一方、投資家ニーズに即して短期・中長期とも重要とのコメントも相当程度ありました。

② アナリストの懸念

　冒頭で紹介した金融庁への意見書は、「一部の企業において、FDルール対応のためとして、事業別や地域別の売上高など公表済みの過去情報について、一切の情報開示を取りやめたり、アナリストとのスモールミーティングやワン・オン・ワン（個別面談）ミーティングを開催しなくなった企業があると聞いている」と、すでに企業側のFDルール導入に過剰に対応する動きを指摘しています。

　さらに「重要情報」の範囲について、金融庁のガイドライン案「（問4）企業の将来に関する議論等の取扱い」、特に「①中長期的な企業戦略・計画等に関する経営者との議論のなかで交わされる情報」についての回答（表3−6）に注目しています。

　ここで「①中期経営計画の内容として公表を予定している営業利益・純利益に関する具体的な計画内容など」が、FDルールの対象になりうる情報としてあげられていることから、重要情報に該当するケースを「(イ)開示する情

表3－6　金融庁の「FDルール・ガイドライン案」：
　　　　　（企業の将来に関する議論等の取扱い）

（問4）　以下のような情報は、本ルールの対象となりますか。
　①　中長期的な企業戦略・計画等に関する経営者との議論のなかで交わされる
　　情報
（答）
　　今後の中長期的な企業戦略・計画等に関する経営者と投資家との建設的な議論のなかで交わされる情報は、一般的にはそれ自体では本ルールの対象となる情報に該当しないと考えられます。ただし、たとえば、中期経営計画の内容として公表を予定している営業利益・純利益に関する具体的な計画内容などが、それ自体として投資判断に活用できるものである場合であって、その計画内容を中期経営計画の公表直前に伝達するような場合は、当該情報の伝達が重要情報の伝達に該当する可能性がある点にご留意ください。

（出所）　金融庁「FDルール・ガイドライン案」（2017年10月）p.6

報に、未公表のほぼ確定した足元の決算情報が含まれる」「㈹あくまでも計画であり、確定的な決算情報ではないが、計画としては確定的であり未公表である」「㈥公表すると株価に重要な影響を及ぼし得る」の3とおりのケースで問いかけています。

　2017年12月27日に公表された「ガイドライン案」に対するパブリックコメントをまとめた「コメントの概要及びそれに対する金融庁の考え方(1)」（注）には、ここで提起された個別のコメントに対して直接回答するかたちでの金融庁の考え方は見当たらないようです。

　「コメントの概要及びそれに対する金融庁の考え方(1)」は「総論」に始まり、「その発行者が上場会社等となる有価証券の範囲」「重要情報の適切な管理のために必要な措置等」「重要情報の伝達と同時に公表することが困難な場合」「やむを得ない理由により公表することができない場合」「重要情報の公表の方法」「投信法規制規則」に類別して、「金融庁の考え方」を紹介しています。

　「総論」の最初の質問（199）は次のようなものでした。「フェア・ディスクロージャー・ルール（以下「FDルール」という）が導入されることとなったことについて評価したい。公平な情報開示を確保するというルールは、全

172　第3章　フェア・ディスクロージャー・ルールに対応する

ての投資家が安心して取引できるために極めて重要な制度であり、資本市場の健全な発展に資するものと考える。FDルールは、発行者による早期の情報開示を促進し、ひいては投資家との対話を促進するものである。そのためには、FDルールによる公平な情報開示が「縮小均衡」で達成されるのではなく、「拡大均衡」で達成されるようにするべきである。金融庁においても、引き続き企業等に対し、「重要情報」の範囲をはじめFDルールについての周知徹底を、強くお願いしたい」。

これに対する「金融庁の考え方」は、「FDルールの導入には、発行者による公平な情報開示を確保するとともに、発行者側の情報開示ルールが整備・明確化されることで、発行者による早期の情報開示が促進され、その結果として投資家との対話も促進されるといった積極的意義があるとされています。上場会社等においては、FDルールの趣旨・意義を踏まえ、引き続き積極的に情報開示を行うことが期待されています」というものです。

そういえば、「ガイドライン案」の冒頭に「FDルールの実施に当たっては、上場会社等と投資家との対話の中で、実務の積上げを図っていくことが望ましいと考えられています。今後、こうした実務の積上げの中で、このガイドラインにおいて示した考え方についても建設的に変化していくことがあります」とありました。FDルールの導入で今後の企業情報の発信がどのように進展するのか、注意を怠るわけにはいきません。

（注）　http://search.e-gov.go.jp/servlet/Public?CLASSNAME=PCMMSTDET AIL&id=225017018&Mode=2

第2節　日本証券アナリスト協会「日本版FDルールに関するアンケート調査結果」（2017年10月）　173

第3節

日本IR協議会「情報開示と対話の
ベストプラクティスに向けての行動指針」（2018年2月）

　2017年11月、日本IR協議会（JIRA）は「情報開示と対話のベストプラクティスに向けての行動指針（案）～フェア・ディスクロージャー・ルールを踏まえて～」を発表し、2018年2月、これを確定しました。FDルールに関する政令・内閣府令案の公表や、FDルール・ガイドラインの確定を受け、若干の修正を経て策定したものです。

　2017年4月に、上場企業関係者や機関投資家、アナリスト、法律家、学識経験者などの有識者が参加する「フェア・ディスクロージャー研究会」（座長・北川哲雄青山学院大学大学院教授）が発足し、そこでの意見交換がベースになっています。

　上場企業における、①公平・適時・適切な情報開示の継続、②株主・投資家との建設的な対話のベストプラクティスに向けた内容で、FDルール導入後の企業情報を「4つの基本原則」によって見直し、発信情報を「A領域」「B領域」「C領域」の3つで考察し、「主要情報ごとの対応方針」や「留意点と望ましい実務」などを掲載しています。

1 「4つの基本原則」

　「情報開示と対話のベストプラクティスに向けての行動指針～フェア・ディスクロージャー・ルールを踏まえて～」（以下「情報開示と対話の行動指針」）は、まず「4つの基本原則」を提示しています。①法令に基づく一貫した情報開示姿勢、②建設的対話の促進、③情報アクセスの公平性向上（エクイタブル・アクセス）、④コーポレート・ガバナンス推進の一環としての情報開示方針（ディスクロージャーポリシー）の策定、の4つが基本原則とされています（表3-7）。

174　第3章　フェア・ディスクロージャー・ルールに対応する

表3－7　「情報開示と対話の行動指針」の「4つの基本原則」

〔基本原則1〕　法令に基づく一貫した情報開示姿勢
・FDルールの目的を理解し、ルールが定める「取引関係者」に伝達された重要情報は同時またはすみやかに公表すること
〔基本原則2〕　建設的対話の促進
・情報を積極的に開示し、機関投資家・アナリスト等への説明を充実させて建設的対話を促進すること
〔基本原則3〕　情報アクセスの公平性向上（エクイタブル・アクセス）
・機関投資家、アナリスト、個人投資家、市場関係者等の間の情報アクセスの公平性に努めること
〔基本原則4〕　コーポレート・ガバナンス推進の一環としての情報開示方針（ディスクロージャーポリシー）の策定
・自社のコーポレート・ガバナンス推進の一環として「ディスクロージャーポリシー」を策定し、適切な行動のための指針とすること

　「4つの基本原則」は、企業のIR関係者がFDルール導入後の企業情報開示にどのように対応するか、その行動の拠り所を示す内容だといっていいでしょう。

2　企業情報の分類：「A領域」「B領域」「C領域」

　「情報開示と対話の行動指針」は、FDルールをふまえて、上場企業が機関投資家・アナリスト等（以下「投資家等」）に伝達する情報を「A領域」「B領域」「C領域」という3つのタイプに分類しています（図3－1）。

　「A領域」は、すべての人に開示する情報の領域です。

　「B領域」は、投資家等とのコミュニケーションの過程等（建設的対話を含む）で説明する情報の領域です。つまり、すべての人に開示するのではなく、投資家等から聞かれれば答えている情報です。たとえば、「工場見学や事業別説明会で一般に提供されるような情報」など、他の情報と組み合わせることで投資判断に活用できるものの、その情報のみでは直ちに投資判断に影響を及ぼすとはいえない情報（いわゆるモザイク情報）があります。FDルールでは、こうしたモザイク情報は「重要情報」に該当しないと考えられ

第3節　日本IR協議会「情報開示と対話のベストプラクティスに向けての行動指針」（2018年2月）　175

図3−1 上場企業が資本市場に発信・共有する情報の領域（A領域／B領域／C領域）

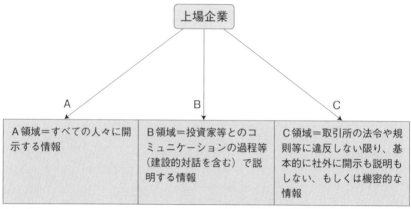

（出所） 日本IR協議会「情報開示と対話の行動指針」p.6

ています（金融庁FDガイドライン問4③参照）。「C領域」は、法令や取引所の規則等に違反しない限り、基本的に社外に開示も説明もしない、もしくは機密的な情報の領域です。つまり、そもそもだれにも話さない情報です。

　FDルールのもとで、上場企業が自社の情報を投資家等に伝達する場合の最大のポイントは、まだ公表に至っていない情報についてどうすればいいのかです。「A領域」の情報は、すべての人々に開示する。「C領域」の情報は、法令や取引所等の規則で明らかです。問題は、「B領域」の情報をどう扱うかです。

　未公表の「重要情報」を「B領域」（投資家等から聞かれたら答える）の情報とすることは、FDルール違反です。ですから、「B領域」にある未公表の「重要情報」は「A領域」（みんなに開示）か「C領域」（そもそもだれにも何もいわない、法令や取引所等の規則による開示）かに振り分けることになります。「重要情報」に該当しないモザイク情報などは、「B領域」（みんなに開示するのではなく、投資家等から聞かれれば答える）の情報として扱って問題はありません。

　投資家等に伝達する情報を「A領域」で発信すれば、競合他社や顧客にも

開示内容がわかりますし、一般の人に向かない情報を開示しかねないという懸念があります。また、「C領域」に開示がシフトすれば、市場との対話の姿勢を問われそうですし、公表時の開示内容によっては市場サプライズの可能性もあります。そして、自社情報を「A領域」と「C領域」に振り分ける「一律の形式的基準」を設けることはむずかしいと考えられます。

「情報開示と対話の行動指針（案）」には特に言及がありませんが、第2章で取り上げた米国企業の違反事例に、何か参考になるケースがあるかもしれません。

米国企業の違反事例にみる「A領域」「B領域」「C領域」

2002年レイセオン「ファースト・コールのコンセンサス数値V.S.社内の予想数値」のケースは、決算発表直前の1株利益（EPS）予想がアナリストのコンセンサスからかけ離れていることが発端となり、社内のEPS数値を知る経営トップやIR責任者が一部のアナリストにさまざまなガイダンスを行ったことがレギュレーションFD違反に問われたものです。これは「A領域」として扱うべき情報を「B領域」として扱ってしまったために生じた問題です。

自社のOEM取引先等に守秘義務を負っている情報を機関投資家との電話会議で話し、しかも、その情報のプレスリリースがずいぶん遅れたケースのセキュア・コンピューティングのケースは、「C領域」に属する情報を「B領域」として扱ってしまったために生じた問題です。

同じ情報について、「A領域」と「B領域」で言い回しが異なっていたら、どうでしょう。これを問うたのが、レギュレーションFD違反が初めて裁判となったシーベル事件です。同社のCEOが、一般に公開された決算説明会の電話会議（「A領域」）で、業績見通しについて、自社の業績は経済環境に依存しており、その経済環境は不安定で事業は拡大サイクルに入っていないと語ったのですが、その数週間後に開催された投資家ミーティング（「B領域」）では、「500万ドル規模の商談がいくつか進行中」と発言したのです。これは前言と異なる発言だとしてSECが摘発し、シーベルが裁判に持ち込み

ました。

　裁判は無罪の判決でした。Ａ領域での電話会議でCEOが「500万ドル以上の商談もあるだろうと予想している」とも語っていたことから、2つの発言は基本的に同じであると判断されたのです。シーベル裁判では、企業が開示内容を説明する際に使った言葉の語感の違い、「身振り」などをめぐる議論が大きな話題になりました。

３ 「公表前の確定的な決算情報」を図解する

　「情報開示と対話の行動指針」は、「投資家等の理解を深めるために説明する情報については、①インサイダー情報に該当したり、②公表前の確定的な決算情報で株価に重要な影響を与える情報が容易に推認されるような特段の事情が存在しない限り、積極的に対話の機会を設けることが望ましい」といっています。

　ここで、②の「公表前の確定的な決算情報で株価に重要な影響を与える情報」とは、いったい何を指しているのでしょう。真っ先に思い浮かぶのが、第１章で紹介した行政処分の対象となったアナリストによる「決算プレビュー取材」です。「情報開示と対話の行動指針」は「公表前の確定的な決算情報」を図解し（図３－２）、「開示予定の四半期決算数値を開示前にプレビュー取材等の形で説明することは行われるべきでないと考えられる」と明言しています。

　そして、「事業年度内でＱ期間（沈黙期間）が何度も到来しトータルであまりに長い期間となることは、円滑な建設的対話の観点からあまり望ましくないという指摘もある。Ｑ期間内でも例えばESG情報や経営ビジョンなど公表前の確定的な決算情報に該当しない情報について、建設的な対話が行われることが望ましい」としています。

178　第3章　フェア・ディスクロージャー・ルールに対応する

図3-2 「公表前の確定的な決算情報（3月末決算の場合を例に）」

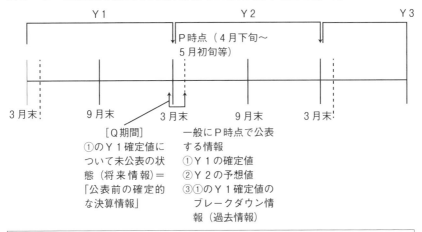

P時点（Press時点）において公表が予定されている確定的な決算情報（上記図表の①）があるとする。「公表前の確定的な決算情報」に該当するのは、上記図表のQ期間（Quiet期間）における①の情報である。なお、四半期決算についても、開示予定の四半期決算数値を開示前にプレビュー取材等のかたちで説明することは行われるべきでないと考えられる。

(注) P時点（Press時点）＝プレス（新聞）などメディア公表の時点
　　 Q期間（Quiet期間）＝沈黙期間（決算情報の漏洩を防ぎ、公平性を確保する目的で、決算に関する質問への回答やコメントを差し控える、決算発表日までの特定の期間）
(出所) 日本IR協議会「情報開示と対話の行動指針」p.10

4　主要情報ごとの建設的対話の実務対応方針

「情報開示と対話の行動指針」は、「フェア・ディスクロージャーは、上場企業関係者と投資家等が対話を積み上げて実現していくもの」としています。「情報開示と対話の行動指針」の別紙、「主要情報ごとの建設的対話の実務対応方針について」は、その構図を、①インサイダー取引規制に則した情報開示を起点に、②FDルールが求める情報開示、③モザイク情報等を活用した積極的な対話、④フェア・ディスクロージャーを実践するのに望ましい実務（プラクティス）（個々の企業の状況に即して）へと放射状に展開するものとして概念化しています（図3-3）。

図3－3　FDルールを踏まえたベストプラクティスに関する行動指針（主要情報ごとの建設的対話の実務対応方針）の概念図

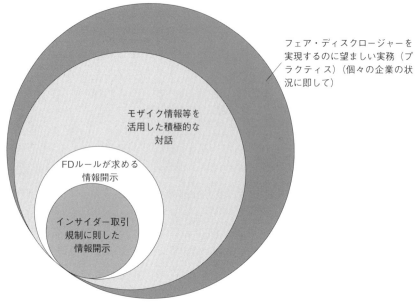

（出所）　日本IR協議会「情報開示と対話の行動指針」p.19

　検討された企業情報は、①インサイダー情報（金商法上の未公表の重要事実）、②将来の業績や企業価値を予測するための情報（将来情報）、③開示した業績数値に関する情報（過去情報）、④資本政策を念頭に置いた配当等、株主還元に関する情報、基盤となるキャッシュフローの配分情報、⑤新製品や新規技術開発等に関する情報、⑥ESGに関する情報など広範にわたります（表3－8）。

　こうした検討のなかで、どの情報が「重要情報」なのか、「モザイク情報等」に該当するかについて言及されています。ここでは、「重要情報」と「モザイク情報」について整理します。なお、「重要情報」「モザイク情報等」に該当するか否かは最終的には法的判断の話であり、ここでの言及が法的解釈に関する何か確定的な結論を日本IR協議会が示したものではないとの注記があります。

表3-8 「主要情報ごとの対応方針」で検討された情報

1 インサイダー情報（金商法上の未公表の重要事実）
2 将来の業績や企業価値を予測するための情報（将来情報）
2-1 公表前の決算にかかわる情報
2-2 業績予想
2-3 事業・地域等のセグメントごとの業績見通し情報
2-4 中期経営計画等、経営計画に関する情報
3 開示した業績数値に関する情報（過去情報）
4 資本政策を念頭に置いた配当等、株主還元に関する情報、基盤となるキャッシュフローの配分情報
5 新製品や新規技術開発等に関する情報
6 ESGに関する情報

　まず「重要情報」です。

インサイダー情報（金商法上の未公表の重要事実）

　金商法において規定されている未公表の重要事実（いわゆる「インサイダー情報」）は、「重要情報」であり、「モザイク情報等」には該当しないと考えられる、と明快です。

公表前の決算にかかわる情報

⑴　公表前の確定的な決算情報は、①インサイダー情報に該当する場合には「重要情報」にも該当する。②インサイダー規制の軽微基準に該当する場合（適時開示する必要はない情報）でも、株価に重要な影響を与える場合は「重要情報」と考えられる。したがって、「B領域」の情報として投資家等に伝えることは控えるべきである。

⑵　何をもって「確定的」な決算情報と考えるのかは一概に言いがたいが、各社ごとにいかなる時点で決算情報が確定しているのかについては社内で把握可能であると考えられる。

業績予想

⑴　開示した業績予想の具体的数値の変更の有無等の進捗状況に関する情報

第3節　日本IR協議会「情報開示と対話のベストプラクティスに向けての行動指針」（2018年2月）　181

は、インサイダー情報に該当する（したがって重要情報にも該当する）場合
がある。

(2) 特段の事情が存在しうる場合として、「例えば契約済みの為替予約レー
トの数値のような、その後の実体経済の数値と比較することで容易に今後
の企業の業績変化が予測できる情報が含まれる場合は、当該情報が重要情
報に該当する可能性がある点にご留意下さい」（金融庁FDルール・ガイドラ
イン）とある。

配　当

開示した将来の配当予想や将来の配当性向の具体的数値の変更の有無等に
関する情報は、インサイダー情報に該当する（したがって重要情報にも該当す
る）場合がある。

次は「モザイク情報等」です。

「基本的に『モザイク情報等』に該当すると考えられる」との記載のある
項目を追ってみます。どの項目にも「①インサイダー情報に該当したり、②
公表前の確定的な決算情報で株価に重要な影響を与える情報が容易に推認さ
れるような特段の事情が存在しない限り」という断りがあります。これを外

表3－9　基本的に「モザイク情報等」に該当すると考えられる情報

前提：①インサイダー情報に該当したり、②公表前の確定的な決算情報で株価に
重要な影響を与える情報が容易に推認されるような特段の事情が存在しな
い限り

1	公表している業績予想値の前提
2	事業別、製品別、地域別の見通し情報のうち、まず定性的情報
3	事業別、製品別、地域別の見通し情報のうち定量的情報
4	中期経営計画その他経営計画に関する情報
5	中期経営計画その他経営計画の前提となる考え方
6	すでに公表した業績にかかわるブレークダウン情報等の過去情報
7	新製品や新規技術開発等に関する情報
8	ESGに関する情報（ガバナンスに関する情報を含む）

表 3 −10　投資家等との対話：「望ましい実務」対応の主な例

業績予想	業績予想に関する定性的な情報（たとえば「巡航速度」「好調・順調」「不調・チャレンジング」等）で上記の時期（期末の近接時期および業績変動の確度が高くなっている時期）以外の時期における情報については、（略）そのような時期でも該当企業への注目度が高い等の理由から株価に重要な影響を与えることが予想される場合には、「A領域」で定量的な情報を開示することは望ましい実務と考えられる。
	業績予想の前提には、為替レートといった外部環境にかかわるもの以外にも損益に影響するコスト（製造原価、販管費等）の見通しや売上高に影響する値（販売数量、契約件数、受注高等）の見通し等があり、こうした情報を、上場企業が業績予想値の公表時に「A領域」として公表しておくことも、望ましい実務と考えられる。
	業績予想について対話で活用する情報については、できるだけ要点を「A領域」として公表したうえで、それを深掘りするかたちで対話することが望ましい。たとえば投資家等に対する説明のあり方について自社のディスクロージャーポリシー等において考え方を整理し、上場企業側が「重要情報」に該当する可能性を保守的に考え、建設的対話の内容が後退することがないようにしておくことは望ましい実務と考えられる。たとえば業績予想値の変更（修正）をもたらす機会やリスクには、為替等の外部環境、需要や市場動向の変化、事業にかかわる法令や制度の改定、事故や災害等のリスク等があり、こうした情報を上場企業が業績予想値の公表時にあわせて公表しておくことも、望ましい実務と考えられる。
	日本証券アナリスト協会が2017年7月に実施し10月に公表したアンケート調査結果によると、業績予想の前提やその変動をもたらす機会とリスクにかかわる情報は分析上、不可欠とされている。そうした状況をふまえ、業績予想について対話で活用する情報については、できるだけ要点を「A領域」として公表したうえで、それを深掘りするかたちで対話することが望ましい。
	投資家等に対する説明のあり方について自社のディスクロージャーポリシー等において考え方を整理し、上場企業側が「重要情報」に該当する可能性を保守的に考え、建設的対話の内容が後退することがないようにしておくことは望ましい実務と考えられる。
	業績予想値の変更（修正）をもたらす機会やリスクには、為替等

第3節　日本IR協議会「情報開示と対話のベストプラクティスに向けての行動指針」（2018年2月）　183

	の外部環境、需要や市場動向の変化、事業にかかわる法令や制度の改定、事故や災害等のリスク等があり、こうした情報を上場企業が業績予想値の公表時にあわせて公表しておくことも、望ましい実務と考えられる。
セグメントごとの業績見通し情報	事業別、製品別、地域別の見通し情報の要点を上場企業が業績予想値の公表時に「A領域」として公表しておくことは、その後の対話を「B領域」で進めやすくなると考えられるため、望ましい実務と考えられる。
中期経営計画等	利益の目標値に限らず、中期経営計画等に関する情報の要点を、上場企業が「A領域」として公表しておくことは、望ましい実務と考えられる。
	売上高や利益の目標値、資本政策に関する考え方やそれにかかわる情報を「A領域」として公表しておくことは、その後の対話を「B領域」で進めやすくなる効果があると考えられるため、望ましい実務と考えられる。 ただし、要点として公表されていない情報、たとえば設備投資、M&A、事業投資、研究開発投資等の進捗状況や、詳細なセグメント情報の見通し等は、決算期や計画の最終年度の期末の近接期に「B領域」で伝えると、計画変更の機会とリスクを示唆することにもなり、場合によって株価に重要な影響を及ぼすことがないか、留意しておく必要がある。
	「A領域」として公表した事業戦略等の計画値や目標値があるときに、計画公表後のその具体的数値について言及するときには、「A領域」において言及することが望ましい。
	事業戦略の方向感や考え方、その前提についての対話の機会は積極的に設けることが望ましい。こうした対話は、同じく望ましい実務である事業部門別説明会や施設見学会といったIR活動の厚みを増すこととなる。
過去情報	たとえば投資家等の関心の高い領域に関する情報の要点を「A領域」として公表したうえで、それを深掘りするかたちで対話することが望ましい。
	すでに公表した業績にかかわる損益に影響するコストの変動要因や外部環境の変動要因、事業部門等の業績変動要因等について、その後の対話を進めやすくするために、その要点を「A領域」として公表しておくことも望ましい実務と考えられる。
配当	配当政策や株主還元の基本的考え方等についてその要点を「A領

184　第3章　フェア・ディスクロージャー・ルールに対応する

	域」として公表しておくことは望ましい実務と考えられる。従来の方針を大きく変える場合も「Ａ領域」として公表することが望ましい。
新製品	業界等によっては、新製品や新規技術の開発等に関する情報がインサイダー情報のなかのいわゆるバスケット条項の情報に該当したり、株価に重要な影響を与える情報に該当する特段の事情が存在する場合がありえるので、自社のディスクロージャーポリシー等において考え方を整理しておくことは望ましい実務と考えられる。

（出所）　日本IR協議会「情報開示と対話の行動指針」p.21〜26から筆者作成

すわけにはいきません。それをふまえて、「モザイク情報等」には表3－9のようなものがあるとしています。

　ここで、上場企業関係者と投資家等との対話で、どのように対応するのが「望ましい」のか、あるいは「望ましい実務」なのかを具体的に取り出してみましょう。FDルールのもとで、上場企業と投資家等との間の建設的な対話にあたって、「望ましい」「望ましい実務」の例を参考にすれば、「ベストプラクティス」に向かう道がみえてきます（表3－10）。

5　情報アクセスの公平性向上（エクイタブル・アクセス）

　「基本原則3」の「情報アクセスの公平性向上（エクイタブル・アクセス）」は、「機関投資家、アナリスト、個人投資家、市場関係者等の間の情報アクセスの公平性に努めること」がテーマです。「情報開示と対話の行動指針」は具体的に、

① 　ウェブサイト等を通じて積極的に情報開示すること
② 　対話のなかでよく聞かれる質問への回答など、個人投資家等とも共有するほうがよいと判断した情報をわかりやすく開示すること
③ 　投資判断において有益な情報であると考えられるものについては、その要点等について積極的に開示すること

が望ましいとしています。

そして、「なお、投資家等の専門知識の深さ等によって伝わる情報の深度等が異なる事態（いわゆるディファレンシャル・ディスクロージャー）はある程度必然的に生じるものであり、ディファレンシャル・ディスクロージャーが生じること自体が公平性を欠くとまではいえない」といい、「ただ、投資家等からの質問等への回答に差が出ないよう、何をどのように答えるかなど、一定の回答・説明方針を準備しておくことも有益である。その場合、当然のことながらＢ領域の場合であっても、同じ質問には誰に対しても同じように答えるという配慮も必要である」としています。

　ここで、「ディファレンシャル・ディスクロージャー（Differential Disclosure）」という用語が出てきます。上場企業などが有価証券報告書や半期報告書などで業績について微妙に異なる情報を掲載する開示行為のことを指したりするのかと思われるかもしれませんが、そうではありません。

　「ディファレンシャル・ディスクロージャー」の概念は、全米IR協会（NIRI）の「IR活動基準」（2016年）によれば、「通常、アナリストやポートフォリオ・マネージャーは、企業業績や予測の分析のために、一般の個人投資家や金融ジャーナリストよりも詳細な情報を必要とするという考えに基づいている」とされます。なお、NIRIの説明には、これに続けて、「メディアや一般の人々に同じレベルの情報を提供することを拒否した場合、このやり方は金融市場に有害なものになる可能性がある」とあります。

　「情報アクセスの公平性向上（エクイタブル・アクセス）」に欠かせないのが、ウェブサイトへの取組みです。「情報開示と対話の行動指針」は自社ウェブサイト等を通じた情報開示の検討として、次の３点を取り上げています。

①　決算発表資料や説明会資料等とその要点（開催日の公表方法、説明会に参加できない投資家等からの情報のアクセスのあり方、要点の公表や英語版の取扱い等を含む）など

②　長期の経営ビジョンや中期経営計画、事業戦略等に関する説明会資料等やその要点

③　投資家等向けの各種の説明会、個人投資家向け説明会、株主総会等の資

料やその要点

そして、自社ウェブサイトに、「どんな情報を開示するのかは、上場企業の置かれた状況によって異なります。そのため株主構成や事業規模、業種等などを考慮し、各企業の置かれた状況に応じて検討し、判断することが望ましい」としています。

これに続いて、「情報開示と対話の行動指針」は、「投資家等との対話に当たって留意する事項の検討」として、次の4点を指摘しています。

① 日本証券業協会による「アナリストによる取材等のガイドライン」で「取材しないこととする」と定めている情報についての取扱い。

② 業績予想に関する情報について、

・修正の有無が未確定な段階では厳格に管理する。

・決算期が近づくなどしてアナリストの業績予想コンセンサスと比較した業績進捗への関心が高い場合、関連する情報の確度が高まった段階で（「B領域」として扱うのではなく）適切に判断して適時開示等の手続ですみやかに公表する。

③ 投資家等からの面談要望に対し、不当に差異を設けないための体制整備やアナリストの独立性に不当な影響を及ぼす行為を行わない。

④ 経営層が投資家等と対話する「スモールグループミーティング」、海外機関投資家等を対象とする「カンファレンス」等、「1対1ミーティング」ではモザイク情報等を活用する。企業規模の拡大や事業環境の変化等にかんがみて、市場と共有すべき情報についてはアクセスの公平性の観点からどのように開示していくか検討する。

6 コーポレート・ガバナンス推進の一環としての情報開示方針（ディスクロージャーポリシー）の策定

「基本原則4」の「コーポレート・ガバナンス推進の一環としての情報開示方針（ディスクロージャーポリシー）の策定」について、「情報開示と対話の行動指針」は、「上場企業は、情報開示に関する法令遵守のためだけでな

く、コーポレート・ガバナンス推進の一環としての方針を明確にし、全社的に理解しておくことが望ましい」とし、「情報開示方針（いわゆるディスクロージャーポリシー）の策定」によって「投資判断に有用な情報をIR活動で積極的に発信し、投資家等と建設的に対話する基盤がつくられる」とその効用を訴えています。

そして、「ディスクロージャーポリシーは、自社の経営方針等を投資家等に伝えるため、いかに投資家等と向き合うべきなのかという自社のIR哲学ともいうべき企業理念・企業姿勢を内包した内容とすることが望ましい」と提言しています。その根拠は「コーポレートガバナンス・コードの原則5－1」にあります。そこには「取締役会は、株主との建設的対話を促進するための体制整備・取組に関する方針を検討・承認し、開示すべきである」とあります。

「情報開示と対話の行動指針」は、ディスクロージャーポリシーの内容は各社の創意工夫によって定められるべきであるが、従前から上場企業が策定しているポリシーの内容に加えて検討するとよい例示として、次の5項目をあげています。

(1)　「重要情報」の定義や考え方、開示の要件、「重要情報」か否かを判断するための基準や仕組み（情報開示委員会の設置等）

(2)　公表前の「重要情報」を「取引関係者」に伝えた場合の取扱いの方針と手続

(3)　上場企業を代表して投資家等と対話するスポークスパーソンズの考え

(4)　投資家等からよく聞かれる財務情報等についての開示・説明方針

(5)　関連部署の連携体制や情報開示と対話方針の理解度向上

このうち、(4)投資家等からよく聞かれる財務情報等についての開示・説明方針について、

①　比較的短期の業績への影響がたやすく推測できる情報についての取扱い

②　月次情報（決算締切月の月次情報、それ以外の月次情報等）についての取扱い

③　自社の経営や安定性を示すうえで有用である情報（受注高など）につい

188　第3章　フェア・ディスクロージャー・ルールに対応する

表3-11 日本企業：ディスクロージャーポリシーの例

A社	B社
1．情報開示に関する基本姿勢 2．情報開示方針 3．情報開示方法 4．情報開示体制 　○適時開示体制概要書 5．不明瞭な情報に対する対応方針 6．沈黙期間	1．情報開示の基本姿勢 2．情報開示の基準 3．情報開示の方法 4．将来の見通しなどに関する情報 5．沈黙期間 6．第三者への公平な情報開示と第三者が発信する当社関連情報への対応 7．開示情報の利用に関する免責事項

ての開示の方針（時期を決めてホームページ上で開示する等）

④　日本証券業協会がアナリストに取材をしないようガイドラインで求めている情報についての取扱い

などについて定めることが考えられると、さらに具体的な例を示しています。

　日本企業のディスクロージャーポリシーの例をみると（表3-11）、ここで提案されているような「自社のIR哲学ともいうべき企業理念・企業姿勢を内包した内容」も、「上場企業を代表して投資家等と対話するスポークスパーソンズの考え」もなく、いわば紋切り型です。「情報開示と対話の行動指針」はIR部門が起点となって、ディスクロージャーの内容を見直そうと呼びかけているのです。

参考資料

[資料1] 金融審議会　市場ワーキング・グループ
フェア・ディスクロージャー・ルール・タスクフォース報告
～投資家への公平・適時な情報開示の確保のために～
（平成28年12月7日）……………………………………………192

[資料2] 金融商品取引法第27条の36の規定に関する留意事項について
（フェア・ディスクロージャー・ルールガイドライン）
金融庁総務企画局（平成30年4月1日制定）……………………197

[資料3] 金融商品取引法第二章の六の規定による重要情報の公表に関する
内閣府令（平成29年12月27日）………………………………205

[資料4] 金融庁　コメントの概要及びコメントに対する金融庁の考え方
（「フェア・ディスクロージャー・ルール」の関連部分）
（平成29年12月27日）……………………………………………211

資料1

金融審議会 市場ワーキング・グループ
フェア・ディスクロージャー・ルール・タスクフォース報告
～投資家への公平・適時な情報開示の確保のために～

平成28年12月7日

「フェア・ディスクロージャー・ルール・タスクフォース」メンバー名簿

平成28年12月7日現在

座　　　長	黒沼　悦郎	早稲田大学法学学術院教授
メ　ン　バ　ー	青　　克美	㈱東京証券取引所執行役員兼上場部長
	上柳　敏郎	弁護士（東京駿河台法律事務所）
	大崎　貞和	㈱野村総合研究所主席研究員
	奥野　一成	農林中金バリューインベストメンツ㈱常務取締役（CIO）
	加藤　貴仁	東京大学大学院法学政治学研究科准教授
	神山健次郎	東レ㈱IR室・広報室・宣伝室担当兼IR室長
	神作　裕之	東京大学大学院法学政治学研究科教授
	康　　祥修	モルガン・スタンレー・インベストメント・マネジメント㈱取締役会長
	三瓶　裕喜	フィデリティ投信㈱ディレクター・オブ・リサーチ
	寺口　智之	日本証券業協会 自主規制会議 会員委員（野村證券㈱代表執行役）
	永沢裕美子	Foster Forum良質な金融商品を育てる会事務局長
	真野　雄司	三井物産㈱IR部長
	柳澤　祐介	東京海上アセットマネジメント㈱株式運用部長兼投資調査グループリーダー

オブザーバー　日本証券業協会

（敬称略・五十音順）

平成28年12月7日

金融審議会 市場ワーキング・グループ
フェア・ディスクロージャー・ルール・タスクフォース報告
～投資家への公平・適時な情報開示の確保のために～

1．発行者による公平な情報開示を巡る状況

我が国では、発行者による適時の情報開示を求めるルールとして、金融商品取引法による臨時報告書制度及び証券取引所規則による適時開示制度が整備されている。一方で、公表前の内部情報を発行者が第三者に提供する場合に当該情報が他の投資家にも提供されることを確保するルール（フェア・ディスクロージャー・ルール、以下「本ルール」という。）は置かれていない。

こうした中、近年、発行者の内部情報を顧客に提供して勧誘を行った証券会社に対する行政処分の事案において、発行者が当該証券会社のアナリストのみに未公表の業績に関する情報を提供していたなどの問題が発生している。

欧米やアジアの主要国では、本ルールが整備されており、例えば、米国においては、「有価証券の発行者が、当該発行者又は当該有価証券に関する重要かつ未公表の情報を特定の情報受領者に対して伝達する場合、意図的な伝達の場合は同時に、意図的でない伝達の場合は速やかに、当該情報を公表しなければならない」というルールが置かれている。

また、欧州（EU）においては、「発行者は、発行者に直接関係する内部情報をできる限り速やかに公衆に開示しなければならない」という原則規定を置くとともに、有価証券の発行者が、内部情報を第三者に開示する場合について、米国と同様のルールが置かれている。

（注）「重要な情報」及び「発行者に直接関係する内部情報」
- ・ 米国証券取引委員会（SEC）のガイダンスによれば、「重要」とは、「合理的な株主が投資判断に際して重要と考える相当の蓋然性があること」とされている。
- ・ EUの市場阻害行為規則によれば、「発行者に直接関係する内部情報」とは、「発行者又は金融商品に直接又は間接に関係する未公表の確定的（precise nature）な情報であって、公表されれば金融商品の価額に重要（significant）な影響を及ぼす蓋然性があるもの」とされている。

2．本ルール導入の意義

このような状況を踏まえれば、我が国市場において、個人投資家や海外投資家を含めた投資家に対する公平かつ適時な情報開示を確保し、全ての投資家が安心して取引できるようにするため、本ルールを導入すべきである。

また、同時に、本ルールの導入には、以下のような積極的意義があると考えられる。

● 発行者側の情報開示ルールを整備・明確化することで、発行者による早期の情

参考資料1　193

報開示を促進し、ひいては投資家との対話を促進する
● アナリストによる、より客観的で正確な分析及び推奨が行われるための環境を整備する
● 発行者による情報開示のタイミングを公平にすることで、いわゆる「早耳情報」に基づく短期的なトレーディングを行うのではなく、中長期的な視点に立って投資を行うという投資家の意識変革を促す

　本ルールの整備・運用にあたっては、これらの意義が活かされるよう、留意していく必要がある。

3．本ルールの具体的内容

⑴　本ルールの対象となる情報の範囲と運用・エンフォースメント

　①　本ルールの対象となる情報の範囲

　　　本ルールは、公平かつ適時な情報開示に対する市場の信頼を確保するためのものであることから、欧米の制度と同様に、投資判断に影響を及ぼす重要な情報を対象とすることが適当である。

　　　対象となる重要な情報の範囲を検討するに当たっては、本ルールの適用に際して、

● 発行者が、本ルールを踏まえて適切に情報管理することが可能となるようにするとともに、
● 情報の受領者である投資家においても、発行者から提供される情報が本ルールの対象となるかどうかの判断が可能となるようにし、本ルールの対象となると思料する場合には発行者に対して注意喚起できるようにする

ことで、発行者と投資家の対話の中で何が重要な情報であるかについて、プラクティスを積み上げることができるようにすることが望ましい。

　　　このため、具体的な情報の範囲としては、インサイダー取引規制の対象となる情報の範囲をベースとすることが考えられる。その際、近年の証券会社への行政処分の原因となった事例を踏まえると、例えば、公表直前の決算情報であれば、機関決定に至っていない情報や軽微基準の範囲を超えない情報であっても、投資者の投資判断に影響を及ぼす重要な情報となる場合があり得ると考えられるため、こうした情報を全て対象から外してよいかという問題がある。

　　　したがって、本ルールの対象となる情報の範囲については、インサイダー取引規制の対象となる情報の範囲と基本的に一致させつつ、それ以外の情報のうち、発行者又は金融商品に関係する未公表の確定的な情報であって、公表されれば発行者の有価証券の価額に重要な影響を及ぼす蓋然性があるものを含めることが考えられる。

　　　なお、工場見学や事業別説明会で提供されるような情報など、他の情報と組み合わさることによって投資判断に影響を及ぼし得るものの、その情報のみでは、直ちに投資判断に影響を及ぼすとはいえない情報（いわゆるモザイク情報）は、本ルールの対象外とすることが適当である。

② 本ルールの運用・エンフォースメント

　　発行者と投資家との対話を促進するためには、発行者による積極的な情報提供が行われることが重要であり、そのための環境整備を行っていくことが重要な課題となっている。

　　本ルールに抵触した場合の対応についても、発行者にまずは情報の速やかな公表を促し、これに適切な対応がとられなければ、行政的に指示・命令を行うことによって、本ルールの実効性を確保することが適当である。

(2)　本ルールの対象となる情報提供者の範囲

　　本ルールは、発行者に対して、公平かつ適時な情報開示を求めるものであることから、本ルールの対象となる情報提供者の範囲については、発行者の業務遂行において情報提供に関する役割を果たし、それに責任を有する者に限定することが適当である。

　　具体的には、発行者の役員のほか、従業員、使用人及び代理人のうち、後述の情報受領者へ情報を伝達する業務上の役割が想定される者に限定することが適当である。

(3)　本ルールの対象となる情報受領者の範囲

　　本ルールは、発行者による公平かつ適時な情報開示に対する市場の信頼を確保するためのルールであり、また、金融商品取引法が資本市場に関わる者を律する法律であることも踏まえると、本ルールの対象となる情報受領者の範囲は、有価証券の売買に関与する蓋然性が高いと想定される以下の者とすることが適切である。

● 証券会社、投資運用業者、投資顧問業者、投資法人、信用格付業者などの有価証券に係る売買や財務内容等の分析結果を第三者へ提供することを業として行う者、その役員や従業員

● 発行者から得られる情報に基づいて発行者の有価証券を売買することが想定される者

(4)　公表を必要としない情報提供

　　発行者が行う様々な事業活動の中においては、例えば、証券会社に資金調達の相談をする場合など、本ルールの対象となるような情報提供を正当な事業活動として行うことが必要な状況が想定される。この際には、当該情報受領者が発行者に対して、当該情報につき、

● 第三者に伝達しない義務（守秘義務）、及び

● 投資判断に利用しない義務

を負っていれば[1]、市場の信頼が害されるおそれは少ないと考えられる。そこ

1　例えば、銀行や投資銀行業務を行う証券会社など、法令や別途の契約などにより発行者に対して守秘義務等を負う場合については、改めて守秘義務契約を書面で締結する必要はないものと考えられる。

参考資料1　195

で、本ルールの対象となる上記(3)に掲げる者への情報提供であっても、当該情報受領者が発行者に対して上記の義務を負っている場合には、公表を必要としないこととすることが適当である。

　上記の情報受領者が、守秘義務に違反して当該情報を他者に伝え、その伝達の事実を発行者が把握した場合、EUでは、情報の秘密性が保たれていないことを理由として、発行者に情報の公表義務が課されている。一方、米国では、そのような場合に、発行者には情報の公表義務は課されていない。

　本ルールが公平かつ適時な情報開示に対する市場の信頼を確保するためのものであることを踏まえれば、上記(3)に掲げる者への情報提供を行った際にはこの情報受領者が守秘義務を負うことから公表を行わなかったが、その後、この情報受領者が守秘義務に違反して、上記(3)に掲げる者に該当する守秘義務等を負わない他者に情報を伝達したことを発行者が把握した場合には、本ルールに基づき発行者に情報の公表を求めることが考えられる。

(5)　情報の公表方法

　情報の公表方法については、発行者による速やかな公表や個人投資家等のアクセスの容易性といった観点を踏まえ、法定開示（EDINET）及び金融商品取引所の規則に基づく適時開示（TDnet）のほか、当該発行者のホームページによる公表を認めることが適当である。

(6)　その他

　本ルールの導入に当たっては、ルールの趣旨についての関係者への啓発活動を行うなど、発行者による早期の情報開示を促進し、ひいては発行者と投資家との建設的な対話を促進するとの意義が果たされるような環境整備を行っていくことが重要である。

以　上

資料2

金融商品取引法第27条の36の規定に関する留意事項について
（フェア・ディスクロージャー・ルールガイドライン）

金融庁総務企画局（平成30年4月1日制定）

○ このガイドラインは、あくまでも、法令に関する現時点での一般的な解釈を示すものであり、個別事案に対する法令適用の有無を回答するものではありません。個別事案に対する法令適用の有無は、当該事案における事実関係を前提にし、事案ごとに、法令の趣旨を踏まえて実質的に判断されるものであることに留意する必要があります。また、異なる前提条件（投資者保護の観点から慎重な検討が必要であると考えられる新たな取引手法等を含みます。）が存在する場合や関係法令が変更される場合などには、考え方が異なることもあることに留意する必要があります。

○ また、フェア・ディスクロージャー・ルールの実施に当たっては、上場会社等と投資家との対話の中で、実務の積上げを図っていくことが望ましいと考えられています。今後、こうした実務の積上げの中で、このガイドラインにおいて示した考え方についても建設的に変化していくことがあります。

○ このガイドラインは、捜査機関の判断や罰則の適用を含めた司法判断を拘束するものではありません。また、将来における金融庁の解釈を保証するものではありません。

○ このガイドラインにおいて取り上げた項目に限らず、一般論として、法令の解釈・適用にあたっては、当該法令の趣旨を踏まえた実質的な解釈・適用がなされるべきであると考えられます。

○ なお、このガイドラインにおいて、「重要情報」とは、法第27条の36第1項に規定する「当該上場会社等の運営、業務又は財産に関する公表されていない重要な情報であって、投資者の投資判断に重要な影響を及ぼすもの」のことをいいます。

　　また、「取引関係者」とは、金融商品取引業者など、有価証券の売買等に関与する蓋然性が高いと想定される者として法第27条の36第1項各号に掲げられている者のことをいいます。

（凡例）
法：金融商品取引法

重要情報公表府令：金融商品取引法第二章の六の規定による重要情報の公表に
　　　　　　　　関する内閣府令
金商業等府令：金融商品取引業等に関する内閣府令

〈目次〉

総論

（問１）フェア・ディスクロージャー・ルールの趣旨・意義
　　　フェア・ディスクロージャー・ルールの趣旨・意義はどのようなものですか。

法第27条の36第１項関係

（問２）情報管理の範囲
　　　上場会社等はどのような情報を本ルールの対象となる情報として管理すればよ
　　いのでしょうか。
（問３）取引関係者に伝達した情報について重要情報に該当するのではないかとの
　　　指摘を受けた場合の対応
　　　上場会社等がその業務に関して情報を取引関係者に伝達した場合に、当該取引
　　関係者から、当該情報が重要情報に該当するのではないかとの指摘を受けたとき
　　には、上場会社等はどのような対応を取ることが考えられますか。
（問４）企業の将来情報に関する議論等の取扱い
　　　以下のような情報は、本ルールの対象となりますか。
　①　中長期的な企業戦略・計画等に関する経営者との議論の中で交わされる情報
　②　既に公表した情報の詳細な内訳や補足説明、公表済の業績予想の前提となっ
　　　た経済の動向の見込み
　③　他の情報と組み合わさることによって投資判断に影響を及ぼし得るものの、
　　　その情報のみでは、直ちに投資判断に影響を及ぼすとはいえない情報（いわゆ
　　　る「モザイク情報」）
（問５）重要情報の適切な管理のために必要な措置
　　　重要情報公表府令第５条では、重要情報の適切な管理のために必要な措置とし
　　て、金融商品取引業等以外の業務を遂行する過程において伝達を受けた重要情報
　　を、当該重要情報が公表される前に金融商品取引業等において利用しないための
　　的確な措置が規定されていますが、具体的にはどのような措置を講じる必要があ
　　りますか（第１号関係）。
（問６）親会社への情報伝達の取扱い
　　　重要情報公表府令第７条第１号では、上場会社等の投資者に対する広報に係る
　　業務に関して重要情報の伝達を受ける株主が取引関係者に該当する旨が規定され
　　ていますが、上場会社等が株主である親会社に重要情報を伝達する場合にも、上

198　参考資料２

場会社等は当該重要情報を公表しなければならないのでしょうか(第2号関係)。
(問7) 証券会社の投資銀行業務を行う部門等への重要情報の伝達
　　　以下のような場合に、伝達した情報を公表する必要がありますか。
　①　証券会社の投資銀行業務を行う部門との間で組織再編や資金調達等の相談を
　　するために重要情報を伝達する場合
　②　信用格付業者に債券等の格付を依頼する際に重要情報を伝達する場合

法第27条の36第2項関係

(問8) 重要情報の伝達と同時にこれを公表することが困難な場合
　　　法第27条の36第2項に定める「重要情報の伝達と同時にこれを公表することが
　　困難な場合」の内容として、重要情報公表府令第8条第1号では、役員等が取引
　　関係者に意図せず重要情報を伝達した場合が規定されていますが、これは具体的
　　にはどのような場合ですか。
　　　　　　　　　＊　　　　　＊　　　　　＊　　　　　＊　　　　　＊

総論

(フェア・ディスクロージャー・ルールの趣旨・意義)

（問1）フェア・ディスクロージャー・ルールの趣旨・意義はどのようなもの
　　　　ですか。

(答)
　　法第27条の36の規定（いわゆるフェア・ディスクロージャー・ルール。以下「本
ルール」といいます。）は、投資者に対する公平な情報開示を確保するために導入
されたものです。また、本ルールの導入により、発行者側の情報開示ルールが整
備・明確化されることで、発行者による早期の情報開示、ひいては投資家との対話
が促進されるといった積極的意義があるとされています。
　　本ルールの適用を受ける上場会社等におかれましては、本ルールの趣旨・意義を
踏まえ、積極的に情報開示を行うことが期待されています。

法第27条の36第1項関係

(情報管理の範囲)

（問2）上場会社等はどのような情報を本ルールの対象となる情報として管理
　　　　すればよいのでしょうか。

(答)
　　本ルールは、未公表の確定的な情報であって、公表されれば有価証券の価額に重

参考資料2　　199

要な影響を及ぼす蓋然性のある情報を対象とするものです。

　本ルールを踏まえた情報管理については、例えば、上場会社等は、それぞれの事業規模や情報管理の状況に応じ、次のいずれかの方法により重要情報を管理することが考えられます。

① 諸外国のルールも念頭に、何が有価証券の価額に重要な影響を及ぼし得る情報か独自の基準を設けてIR実務を行っているグローバル企業は、その基準を用いて管理する

② 現在のインサイダー取引規制等に沿ってIR実務を行っている企業については、当面、

　　・ インサイダー取引規制の対象となる情報、及び

　　・ 決算情報（年度又は四半期の決算に係る確定的な財務情報をいいます。③において同じ。）であって、有価証券の価額に重要な影響を与える情報を管理する

③ 仮に決算情報のうち何が有価証券の価額に重要な影響を与えるのか判断が難しい企業については、インサイダー取引規制の対象となる情報と、公表前の確定的な決算情報を全て本ルールの対象として管理する

　この３つの方法のうち、最低限の情報管理の範囲は②となります。

（取引関係者に伝達した情報について重要情報に該当するのではないかとの指摘を受けた場合の対応）

（問３）上場会社等がその業務に関して情報を取引関係者に伝達した場合に、当該取引関係者から、当該情報が重要情報に該当するのではないかとの指摘を受けたときには、上場会社等はどのような対応を取ることが考えられますか。

（答）

　上場会社等がその業務に関して情報を取引関係者に伝達した場合に、当該取引関係者から、当該情報が重要情報に該当するのではないかとの指摘を受けたときには、両者の対話を通じて、

① 当該情報が重要情報に該当するとの指摘に上場会社等が同意する場合は、当該情報を速やかに公表する

② 両者の対話の結果、当該情報が重要情報に該当しないとの結論に至った場合は、当該情報の公表を行わない

③ 重要情報には該当するものの、公表が適切でないと考える場合は、当該情報が公表できるようになるまでの間に限って、当該取引関係者に守秘義務及び当該上場会社等の有価証券に係る売買等を行わない義務を負ってもらい、公表を行わない

といった対応を取ることが考えられます。

（企業の将来情報に関する議論等の取扱い）

> （問4）以下のような情報は、本ルールの対象となりますか。
> 　①　中長期的な企業戦略・計画等に関する経営者との議論の中で交わされる情報
> 　②　既に公表した情報の詳細な内訳や補足説明、公表済の業績予想の前提となった経済の動向の見込み
> 　③　他の情報と組み合わさることによって投資判断に影響を及ぼし得るものの、その情報のみでは、直ちに投資判断に影響を及ぼすとはいえない情報（いわゆる「モザイク情報」）

（答）

　本ルールは、未公表の確定的な情報であって、公表されれば有価証券の価額に重要な影響を及ぼす蓋然性のある情報を対象とするものです。

　問にある情報が本ルールの対象となるかどうかについては、それぞれ以下のように考えられます。

①　今後の中長期的な企業戦略・計画等に関する経営者と投資家との建設的な議論の中で交わされる情報は、一般的にはそれ自体では本ルールの対象となる情報に該当しないと考えられます。ただし、例えば、中期経営計画の内容として公表を予定している営業利益・純利益に関する具体的な計画内容などが、それ自体として投資判断に活用できるような、公表されれば有価証券の価額に重要な影響を及ぼす蓋然性のある情報である場合であって、その計画内容を中期経営計画の公表直前に伝達するような場合は、当該情報の伝達が重要情報の伝達に該当する可能性がある点にご留意下さい。

②　既に公表した情報の詳細な内訳や補足説明、公表済の業績予想の前提となった経済の動向の見込みは、一般的にはそれ自体では本ルールの対象となる情報に該当しないと考えられます。ただし、こうした補足説明等の中に、例えば、企業の業績と契約済みの為替予約レートの関係に関する情報であって、その後の実際の為替レートの数値と比較することで容易に今後の企業の業績変化が予測できるような、それ自体として公表されれば有価証券の価額に重要な影響を及ぼす蓋然性のある情報が含まれる場合は、そのような情報は重要情報に該当する可能性がある点にご留意下さい。

③　工場見学や事業別説明会で一般に提供されるような情報など、他の情報と組み合わせることで投資判断に活用できるものの、その情報のみでは、直ちに投資判断に影響を及ぼすとはいえない情報（いわゆる「モザイク情報」）は、それ自体では本ルールの対象となる情報に該当しないと考えられます。

（重要情報の適切な管理のために必要な措置）

> （問5）重要情報公表府令第5条では、重要情報の適切な管理のために必要な措置として、金融商品取引業等以外の業務を遂行する過程において伝達を受けた重要情報を、当該重要情報が公表される前に金融商品取引業等において利用しないための的確な措置が規定されていますが、具体的にはどのような措置を講じる必要がありますか（第1号関係）。

（答）

金融商品取引業等以外の業務を遂行する過程において伝達を受けた重要情報を、当該重要情報が公表される前に金融商品取引業等において利用しないための的確な措置としては、金融商品取引業等以外の業務を遂行する過程において伝達を受けた重要情報を、当該重要情報が公表される前に金融商品取引業等において利用しないための社内規則等（社内規則その他これに準ずるものをいいます。）を整備し、当該社内規則等を遵守するための役員・従業員に対する研修その他の措置を講じる必要があると考えられます。

（親会社への情報伝達の取扱い）

> （問6）重要情報公表府令第7条第1号では、上場会社等の投資者に対する広報に係る業務に関して重要情報の伝達を受ける株主が取引関係者に該当する旨が規定されていますが、上場会社等が株主である親会社に重要情報を伝達する場合にも、上場会社等は当該重要情報を公表しなければならないのでしょうか（第2号関係）。

（答）

上場会社等が他の会社の子会社である場合には、当該上場会社等の属する企業グループの経営管理のために、株主である親会社に重要情報を伝達する場合があると考えられます。このような重要情報の伝達は、通常、「投資者に対する広報に係る業務に関して」行われるものではなく、本ルールの対象とはならないものと考えられます。

（証券会社の投資銀行業務を行う部門等への重要情報の伝達）

> （問7）以下のような場合に、伝達した情報を公表する必要がありますか。
> ① 証券会社の投資銀行業務を行う部門との間で組織再編や資金調達等の相談をするために重要情報を伝達する場合
> ② 信用格付業者に債券等の格付を依頼する際に重要情報を伝達する場合

202 参考資料2

（答）

　上場会社等が本ルールの対象となるような重要情報の伝達を行う場合であっても、伝達の相手方である取引関係者が、法令又は契約により、当該重要情報を上場会社等が公表する前にこれを他に漏らさない義務（守秘義務）及び当該上場会社等の有価証券に係る売買等を行わない義務を負う者である場合には、伝達された重要情報の公表が行われなかったとしても、市場の信頼が害されるおそれは少ないと考えられることから、当該重要情報の公表は不要とされています（法第27条の36第1項ただし書）。

　問にある場合については、以下のように考えられます。

①　証券会社の投資銀行業務を行う部門については、その職員は、金商法令において、法人関係情報に基づいて当該情報に係る有価証券の取引を行うことが禁じられています（法第38条第8号、金商業等府令第117条第1項第16号）。また、証券会社は、金商法令上、法人関係情報の管理について、不公正な取引の防止を図るために必要かつ適切な措置を講じることが求められており（法第40条第2号、金商業等府令第123条第1項第5号）、これを踏まえて制定された日本証券業協会の規則において、業務上、法人関係情報を取得する可能性が高い投資銀行業務を行う部門は、他の部門から物理的に隔離すること等、取得した法人関係情報が業務上不必要な部門に伝わらないよう管理すること、法人関係情報は、一定の場合を除き、伝達を行ってはならない旨を社内規則等で定めることが求められています。

　このため、このような管理体制が整備されている証券会社の投資銀行業務を行う部門への重要情報の伝達については、上場会社等により当該重要情報の公表が行われなかったとしても、市場の信頼が害されるおそれは少ないと考えられます。

②　信用格付業者については、金商法令上、信用格付業の業務に関して知り得た情報につき、目的外利用がされないことを確保するための措置及び秘密漏洩防止を図るための措置をとることが求められていること（法第66条の33第1項、金商業等府令第306条第1項第12号）を踏まえれば、このような措置を講じている信用格付業者に債券等の格付を依頼する際の重要情報の伝達については、上場会社等により当該重要情報の公表が行われなかったとしても、市場の信頼が害されるおそれは少ないと考えられます。

法第27条の36第2項関係

（重要情報の伝達と同時にこれを公表することが困難な場合）

　（問8）法第27条の36第2項に定める「重要情報の伝達と同時にこれを公表することが困難な場合」の内容として、重要情報公表府令第8条第1号では、役員等が取引関係者に意図せず重要情報を伝達した場合が規定されて

参考資料2　203

いますが、これは具体的にはどのような場合ですか。

（答）

　重要情報公表府令第8条第1号にいう「意図せず重要情報を伝達した場合」に該当する場合としては、例えば、上場会社等としては伝達する予定のなかった重要情報を、その役員等がたまたま話の流れで伝達してしまったような場合が考えられます。

平成30年4月1日　制定

資料3

金融商品取引法第二章の六の規定による
重要情報の公表に関する内閣府令（平成29年12月27日）

○内閣府令第54号

　金融商品取引法（昭和23年法律第25号）及び金融商品取引法施行令（昭和40年政令第321号）の規定に基づき、並びに同法及び同令を実施するため、金融商品取引法第二章の六の規定による重要情報の公表に関する内閣府令を次のように定める。

　　平成29年12月27日

内閣総理大臣　　安倍　　晋三

金融商品取引法第二章の六の規定による重要情報の公表に関する内閣府令
（定義）

第1条　この府令において、次の各号に掲げる用語の意義は、当該各号に定めるところによる。

　一　有価証券　金融商品取引法（以下「法」という。）第2条第1項に規定する有価証券及び同条第2項の規定により有価証券とみなされる権利をいう。

　二　オプション　法第2条第1項第19号に規定するオプションをいう。

　三　店頭売買有価証券　法第2条第8項第10号ハに規定する店頭売買有価証券をいう。

　四　登録金融機関　法第2条第11項に規定する登録金融機関をいう。

　五　登録金融機関業務　法第33条の3第1項第6号イに規定する登録金融機関業務をいう。

　六　取扱有価証券　法第67条の18第4号に規定する取扱有価証券をいう。

　七　投資法人　投資信託及び投資法人に関する法律（昭和26年法律第198号）第2条第12項に規定する投資法人をいう。

2　この府令において「有価証券の募集」、「有価証券の売出し」、「金融商品取引業」、「金融商品取引業者」、「認可金融商品取引業協会」、「金融商品取引所」、「信用格付業」、「信用格付業者」、「高速取引行為」又は「高速取引行為者」とは、それぞれ法第2条第3項、第4項、第8項、第9項、第13項、第16項、第35項、第36項、第41項又は第42項に規定する有価証券の募集、有価証券の売出し、金融商品取引業、金融商品取引業者、認可金融商品取引業協会、金融商品取引所、信用格付業、信用格付業者、高速取引行為又は高速取引行為者をいう。

3　この府令において「上場会社等」、「上場投資法人等の資産運用会社」、「役員等」、「取引関係者」、「重要情報」、「上場有価証券等」又は「売買等」とは、それぞれ法第27条の36第1項に規定する上場会社等、上場投資法人等の資産運用会

社、役員等、取引関係者、重要情報、上場有価証券等又は売買等をいう。

（適用除外有価証券等）

第2条　金融商品取引法施行令（以下この条及び第10条において「令」という。）第14条の15第1号に規定する内閣府令で定めるものは、法第2条第1項第5号に掲げる有価証券のうち、次に掲げる要件の全てを満たすものとする。

一　当該有価証券の発行を目的として設立又は運営される法人（次号において「特別目的法人」という。）に直接又は間接に所有者から譲渡（取得を含む。）される金銭債権その他の資産（次号において「譲渡資産」という。）が存在すること。

二　特別目的法人が当該有価証券を発行し、当該有価証券（当該有価証券の借換えのために発行されるものを含む。）上の債務の履行について譲渡資産の管理、運用又は処分を行うことにより得られる金銭を当てること。

2　令第14条の15第2号イに規定する不動産その他の内閣府令で定める資産は、投資信託及び投資法人に関する法律施行規則（平成12年総理府令第129号）第105条第1号へに規定する不動産等資産とする。

3　令第14条の15第2号ロに規定する投資法人として内閣府令で定めるものは、最近営業期間（投資信託及び投資法人に関する法律第129条第2項に規定する営業期間をいう。以下この項において同じ。）の決算又は公表された情報（最近営業期間がない場合又は最近営業期間の決算が確定していない場合に限る。）において投資法人の資産の総額のうちに占める前項に規定する不動産等資産の価額の合計額の割合が100分の50を超える投資法人とする。

（売買等に当たらないもの）

第3条　法第27条の36第1項ただし書に規定する内閣府令で定めるものは、取引関係者（上場会社等若しくは上場投資法人等の資産運用会社又はこれらの役員等が、その業務に関して、取引関係者に、重要情報を伝達（法第27条の36第1項に規定する伝達をいう。第10条第2号イを除き、以下同じ。）した場合における、当該取引関係者に限る。）が、当該重要情報が公表される前に行う行為のうち、次の各号のいずれかに該当する行為であって、当該取引関係者が当該行為を行ったとしても上場会社等に関する情報の開示に対する投資者の信頼を損なうおそれが少ないものとする。

一　上場有価証券等に係るオプションを取得している者が当該オプションを行使することにより上場有価証券等を取得することその他当該重要情報の伝達を受けたことと無関係に行うことが明らかな売買、権利の行使その他これに類する行為

二　会社法（平成17年法律第86号）第116条第1項の規定による株式の買取りの請求若しくはこれに類する行為又は法令上の義務に基づく行為

三　投資者を保護するための法令上の手続に従い行う行為であって、上場会社等において、当該行為以前に、当該取引関係者に対して重要情報を伝達する合理

的な理由があり、かつ、当該重要情報を公表することができない事情があるもの

四　合併、分割又は事業の全部若しくは一部の譲渡若しくは譲受けにより上場有価証券等を承継させ、又は承継する行為

（取引関係者）

第4条　法第27条の36第1項第1号に規定する金融商品取引業者、登録金融機関、信用格付業者又は投資法人その他の内閣府令で定める者は、次に掲げる者とする。

一　金融商品取引業者（投資法人である上場会社等又はその役員等が、その業務に関して、当該上場会社等の資産の運用に係る業務の委託先である上場投資法人等の資産運用会社に重要情報を伝達する場合における、当該上場投資法人等の資産運用会社を除く。）

二　登録金融機関

三　信用格付業者その他信用格付業を行う者

四　投資法人（上場投資法人等の資産運用会社又はその役員等が、その業務に関して、当該上場投資法人等の資産運用会社に資産の運用に係る業務を委託している投資法人である上場会社等に重要情報を伝達する場合における、当該投資法人を除く。）

五　専門的知識及び技能を用いて有価証券の価値等（法第2条第8項第11号イに規定する有価証券の価値等をいう。）又は金融商品の価値等（同号ロに規定する金融商品の価値等をいう。）の分析及びこれに基づく評価を行い、特定の投資者に当該分析又は当該評価の内容の提供を行う業務により継続的な報酬を受けている者

六　高速取引行為者

七　外国の法令に準拠して設立された法人で外国において金融商品取引業、登録金融機関業務、信用格付業、第5号に規定する業務若しくは高速取引行為と同種類の業務を行う者又は投資信託及び投資法人に関する法律第2条第25項に規定する外国投資法人

（重要情報の適切な管理のために必要な措置）

第5条　法第27条の36第1項第1号に規定する内閣府令で定める措置は、前条各号（第4号を除く。）に掲げる者において、金融商品取引業等（金融商品取引業、有価証券に関連する情報の提供若しくは助言を行う業務、登録金融機関業務、信用格付業、前条第5号に規定する業務、高速取引行為又は外国の法令に準拠して設立された法人が外国において行うこれらの業務と同種類の業務をいう。以下この条及び次条において同じ。）以外の業務を遂行する過程において、上場会社等若しくは上場投資法人等の資産運用会社又はこれらの役員等から伝達を受けた重要情報を、当該重要情報が公表される前に金融商品取引業等において利用しないための的確な措置とする。

参考資料3　　207

（金融商品取引業に係る業務に従事していない者）

第6条　法第27条の36第1項第1号に規定する金融商品取引業に係る業務に従事していない者として内閣府令で定める者は、前条に規定する措置を講じている第4条各号（第4号を除く。）に掲げる者において、金融商品取引業等以外の業務に従事する者が金融商品取引業等以外の業務を遂行する過程において重要情報の伝達を受けた場合における当該者とする。

（上場有価証券等に係る売買等を行う蓋然性の高い者）

第7条　法第27条の36第1項第2号に規定する内閣府令で定める者は、上場会社等の投資者に対する広報に係る業務に関して重要情報の伝達を受ける次に掲げる者（第1号から第3号までにあっては、当該者が法人その他の団体である場合における当該法人その他の団体の役員等（上場有価証券等に投資をするのに必要な権限を有する者及び当該者に対して有価証券に関連する情報の提供又は助言を行う者に限る。）を含む。）とする。

一　当該上場会社等に係る上場有価証券等（当該上場会社等が発行するものに限る。）の保有者（当該者が第4条各号に掲げる者である場合にあっては、前条に規定する金融商品取引業に係る業務に従事していない者に限る。）

二　法第2条第3項第1号に規定する適格機関投資家（当該者が第4条各号に掲げる者である場合にあっては、前条に規定する金融商品取引業に係る業務に従事していない者に限る。）

三　有価証券に対する投資を行うことを主たる目的とする法人その他の団体（外国の法令に準拠して設立されたものを含む。）

四　上場会社等の運営、業務又は財産に関する情報を特定の投資者等に提供することを目的とした会合の出席者（当該会合に出席している間に限る。）

（重要情報の伝達と同時にこれを公表することが困難な場合）

第8条　法第27条の36第2項に規定する内閣府令で定める場合とは、次の各号のいずれかに該当する場合とする。

一　上場会社等又は上場投資法人等の資産運用会社の役員等が、その業務に関して、取引関係者に意図せず重要情報を伝達した場合

二　上場会社等若しくは上場投資法人等の資産運用会社又はこれらの役員等が、その業務に関して、取引関係者に重要情報の伝達を行った時において、当該伝達の相手方が取引関係者であることを知らなかった場合

（やむを得ない理由により公表することができない場合）

第9条　法第27条の36第3項ただし書に規定する内閣府令で定める場合は、同条第1項ただし書の場合において、次に掲げるやむを得ない理由により重要情報を公表することができないときとする。

一　取引関係者が受領した重要情報が、上場会社等若しくはその親会社（財務諸表等の用語、様式及び作成方法に関する規則（昭和38年大蔵省令第59号）第8条第3項に規定する親会社をいう。）若しくは子会社（同項に規定する子会社

（同条第 7 項の規定により子会社に該当しないものと推定される特別目的会社を除く。）をいう。以下この号並びに次条第 1 号及び第 2 号において同じ。）又は上場投資法人等の資産運用会社が行い、又は行おうとしている次に掲げる行為に係るものであって、当該重要情報を公表することにより、当該行為の遂行に重大な支障が生ずるおそれがあるとき

イ　合併

ロ　会社の分割

ハ　株式交換

ニ　株式移転

ホ　事業の全部又は一部の譲渡又は譲受け

ヘ　法第27条の 2 第 1 項に規定する公開買付け又は法第27条の22の 2 第 1 項に規定する公開買付け

ト　子会社（上場会社等の子会社が当該行為を行い、又は行おうとしている場合にあっては、孫会社（財務諸表等の用語、様式及び作成方法に関する規則第 8 条第 3 項の規定に基づき上場会社等の子会社としてみなされる会社のうち同項及び同条第 4 項により当該子会社が意思決定機関を支配しているものとされる会社をいう。））の異動を伴う株式又は持分の譲渡又は取得

チ　破産手続開始、再生手続開始又は更生手続開始の申立て

リ　資本若しくは業務上の提携又は資本若しくは業務上の提携の解消

二　取引関係者が受領した重要情報が、上場会社等が発行する法第 2 条第 1 項第 7 号、第 9 号若しくは第11号に掲げる有価証券の募集若しくは売出し又はこれに類する行為に係るものであって、当該重要情報を公表することにより、当該行為の遂行に重大な支障が生ずるおそれがあるとき

（重要情報の公表の方法）

第10条　法第27条の36第 1 項から第 3 項までの規定により重要情報を公表しようとする上場会社等は、次の各号に掲げるいずれかの方法により行わなければならない。

一　上場会社等、当該上場会社等の子会社又は上場投資法人等の資産運用会社が、重要情報が記載された法第25条第 1 項（法第27条において準用する場合を含む。）に規定する書類（同項第11号に掲げる書類を除く。）を提出する方法（当該書類が同項の規定により公衆の縦覧に供された場合に限る。）

二　上場会社等、当該上場会社等の子会社若しくは上場投資法人等の資産運用会社を代表すべき取締役、執行役若しくは執行役員（協同組織金融機関の優先出資に関する法律（平成 5 年法律第44号）第 2 条第 1 項に規定する協同組織金融機関を代表すべき役員を含む。以下この号において同じ。）又は当該取締役、執行役若しくは執行役員から重要情報を公開することを委任された者が、当該重要情報を次に掲げる報道機関の二以上を含む報道機関に対して公開する方法（次に掲げる報道機関のうち少なくとも二の報道機関に対して公開した時から

参考資料3　209

12時間が経過した場合に限る。）

　　イ　国内において時事に関する事項を総合して報道する日刊新聞紙の販売を業
　　　　とする新聞社及び当該新聞社に時事に関する事項を総合して伝達することを
　　　　業とする通信社

　　ロ　国内において産業及び経済に関する事項を全般的に報道する日刊新聞紙の
　　　　販売を業とする新聞社

　　ハ　日本放送協会及び基幹放送事業者（令第9条の4第3号に規定する基幹放
　　　　送事業者をいう。）

　三　上場会社等の発行する有価証券を上場する各金融商品取引所（当該有価証券
　　　が店頭売買有価証券である場合にあっては当該有価証券を登録する各認可金融
　　　商品取引業協会とし、当該有価証券が取扱有価証券である場合にあっては当該
　　　有価証券の取扱有価証券としての指定を行う各認可金融商品取引業協会とす
　　　る。以下この号及び次号において同じ。）の規則で定めるところにより、当該
　　　上場会社等又は上場投資法人等の資産運用会社が、重要情報を当該金融商品取
　　　引所に通知する方法（当該通知された重要情報が、当該金融商品取引所におい
　　　て日本語で公衆の縦覧に供された場合に限る。）

　四　上場会社等であってその発行する令第14条の16各号に掲げる有価証券が全て
　　　特定投資家向け有価証券（法第4条第3項に規定する特定投資家向け有価証券
　　　をいう。）である者の発行する有価証券を上場する各金融商品取引所の規則で
　　　定めるところにより、当該上場会社等又は上場投資法人等の資産運用会社が、
　　　重要情報を当該金融商品取引所に通知する方法（当該通知された重要情報が、
　　　当該金融商品取引所において英語で公衆の縦覧に供された場合に限る。）

　五　上場会社等がそのウェブサイトに重要情報を掲載する方法（当該ウェブサイ
　　　トに掲載された重要情報が集約されている場合であって、掲載した時から少な
　　　くとも1年以上投資者が無償でかつ容易に重要情報を閲覧することができるよ
　　　うにされているときに限る。）

　　附　則
この府令は、平成30年4月1日から施行する。

資料4

金融庁　コメントの概要及びコメントに対する金融庁の考え方
（「フェア・ディスクロージャー・ルール」の関連部分）
（平成29年12月27日）

凡　例

　本「コメントの概要及びコメントに対する金融庁の考え方」においては、以下の略称を用いています。

正式名称	略　　称
金融商品取引法	法
金融商品取引法の一部を改正する法律（平成29年法律第37号）	改正法
金融商品取引法施行令	施行令
金融商品取引法第2条に規定する定義に関する内閣府令	定義府令
金融商品取引業等に関する内閣府令	金商業等府令
金融商品取引業等に関する内閣府令別紙様式	別紙様式
金融商品取引法第2条に規定する定義に関する内閣府令等の一部を改正する内閣府令（平成29年内閣府令第55号）	改正府令
金融商品取引法第2章の6の規定による重要情報の公表に関する内閣府令	重要情報公表府令
投資信託及び投資法人に関する法律施行規則	投信法施行規則
高速取引行為となる情報の伝達先を指定する件	告示
金融商品取引法第27条の36の規定に関する留意事項（フェア・ディスクロージャー・ルールガイドライン）	ガイドライン
金融商品取引業者等向けの総合的な監督指針	監督指針
金融商品取引業者等向けの総合的な監督指針（別冊）高速取引行為者向けの監督指針	高速取引行為者向けの監督指針

参考資料4　211

「フェア・ディスクロージャー・ルール」の関連部分

No.	コメントの概要	金融庁の考え方
	●フェア・ディスクロージャー・ルール（上場会社による公平な情報開示）	
	▼総論	
199	フェア・ディスクロージャー・ルール（以下「FDルール」という。）が導入されることとなったことについて評価したい。公平な情報開示を確保するというルールは、全ての投資家が安心して取引できるために極めて重要な制度であり、資本市場の健全な発展に資するものと考える。 　FDルールは、発行者による早期の情報開示を促進し、ひいては投資家との対話を促進するものである。そのためには、FDルールによる公平な情報開示が「縮小均衡」で達成されるのではなく、「拡大均衡」で達成されるようにするべきである。 　金融庁においても、引き続き企業等に対し、「重要情報」の範囲をはじめFDルールについての周知徹底を、強くお願いしたい。	FDルールの趣旨にご理解いただきありがとうございます。 　FDルールの導入には、発行者による公平な情報開示を確保するとともに、発行者側の情報開示ルールが整備・明確化されることで、発行者による早期の情報開示が促進され、その結果として投資家との対話も促進されるといった積極的意義があるとされています。上場会社等においては、FDルールの趣旨・意義を踏まえ、引き続き積極的に情報開示を行うことが期待されています。 　当庁においても、FDルールの意義やその内容についての理解が深まるよう、企業等への周知を図っていきます。
200	FDルール導入後、ルールに抵触する事象が発生した場合や実務の積上げの中でガイドラインの修正が発生した場合、事例内容について、明示してほしい。また、引き続き、ルール作りに上場会社等が関わることができるよう配慮してほしい。その際、重要情報の範囲を可能な限り明確にして頂くこと、また過度に広がることがないよう、十分な配慮をお願いしたい。	FDルールの実施に当たっては、上場会社等と投資家との対話の中で、実務の積上げを図っていくことが望ましいと考えられているところであり、上場会社等においては、何が重要情報に該当するかについて投資家と積極的に対話することが期待されています。 　FDルールを踏まえた発行者側での重要情報の管理方法についてはガイドライン案問2において、また、

212　参考資料4

201	「重要情報」に該当する可能性に疑義があり、当局に連絡する場合、どこに連絡・相談することになるのか。	伝達された情報が重要情報に該当するとの指摘を受けたときの対応については同案問3において記載していますが、ルールに関する情報提供やご質問は、上場会社等が有価証券報告書を提出している財務局等において受け付けます。金融庁・財務局では、上場会社等やFDルールの運用実態を把握するとともに、今後の実務の積上げを踏まえ、FDルールの理解に資するよう、必要な情報提供などに努めていきます。
202	上場会社等と投資家との対話の中で、FDルールの実務の積上げを図っていくに当たり、金融庁としても①「重要情報」の事例について、双方のコンセンサスが得られなかった事例や特異事例などについて、「事例集」の公表による情報の共有②これまでは開示されていた情報の開示を拒むような事例の把握③上場会社等によるディスクロージャーポリシーの開示の推奨などに取り組んで頂きたい。	

▼その発行者が上場会社等となる有価証券の範囲（施行令第14条の16）		
203	FDルールの対象から、指定外国金融商品取引所に上場されている有価証券が除外されているのは、当該有価証券が、指定外国金融商品取引所に上場されている場合、当該取引所の所在地国の重要情報公表に関する法令等が、一次的に適用されるためとの理解でよいか。	ご理解のとおりです。

▼売買等に当たらないもの（重要情報公表府令第3条）		
204	法第166条第6項各号のインサイダー取引規制の適用除外となる取引と重要情報公表府令第3条の売買等に当たらないものが一致していない理由は何か。	重要情報公表府令第3条各号においては、FDルールを踏まえ、上場会社等から取引関係者に対して重要情報の伝達が行われることが想定される行為について規定しております。
205	上場有価証券等に含まれる上場会社等が発行する短期社債（電子	電子CPの現先取引にもとづく取得行為は重要情報公表府令第3条第

参考資料4　213

	ＣＰ）の現先取引にもとづく取得行為は、現先取引の約定時点で確定するものであり、重要情報公表府令第3条第1号に含まれるのか。	1号の行為に該当すると考えられます。
206	重要情報公表府令第3条第3号で規定している「投資者を保護するための法令上の手続に従い行う行為」とは、具体的にどのような行為を想定しているのか。	重要情報公表府令第3条第3号で規定している「投資者を保護するための法令上の手続に従い行う行為」としては、公開買付けに対抗するため上場会社等の取締役会が決定した要請に基づき行われる、いわゆる防戦買いが想定されます。

▼取引関係者及び上場有価証券等に係る売買等を行う蓋然性の高い者（重要情報公表府令第4条及び第7条）

207	重要情報公表府令に規定する取引関係者の範囲に、金融商品取引業者や登録金融機関としての登録を行っていない独立系のＭ＆Ａアドバイザリー会社やコンサルティング会社が含まれていない。これらの者が、例えば証券会社の投資銀行部門と同様の財務アドバイザリー業務等を行っている場合も、取引関係者に含まれないとの理解でよいか。	重要情報公表府令第4条各号に掲げる者又はその役員等に該当しない者については、同府令第7条に該当しない限り、ＦＤルールの取引関係者に含まれません。
208	取引関係者について、重要情報公表府令第4条では「登録金融機関」、同府令第7条では「適格機関投資家」が規定されているが、法人が、「登録金融機関」兼「適格機関投資家」である場合については、その役員等は、法第27条の36第1項第1号と同項第2号の双方に該当するとの理解でよいか。	登録金融機関であり、かつ適格機関投資家でもある者の役員等については、その担当する業務に応じ、それぞれの規定の適用を受けることになると考えられます。その旨を明らかにするため、重要情報公表府令第7条の規定を修正いたします。
209	重要情報公表府令第4条第5号に規定する者とは、具体的にどのような者を想定しているのか、また、投資助言業者は同条第1号に該当する	重要情報公表府令第4条第5号に規定する者は、独立した立場でアナリスト業務を行う、金融商品取引業の登録を受けていない者を想定して

	のか。	います。また、投資助言業者については、金融商品取引業者に該当するため、同条第1号に該当します。
210	重要情報公表府令第7条第3号に該当するのは、法人の主たる目的として有価証券に対する投資を規定している法人等（富裕層が個人ではなく法人として投資を行うため設立する法人等）だけでなく、一般の事業会社が、事業戦略としてM&A等を盛んに行った結果、買収した会社の株式が総資産に占める割合が過半となった場合も、同号に該当するのか。	ある法人その他の団体が、重要情報公表府令第7条第3号に該当するかどうかについては、当該法人その他の団体の定款等において有価証券に対する投資が主たる目的として掲げられているかどうかのみならず、当該法人その他の団体の業務内容も踏まえて判断されます。　このため、本質的に投資以外の事業を行う会社であって、有価証券への純投資を目的としない会社であれば、同号には該当しないものと考えられます。
211	生命保険会社の営業担当者が、保険募集や融資営業の過程において、顧客である上場会社等の重要情報の伝達を受ける場合、重要情報公表府令第7条に規定する「上場会社等の投資者に対する広報に係る業務に関して」重要情報の伝達を受けたものではないため、同条に掲げる「取引関係者」に該当しないとの理解でよいか。	生命保険会社の営業担当者が、顧客である上場会社等の投資家に対する広報とは関連しない形で、保険募集や融資営業の過程において重要情報の伝達を受ける場合については、重要情報公表府令第7条の「取引関係者」には該当しないものと考えられます。
212	決算説明会の個人への公開（インターネットを介してのストリーミング配信等による）を直接的に企業に奨励することまではしないとしても、決算説明会の場で未公開の重要情報を説明会参加者に対してのみ開示することはFDルールの違反になることを明確に企業に対して広く周知してほしい。	上場会社等の決算説明会は、重要情報公表府令第7条第4号に掲げる「運営、業務又は財産に関する情報を特定の投資者等に提供することを目的とした会合」に該当するものと考えられます。　このため、当該決算説明会において書面や口頭での説明・質疑応答で重要情報を伝達する場合や意図せず伝達した場合には、FDルールに基づく公表が必要となります。

参考資料4　215

		上場会社等においては、FDルールの趣旨・意義を踏まえ、引き続き積極的に情報開示を行うことが期待されています。
213	重要情報公表府令第7条柱書の「法人その他の団体の役員等」には、どのような者が含まれるのか。	「法人その他の団体の役員等」とは、役員やファンドマネージャー、アナリスト等を想定しています。ご意見を踏まえ、その趣旨が明確になるよう、規定の文言を「上場有価証券等に投資をするのに必要な権限を有する者及び当該者に対して有価証券に関連する情報の提供又は助言を行う者」に修正いたします。
214	重要情報公表府令第7条第4号の「投資者等」にはマスコミや報道関係者は含まれないのか。	重要情報公表府令第7条第4号に規定する会合の範囲に関するご質問と考えられますが、同号に規定する会合とは、上場会社等が企業内容を理解してもらうことを通じて投資を促すIR目的の会合であることから、こうした目的を有しない会合は、同号に規定する会合の範囲には含まれないものと考えられます。
215	重要情報公表府令第7条第4号では「当該会合に出席している間に限る」と規定されているが、同号に規定する会合後に個別に質問した事項についても、「当該会合に出席している間」に含まれるのか。	重要情報公表府令第7条第4号に規定する会合は、上場会社等が企業内容を理解してもらうことを通じて投資を促すIR目的の会合であることから、ご指摘のようなケースにおいても、上記のような目的をもって行うものであれば、同号に規定する会合に含まれるものと考えられます。
	▼重要情報の適切な管理のために必要な措置等（重要情報公表府令第5条及び第6条)	
216	銀行は、上場会社等から外国企業買収に係る融資の相談を受けることがあり、当該上場会社等に対して通	上場会社等から、重要情報の伝達を伴う融資の相談を受けた際に、金利や為替に関する店頭デリバティブ

216　参考資料4

	貨の金利上昇リスクや為替変動リスクをヘッジする目的で金融商品取引業等（登録金融機関業務）に該当する店頭デリバティブ取引を提案することがある。 　このような提案を行うことは重要情報公表府令第5条の「金融商品取引業等において利用」することにはならないとの理解でよいか。	取引を提案することは、重要情報公表府令第5条の「金融商品取引業等において利用」することにはならないものと考えられます。
217	登録金融機関である銀行が、登録金融機関業務としてではなく、銀行法上の固有業務である融資業務、又は登録金融機関業務には該当しない銀行法第10条第2項の付随業務（例えばアドバイザリー業務）を行う場合、当該業務に従事する者は、重要情報公表府令第6条の「金融商品取引業に係る業務に従事していない者」に該当し、同府令第5条の「的確な措置」が講じられていれば、法第27条の36第1項の「取引関係者」に該当しないとの理解でよいか。	銀行が、登録金融機関業務としてではなく、融資業務や登録金融機関業務に該当しない付随業務を行う場合、重要情報公表府令第5条に規定する措置が講じられていれば、これらの業務に従事する者は取引関係者に該当しないと考えられます。
218	金融商品取引業者、登録金融機関、信用格付業者、投資法人の代理人弁護士が、ドキュメンテーション・交渉等の履行の過程で上場会社等より重要情報の伝達を受けた場合、当該代理人弁護士は、金融商品取引業者の代理人となるのか、それとも金融商品取引業等以外の業務を行う者となるのか。 　また、この場合、弁護士法上の守秘義務と法第27条の36第1項ただし書の守秘義務及び取引をしてはならない義務との関係はどうなるのか。	法第27条の36第1項第1号は、取引関係者に該当する者として、金融商品取引業者等又はその「役員等」を規定しており、「役員等」には代理人も含まれることから、弁護士が、金融商品取引業者等の行う金融商品取引業等に関する代理人として職務を行う場合、取引関係者に該当すると考えられます。 　この場合、法第27条の36第1項ただし書の適用を受けるためには、当該代理人弁護士に守秘義務が課されていることに加え、代理業務を依頼した金融商品取引業者等に守秘義務が課されていることが求められると

参考資料4　217

	共に、両者に売買等をしてはならない義務が課されていることが求められると考えられます。

▼重要情報の伝達と同時に公表することが困難な場合（重要情報公表府令第8条）

219	上場会社等が、「意図せず重要情報を伝達」、いわば「うっかり漏洩」、をした場合、重要情報公表府令第8条第1号で「同時」でなく「速やかに」公表することが求められているが、伝達を受けた側がインサイダー取引規制の適用を受けるリスクがある以上、このような「うっかり漏洩」を許容すべきではないのではないか。	取引関係者に意図せず重要情報を伝達した場合については、当該重要情報の伝達と同時にこれを公表することが困難と考えられるため、重要情報公表府令第8条第1号において、「速やかに」公表することが求められる場合として規定しているものです。
220	伝達した相手方の組織において重要情報の適切な管理のために必要な措置が講じられていたと相当な理由をもって考えて伝達したところ、実際には管理措置が不適切であったような場合は、重要情報公表府令第8条第2号の「取引関係者であることを知らなかった場合」に該当するのか。	個別事例ごとに実態に即して判断されるべきものではありますが、情報伝達の相手方において重要情報の適切な管理のために必要な措置が講じられていると考えて伝達したところ、実際には管理措置が不適切であったような場合については、「取引関係者に重要情報の伝達を行った時において、当該伝達の相手方が取引関係者であることを知らなかった場合」（重要情報公表府令第8条第2号）に該当し得るものと考えられます。

▼やむを得ない理由により公表することができない場合（重要情報公表府令第9条）

221	重要情報公表府令第9条第2号で、法第2条第1項第5号（社債券）を除いたのはなぜか。	重要情報公表府令第9条第2号においては、意図しないタイミングで有価証券の募集等に係る情報を公表することにより、投機的な売買等により有価証券の価額が変動し、当初予定していた資金調達が行えない可能

218　参考資料4

		性があるような有価証券の募集等を規定しています。
		社債券の募集等に関しては、上記のような可能性があるとは必ずしもいえないため、同号においては規定しないこととしています。
222	重要情報公表府令第9条第2号に規定する行為に、外国会社による証券の発行に係る行為は含まれるのか。	外国会社については、我が国の金融商品取引所にその発行する証券又は証書を上場している外国会社であって、指定外国金融商品取引所に当該証券又は証書を上場していない者が「上場会社等」に該当します（施行令第14条の16第3号）。当該外国会社の発行する証券又は証書に係る募集等の行為は、重要情報公表府令第9条第2号の「これに類する行為」に含まれるものと考えられます。
223	上場会社等が公開買付けの対象となっている場合は、重要情報公表府令第9条の「やむを得ない理由により公表することができない場合」に含まれているのか。	上場会社等が公開買付けの対象となっている場合について、重要情報公表府令第9条第1号リの資本又は業務上の提携に該当する場合には、重要情報を公表することにより、その行為の遂行に重大な支障が生ずるおそれがあるのであれば、「やむを得ない理由により公表することができない場合」に該当するものと考えられます。
224	重要情報公表府令第9条に規定する、やむを得ない理由により重要情報を公表することができない場合として、会社法上の組織再編、株式等の発行による資金調達等が挙げられているが、以下の行為についても、公表すれば会社に不利益が生じるおそれがあり、「やむを得ない理由」	ご意見を踏まえ、重要情報公表府令第9条第1号に、取引関係者が受領した情報が、①〜④の組織再編等や、上場会社等の親会社及び子会社並びに外国会社及び投資法人等が行う組織再編等に係るものである場合も含まれるよう修正いたします。 なお、現時点において重要情報公

参考資料4　　219

	として追加してほしい。 ① 非上場会社の買収 ② 第三者割当増資や外国での公開買付けによる子会社化 ③ 民事再生・会社更生の申立て ④ 子会社株式の現物分配による子会社のスピンオフ ⑤ 子会社が行い、又は行おうとする行為 ⑥ 親会社が行い、又は行おうとする行為	表府令第9条で規定する必要があると考えられるものについては、ご意見を踏まえた修正により手当てしていることなどから、今回は包括条項を設けないこととしております。
225	重要情報公表府令第9条に関し、事業活動が複雑化する中では、限定列挙された行為以外にも、「当該重要情報を公表することにより、当該行為の遂行に重大な支障が生ずる」ケースが発生する可能性があることから、同条に、包括条項を設けてほしい。	
226	「募集若しくは売出し又はこれに類する行為」とあるが、「類する行為」とは、例えば施行令第1条の7の3に掲げる行為等であって、当該行為等を事前に公表することで、発行若しくは売却に重大な支障が生じるおそれがあることが想定されるものが含まれるとの理解でよいか。	個別事例ごとに実態に即して判断されるべきものではありますが、ご指摘のような行為が募集又は売出しに類似する形態で行われる場合には、重要情報公表府令第9条の規定に該当し得るものと考えられます。
227	上場会社等が自社のM&Aやエクイティファイナンスを相談している証券会社等の取引関係者がこうした活動に関する重要情報を、他の取引関係者に伝達したことを把握した場合でも、重要情報公表府令第9条に規定する「やむを得ない理由」があれば、上場会社等がその重要情報を公表しないことを許容しているが、	FDルール・タスクフォースにおいては、進行中のM&Aやエクイティファイナンスに関する情報がルールの対象となる情報受領者から漏れたような場合など、当該案件の進捗度合いによっては、当該情報を公表することが困難な場合もあり得るとの指摘がされました。 　このような指摘を踏まえ、法第27

	このような理由があっても、重要情報を知っている者がインサイダー取引規制の適用を受けるリスクがある以上、情報の公表を求めるべきではないか。	条の36第3項ただし書では、上場会社等が、守秘義務を負って上場会社等から重要情報の伝達を受けた取引関係者が、守秘義務に違反して当該重要情報を他の取引関係者に漏らしたことを知った場合であっても、「やむを得ない理由により当該重要情報を公表することができない場合その他の内閣府令で定める場合」には公表が不要とされているものです。

▼重要情報の公表の方法（重要情報公表府令第10条）

228	重要情報の公表方法について、重要情報公表府令第10条第2号柱書の「（次に掲げる……12時間が経過した場合に限る。）」は削除すべきではないか。インサイダー取引規制の場合には、公表後に取引できるとの効果を生じさせるために、日刊紙等の報道機関への伝達から12時間の経過が必要になるが、FDルールにおいての公表はこのような効果を生じさせることはないと考える。	FDルールは、投資家に対する公平かつ適時な情報開示を確保し、全ての投資家が安心して取引できるようにするためのルールです。このため、特定の者に重要情報を提供する際に、同時又は速やかに他の投資家にも当該情報を提供するには、他の投資家に周知される方法で当該重要情報を提供する必要があります。 報道機関への公開による情報の公表方法については、当該情報が他の投資家に周知されるには12時間の経過が必要と考えられていることから、投資家間の公平を確保する観点から、2以上の報道機関への公開から12時間が経過することを要件としております。
229	重要情報の公表方法として、EDINETやTDnetを利用する方法のほか、上場会社等のウェブサイトに掲載する方法も認められているが、「重要情報が集約されている場合」とは具体的にはどのような状況か。また、「容易に重要情報を閲覧す	上場会社等は、重要情報を公表する際は分かりやすい方法で公表することが求められています。 「重要情報が集約されている場合」とは、投資家が重要情報を閲覧しやすいよう、上場会社等のウェブサイト上で見やすく、まとめて提供

参考資料4　221

	ることができるようにされているとき」とは、上場会社等のウェブサイトのトップページへの掲載は必須ではなく、トップページ等から遷移するなどして重要情報を投資家が合理的に発見できる場合も含まれるとの理解でよいか。	されている状態をいいます。例えば、タイトルに「IR情報」とあるカテゴリーの中に全ての重要情報が掲載されていれば、原則として「重要情報が集約されている場合」に該当するものと考えられます。 　「容易に重要情報を閲覧することができるようにされているとき」とは、例えば、当該重要情報を閲覧するために会員登録を行う必要がない場合など、投資家が特別の行為をすることなく、当該重要情報が記載されたページにアクセスすることができる場合をいいます。
230	重要情報公表府令第10条第5号において、ウェブサイトに掲載したときから「1年以上投資者が無償でかつ容易に重要情報を閲覧することができるようにされているとき」に限定しているが、期間を設定している趣旨は何か。 　また、上場会社等が、不測の事態により実際には1年間継続して掲載できなかったとしても、遡って未公表と扱われるものではない（会社法第940条、第941条に規定するような、電子公告の公告期間中の調査等に類似する厳密さは求められない）との理解でよいか。	FDルールにおける公表方法については、投資家に対する公平かつ適時な情報開示を確保する観点から、投資家が、いつでも、上場会社等のウェブサイトに掲載された重要情報に容易にアクセスできるよう、当該重要情報が一定期間継続して掲載されていることが必要と考えられます。 　このため、他の公表方法によって重要情報を公表した場合に当該重要情報を閲覧することのできる期間との関係も考慮して、「少なくとも1年以上」との要件を設けています。この場合、「少なくとも1年以上」とは、ウェブサイトに掲載した時点で上場会社等において当該重要情報を1年以上継続して掲載する態勢がとられていれば足り、その後に不測の事態等により当該重要情報が閲覧できない期間が生じたとしても、遡って公表が行われていなかったことにはならないものと考えられます。
231	重要情報公表府令第10条第5号に規定する公表方法として認められるのはウェブサイトへの掲載だけであり、ツイッターその他のSNSの場合は「公表」の方法としては認められないとの理解でよいか。それともウェブサイトと同様のものとして実質	

222　参考資料4

		的に許容する余地があるのか。	また、FDルール・タスクフォースでは、FDルールにおける公表方法について、我が国におけるSNSの利用状況を考慮した上で、上場会社等が開設したウェブサイトによる情報開示を想定した報告がとりまとめられたところです。

232	決算説明会等の様子を音声・動画としてウェブサイトに掲載する方法は、重要情報公表府令第10条第5号に規定するウェブサイトに重要情報を掲載する方法として認められるとの理解でよいか。	また、FDルール・タスクフォースでは、FDルールにおける公表方法について、我が国におけるSNSの利用状況を考慮した上で、上場会社等が開設したウェブサイトによる情報開示を想定した報告がとりまとめられたところです。 なお、公表の方法は文章のみに限られず、映像や音声による方法も含まれます。例えば、 ・取引関係者への伝達と同時にウェブサイトでその動画を流すようなウェブキャストによる方法については、予めウェブキャストによる公表が行われる日時等が投資家に周知されており、投資家が容易に視聴できる措置が取られている場合、 ・取引関係者との会合後に当該会合についての映像・音声をウェブサイトに掲載する方法については、少なくとも1年以上、当該映像・音声をウェブサイトに掲載している場合 には、重要情報公表府令第10条第5号に基づく公表として認められると考えられます。

233	上場会社等がそのウェブサイトに重要情報を掲載する方法については、外国語のみによる掲載は可能か。	上場会社等がそのウェブサイトに重要情報を掲載する方法は、通常、日本語により掲載されるものと考えられます。ただし、プロ向け市場についての、英語のみによる掲載を認めることが適当な場合の有無等については、今後検討していきます。

234	法第27条の36第1項柱書に規定する「公表されていない重要な情報」	ご理解のとおりです。

参考資料4　223

	の「公表」とは法第166条第4項及び施行令第30条に規定する公表に限られず、法第27条の36第4項及び重要情報公表府令第10条に定める方法による公表が含まれるとの理解でよいか。	
235	情報提供者が明らかにされないスクープや観測記事は、時には誤報道で投資家等を混乱させることもある。全米IR協会の実務指針では、報道機関についてもRegulation FDの対象となる情報受領者と同様に扱うべきだとされており、我が国でも「特定の報道機関」への「選択的開示」を実施する場合、「自社ウェブサイトへの掲載」を併せて実施することをガイドライン等で推奨してほしい。	今回策定されたFDルールにおいては、法が資本市場に関わる者を律する法律であることも踏まえ、ルールの対象となる情報受領者の範囲として、有価証券の売買に関与する蓋然性が高いと想定される者を規定しています。 なお、上場会社等において、重要情報を公表する前に、当該重要情報が報道されたようなケースにおいては、金融商品取引所が定める適時開示規則により、不明確な情報の真偽を明らかにする開示を求められております。
●投信法施行規則		
236	投信法施行規則第244条第1項第3号ハに記載の「支配人その他の重要な使用人」とは、会社法第362条第4項第3号（監査等委員会設置会社においては会社法第399条の13第4項3号）に規定する、取締役会決議による選任が義務付けられている「支配人その他の重要な使用人」と同義であるとの理解でよいか。 なお、指名委員会等設置会社においては、会社法上、取締役会の専決事項として「支配人その他の重要な使用人」の選任が定められておらず、実務上は取締役会決議によって委任を受けた執行役が「支配人その	ご理解のとおりです。

224　参考資料4

他の重要な使用人」の選任を行うことが想定される。この場合、取締役会決議によって委任を受けた執行役により選任される「支配人その他の重要な使用人」が投信法施行規則第244条第1項第3号ハに記載の「支配人その他の重要な使用人」に当たるとの理解でよいか。

　保険業法第2条に定める相互会社が投資法人の資産運用会社の親会社等または主要株主である場合については、保険業法第53条の14第4項第3号（監査等委員会設置会社においては第53条の23の3第4項第3号）に規定する、取締役会決議による選任が義務付けられている「支配人その他の重要な使用人」が、投信法施行規則第244条第1項第3号ハに規定する「支配人その他の重要な使用人」と同義であるとの理解でよいか。

　なお、相互会社が指名委員会等設置会社である場合については、前述の会社法における指名委員会等設置会社と同様に、取締役会決議によって委任を受けた執行役により選任される「支配人その他の重要な使用人」が投信法施行規則第244条第1項第3号ハに記載の「支配人その他の重要な使用人」に当たるとの理解でよいか。

主な参考文献

（URLのキャプチャーは2018年2月15日現在）

[単行本]

大崎貞和『フェア・ディスクロージャー・ルール』日経文庫、2017年

米山徹幸『大買収時代の企業情報』朝日新聞社、2006年

吉川満『投資家に信頼される公正開示』財経詳報社、2001年

アーサー・レビッド『ウォール街の大罪―投資家を欺く者は許せない！』日本経済
　新聞社、2003年

第1章　フェア・ディスクロージャー・ルールを知る

金融審議会［2016ａ］情報の公平・公正な開示についてのルール「ディスクロー
　ジャーワーキング・グループ報告―建設的な対話の促進に向けて―」（平成28年
　（2016年）4月18日）

金融審議会［2016ｂ］市場ワーキング・グループ　フェア・ディスクロージャー・
　ルール・タスクフォース報告〜投資家への公平・適時な情報開示の確保のため
　に〜（平成28年（2016年）12月7日）

金融商品取引法第二章の六の規定による重要情報の公表に関する内閣府令（平成29
　年（2017年）12月27日）

未来投資会議構造改革徹底推進会合「企業関連制度改革・産業構造改革―長期投資
　と大胆な再編の促進」会合（第5回）配布資料　金融庁資料4－1（平成29年
　（2017年）3月10日）

金融庁総務企画局　金融商品取引法第27条の36の規定に関する留意事項について
　（フェア・ディスクロージャー・ルールガイドライン）（平成30年（2018年）4月
　1日制定）

「持続的成長への競争力とインセンティブ〜企業と投資家の望ましい関係構築〜」
　プロジェクト（伊藤レポート）（平成26年（2014年）8月）

日本IR協議会「IR活動の実態調査2015調査結果報告書」（2015年4月）

Financial Times［2014ａ］'Nikkei previews' spur complaints of home advantage
　in Tokyo'（August 4, 2014）

Financial Times［2014ｂ］'Tokyo Stock Exchange acts on apparent media leaks'
　（August 27, 2014）

ブルームバーグ［2014］「日本株の風物詩、日経業績予想記事に飛び付く―正解率
　を信頼」（2014年8月7日）

池田祐久「スクープ報道対応のグローバル実務」（商事法務No.2014、2013年11月15
　日）

大崎貞和［2017ａ］「骨子が決まったフェア・ディスクロージャー・ルール」（「金
　融ITフォーカス」野村総合研究所、2017年1月号）

大崎貞和［2017ｂ］「フェア・ディスクロージャー・ルールを機能させるには」（「月刊資本市場」（2017年３月）

大崎貞和［2017ｃ］「日本版フェア・ディスクロージャー・ルールとその課題」（「証券アナリストジャーナル」日本証券アナリスト協会、2017年３月号）

大崎貞和［2017ｄ］「フェア・ディスクロージャー・ルールにどう対応すべきか」（「金融ITフォーカス」野村総合研究所、2017年８月号）

大崎貞和［2017ｅ］「詳細が示されたフェア・ディスクロージャー・ルール」（野村総合研究所、2017年10月26日）（http://fis.nri.co.jp/ja-JP/knowledge/commentary/2017/20171026_2.html）

大崎貞和［2018］「FDルールガイドラインについて」（野村総合研究所、2018年２月８日）（http://fis.nri.co.jp/ja-JP/knowledge/commentary/2018/20180208.html）

広報会議「大特集、報道対応W＆A」（宣伝会議、2017年４月号）

荻野昭一「平成29年金商法改正によるフェア・ディスクロージャー・ルールの導入」（「月刊資本市場」2017年７月）

横山淳［2017ａ］「フェア・ディスクロージャーの論点」（大和総研、2017年２月23日）

横山淳［2017ｂ］「いわゆるスクープ報道と適時開示を巡って」（大和総研、2014年６月20日）

横山淳［2017ｃ］「フェア・ディスクロージャー・ルールの導入」（大和総研、2017年６月８日）

横山淳［2017ｄ］「フェア・ディスクロージャー・ルール」（大和総研、2017年７月７日）

横山淳［2017ｅ］「日証協によるアナリストの取材等に関するガイドライン」（大和総研、2016年10月21日）

横山淳［2017ｆ］「フェア・ディスクロージャー・ルール細則案の概略」（大和総研、2017年11月８日）

第２章　米国のレギュレーションFDを知る

BrunswickGroup［2009］'Brunswick Group Releases Survey Findings on New Media Usage by Investment Community〜Survey of Institutional Investors and Sell-Side Analysts Identifies Information Direct from Companies as Most Influential〜　〜Impact of Blogs, Social Networks Limited but Growing〜'（http://www.niri.org/findinfo/Social-Media/Survey-Findings-on-New-Media-Usage-by-Investment-Commmunity.aspx）

Burson-Marsteller［2009］"Burson Being More Blog –Burson-Marsteller and Proof Digital Fortune 100 Social Media Study-,"（http://www.burson-marsteller.com/bm-blog/burson-marsteller-and-proof-digital-fortune-100-social-media-study/）

COB 'L'UTILISATION DES INFORMATIONS détenues par les analystes financiers' Bulletin Mensuel -Octobre 2000- n° 350

Davies, Howard 'Information Flow and Market Integrity' Bloomberg Lunch, 25 Oct 2000 (http://www.fsa.gov.uk/library/communication/speeches/2000/sp61.shtml)

Daniels, George B. 'MEMORANDUM DECISION AND ORDER' by DANIELS, District Judge. United States District Court, S.D. New York. (1 Sep, 2005) (https://www.casemine.com/judgement/us/5914b603add7b049347765bc)

Gomes, A, Gorton, G. and Madureira, L. 'SEC Regulation Fair Disclosure, Information, and the Cost of Capital' July 8, 2004 (www.nber.org/papers/w10567)

IRS [2012 a] "Best practice guidelines for Social Media" (http://www.irs.org.uk/ resources/social-media)

IRS [2012 b] "Best Practice Guidelines Using Social Media in an IR context" (http://www.irs.org.uk/files/Using_Social_Media_in_an_IR_context.pdf)

LederMark [2010] "Despite regulatory Impediments,financial services are using Social Media to network and gain business" (http://www.ledermark.com/financial_marketing_news/regulatory-impediments-financial-services-social-media-networking/)

Ipreo 'New Practices in Corporate Earnings Releases: An Old Format Meets Some New Thinking' (Better IR Newsletter, May/June 2015) (https://ipreo.com/blog/better-ir-newsletter-may-2015/)

Levitt, Arthur [1998] "A Question of Integrity: Promoting Investor Confidence by Fighting Insider Trading", "S.E.C. Speaks" Conference, February 27, 1998 (https://www.sec.gov/news/speech/speecharchive/1998/spch202.txt)

Levitt, Arthur [1999] 'Quality Information: The Lifeblood of Our Markets' The Economic Club of New York, New York City, October 18, 1999 (https://www.sec.gov/news/speech/speecharchive/1999/spch304.htm)

NIRI 'Standards of Practice Volume III-Disclosure 2012' April 2012

Q4Web Systems [2009] "Q4 Whitepaper: Public Companies and their use of Twitter for Investor Relations: Q2 2009" (http://www.q4websystems.com/Best-Practices/Whitepapers/default.aspx)

SEC [2000 a] SEC Proposed Rule: Selective Disclosure and Insider Trading (01/10/2000) (https://www.sec.gov/rules/proposed/34-42259.htm)

SEC [2000 b] SEC News Supplement: Opening Statement of Chairman Arthur Levitt Open Meeting on Regulation Fair Disclosure August 10, 2000 (https://www.sec.gov/news/extra/seldisal.htm)

SEC [2000 c] "Final Rule: Selective Disclosure and Insider Trading" August 15,

2000 Release Nos. 33-7881（https://www.sec.gov/rules/final/33-7881.htm）

SEC［2000 d］'Fallout from Regulation FD Has the SEC Finally Cut the Tightrope?' Commissioner Laura S. Unger, Glasser LegalWorks Conference on SEC Regulation FD, New York, New York October 27, 2000

SEC［2002 a］In the Matter of Raytheon Company and Franklyn A. Caine, Respondents.（11/25/2002）（www.sec.gov/litigation/admin/34-46897.htm）

SEC［2002 b］In the Matter of SECURE COMPUTING CORPORATION and JOHN MCNULTY Respondents,（11/25/2002）（www.sec.gov/litigation/admin/34-46895.htm）

SEC［2002 c］In the Matter of SIEBEL SYSTEMS, INC., Respondent.（11/25/2002）（www.sec.gov/litigation/admin/34-46896.htm）

SEC［2002 d］Report of Investigation Pursuant to Section 21(a) of the Securities Exchange Act of 1934:Motorola, Inc.（11/25/2002）（www.sec.gov/litigation/investreport/34-46898.htm）

SEC［2002 e］SEC Brings First Regulation FD Enforcement Actions（November 25, 2002）（https://www.sec.gov/news/press/2002-169.htm）

SEC［2003 a］SEC Files Regulation FD Charges Against Schering-Plough Corporation and Its Former Chief Executive; Company Agrees to Pay $1 Million Penalty; Former Chief Executive Agrees to Pay $50,000 Penalty（9/9/2003）（www.sec.gov/news/press/2003-109.htm）

SEC［2003 b］In the Matter of SCHERING-PLOUGH CORPORATION and RICHARD J. KOGAN, Respondents.（9/9/2003）（https://www.sec.gov/litigation/admin/34-48461.htm）

SEC［2004 a］Litigation Release No. 18766 / June 29, 2004
Securities and Exchange Commission v. Siebel Systems, Inc., Kenneth A. Goldman and Mark D. Hanson, Civil Action No. 04-CV-5130（GBD）（S.D.N.Y.）（http://www.sec.gov/litigation/litreleases/lr18766.htm）

SEC［2005 a］SEC FILES SETTLED REGULATION FD CHARGES AGAINST FLOWSERVE CORPORATION, ITS CHIEF EXECUTIVE OFFICER, AND DIRECTOR OF INVESTOR RELATIONS（03/24/2005）（www.sec.gov/news/press/2005-41.htm）

SEC［2005 b］Litigation Release No. 19154 / March 24, 2005
SECURITIES AND EXCHANGE COMMISSION v. FLOWSERVE CORPORATION AND C. SCOTTGREER, Case No. 1:05CV00612（U.S.D.C., D.C.）（filed March 24, 2005）（www.sec.gov/litigation/litreleases/lr19154.htm）

SEC［2008］COMMISSION GUIDANCE ON THE USE OF COMPANY WEB SITES（August 1, 2008）（www.sec.gov/rules/interp/2008/34-58288.pdf）

SEC［2010 a］SEC Charges Office Depot and Company Executives With

Improper Disclosures to Analysts（Oct. 21, 2010）（https://www.sec.gov/news/press/2010/2010-202.htm）

SEC［2010 b］SECURITIES AND EXCHANGE COMMISSION, Plaintiff, v. OFFICE DEPOT, INC, Defendant（Oct. 21, 2010）（https://www.sec.gov/litigation/complaints/2010/comp21703.pdf）

SEC［2013 a］Release No. 69279 / April 2, 2013
Report of Investigation Pursuant to Section 21(a) of the Securities Exchange Act of 1934: Netflix, Inc., and Reed Hastings（https://www.sec.gov/litigation/investreport/34-69279.pdf）

SEC［2013 b］SEC Says Social Media OK for Company Announcements if Investors Are Alerted April 2, 2013（www.sec.gov/news/press-release/2013-2013-51htm）

SEC［2013 c］SEC Charges Former Vice President of Investor Relations With Violating Fair Disclosure Rules（Sept. 6, 2013）（www.sec.gov/news/press-release/2013-174）

WilmerHale 'Practical Guidance for Living with Regulation FD' September 1, 2000（https://www.wilmerhale.com/pages/publicationsandnewsdetail.aspx?NewsPubId=87474）

Morrison & Foerster LLP 'FREQUENTLY ASKED QUESTIONS ABOUT REGULATION FD'（media.mofo.com/files/uploads/Images/FAQs-Regulation-FD.pdf）

家田崇「アメリカ証券流通市場における選択的情報開示および内部者取引の新規制（1）」（'The NUCB Journal of Economics and Management' Vol.46 No.2, March 2002）

家田崇「アメリカ証券流通市場における選択的情報開示および内部者取引の新規制（2・完）」（'The NUCB Journal of Economics and Management' Vol.47 No.1, July 2002）

大崎貞和、平松那須加「米国における選択的情報開示規制の強化」（野村資本市場研究所「資本市場クォータリー」2000年秋）

辰巳郁「情報の選択的開示とフェア・ディスクロージャー―日本版レギュレーションFDの導入に向けた動き―」（「法と経済のジャーナル」2016/04/27）

平松那須加「わが国企業にも求められる公平情報開示」（野村総合研究所「知的資産創造」2001年9月）

第3章　フェア・ディスクロージャー・ルールに対応する

日本証券業協会［2016 a］「協会員のアナリストによる発行体への取材等及び情報伝達行為に関するガイドライン（案）」（2016年7月）

日本証券業協会［2016 b］「協会員のアナリストによる発行体への取材等及び情報

伝達行為に関するガイドライン（概要）」（2016年 7 月）

日本証券業協会［2016 c ］「パブリックコメントの募集結果（協会員のアナリストによる発行体への取材等及び情報伝達行為に関するGL）（2016年 9 月）

山本悟「（日証協）協会員のアナリストによる発行体への取材等及び情報伝達行為に関するガイドライン）（「証券アナリストジャーナル」2017年 2 月）

大崎禎和［2016］「原点回帰を求められる証券アナリスト」（野村総研「金融ITフォーカス」pp.6－7、2016年 9 月）

横山淳［2016］「日証協によるアナリストの取材等に関するガイドライン」（大和総研、2016年10月21日）

日本電子計算㈱「証券アナリストとは何か～規制強化の背景と役割について」（2016年 9 月26日）（https://www.jip.co.jp/report/detail.php?report=00215）

許斐潤「将来にわたり付加価値を提供できるアナリストの姿」（経済産業省「総合報告・ESG対話フォーラム」（第 3 回）、2018年 2 月 9 日）

日本証券アナリスト協会［2017 a ］「日本版フェア・ディスクロージャー・ルールに関するアンケート調査結果」（2017年10月）

日本証券アナリスト協会［2017 b ］「フェア・ディスクロージャー・ルールガイドライン案について」（2017年11月）

日本IR協議会「フェア・ディスクロージャー・ルール案を知っている企業が回答の 8 割」（2017年 2 月）

日本IR協議会「情報開示と対話のベストプラクティスに向けての行動指針～フェア・ディスクロージャー・ルールを踏まえて～（「開示と対話のベスプラ指針」）」（2018年 2 月）

佐藤進一郎「『IR活動の実態調査（2017年度）』に見るフェア・ディスクロージャー・ルール 対応の実態」（経済産業省「企業報告ラボ第18回企画委員会」、2017年 7 月18日）

武井一浩「フェアディスクロージャーを踏まえた実務対応上の諸論点」（商事法務No.2137、2017年 6 月25日）

佐藤淑子 「わが国おけるIR/SRの諸課題とフェアディスクロージャー」（商事法務No.2137、2017年 6 月25日）

NIRI 'Standards of Practice for Investor Relations DISCLOSURE'（UPDATED SEPTEMBER 2016）

事 項 索 引

〔あ行〕

IR活動基準 ·························· 154,186

IR責任者（IRO）······ 79,83,132〜134

IRディレクター（IRD）············ 111,
　113〜116,121,124〜126,129〜131

IRポリシー（IR方針）················ 64

アイプリオ ····························· 158

アナリスト・カバレッジ ············· 71

アナリスト・レポート ···· 8,9,29,91,
　108,165〜167

EPS（1株当り利益）··· 104,108,109,
　115,121,122,129,130

EPS予想数値 ················· 105〜109

イーベイ ······························· 150

伊藤レポート ·························· 14

インサイダー規制 ··········· 67,68,181

インサイダー情報 ··· 40,178,180〜182

インサイダー取引 ············· 5,26,74

インサイダー取引規制 ···· 16〜18,22,
　24,25,35,36,39〜46,49〜54,
　59,61,165,179

英国IR協会（IRS）···················· 154

英国金融行為監督機構（FCA）····· 98

英国金融サービス機構（FSA）······ 98

英国健全性規制機構（PRA）········ 98

EDINET ··························· 59〜61

FDルール・ガイドライン ··· 6,16,21,
　30,32,34,50,51,169,172,174

オー・エイチ・ティー ··············· 44

オフィス・デポ ········· 105,129〜132

〔か行〕

カーリン（ウェイン・M・）········ 117

開示注意銘柄制度 ················· 62,63

改正金商法 ······ 2,6,16,18,20,21,27,
　29,31,32,34〜36,55,56,60,66,67

カイネル（ダニエル・）······· 145,146

確定的な決算情報 ··· 178,179,181,182

株価センシティブ ············· 11〜13,98

ガン・ジャンピング ·················· 88

カンファレンス・コール（電話
　会議）········· 72,73,77,83,85〜89,
　91〜93,104,106,111,113,115,116,
　124,126,127,132,156〜158

ガンホー・オンライン・エン
　ターテイメント（ガンホー）······ 11

企業ウェブサイト ············· 135,138,
　140〜143

キヤノン ······························· 11

業績ガイダンス ··········· 90,121,122

業績予想 ···· 41,42,70,71,91,98,100,
　113,119,124,131,181,183

金商法 ··· 8,31,33,40,41,43,45,47,68

金融規制改革法（ドッド・フラ
　ンク法）···························· 78,82

金融審議会 ················· 2,4〜6,26,34

グーグル ·························· 143〜146

クレディ・スイス証券············ 8,163

軽微基準 ········· 17,18,42,44,50,53

月刊広報会議 ·························· 14

決算プレビュー ··········· 3,8〜10,168

公表 ········· 16,20〜23,31〜35,37,40,
　56〜60,66,67,72,82,83,85〜87,91,
　92,164〜167,169,174,177〜179,
　181〜184,187,188

広報責任者（PRO）··············· 79,83

コックス（クリストファー・）···· 137

事項索引　233

〔さ行〕

財務報告改善に関する諮問委員
　会 ……………………………… 137
差止命令 ……………………… 84,85
サン・マイクロシステムズ
　（サン） ……………… 135,136,150
シーベル・システムズ（シーベ
　ル） ……… 105,113〜115,123〜128,
　　　　　　　　　　　　　　177,178
シェリング・プラウ（シェリン
　グ） ………………… 105,118〜120
シェル ………………………… 149,150
市場阻害行為規則（MAR） … 2,5〜7
市場阻害行為刑事制裁指令
　（CSMAD） …………………… 6,7
市場阻害行為指令（MAD） …… 5,6
12時間ルール ……………………… 59
重要（な）情報 … 8,9,14〜16,19〜24,
　　26〜37,39,47,52,55〜61,66,67,
　　72〜74,76,78,80,81,86,97,105,
　　119,123,143,146,147,152,153,163,
　　165〜167,169〜173,175,176,
　　　　　　　　　　　　180〜183,188
守秘義務 ………… 31〜33,65,82,177
シュワルツ（ジョナサン・）…… 136
証券取引等監視委員会（SESC）
　……………………… 8,15,66,67
情報開示 ………… 2〜5,22,64,83,99
情報開示方針（ディスクロー
　ジャーポリシー）…… 175,187〜189
情報管理の範囲 ………………… 50,51
情報遮断装置（ファイアウォー
　ル） ……………………………… 29
情報受領者 …… 17,21,25〜27,31,34,
　　　　　　　　　　　　　65,80,82
情報提供者 ……………………… 24,25
ジョンソン・エンド・ジョンソ
　ン ……………………………… 149,150

ジロー ………………………… 156,159
信用格付会社 ………………… 78,82
信用格付業者 ……… 19,27〜29,31,33
セーフ・ハーバー（安全港）…… 88,
　　　　　　　　　　　　　　89,94
セキュア・コンピューティング
　（セキュア）…… 105,110〜112,177
選択的情報開示 … 70,72〜77,101,102
全米IR協会（NIRI）…… 10,77,86,87,
　　　　96,97,145,154,156,186
ソーシャルメディア ……… 146〜149,
　　　　　　　　　　　　　151〜157

〔た行〕

TDnet ………………………… 15,59〜61
WHガイダンス ……………… 87〜95
注意喚起 ……………………… 63,94
注意喚起文 ………………… 88,89,130
沈黙期間（Quiet Period、Q期間）
　………………… 9,10,64,178,179
TF報告書 …… 4,5,7,10,26,27,32,34,
　　　36,37,39,50,52,53,60,169
ディファレンシャル・ディスク
　ロージャー ……………………… 186
適時開示 ………… 16,47,49,50,52,53
デル …………………… 149,150,152
ドイツ証券 …………………… 8,163
東京証券取引所（東証）……… 13〜15,
　　　　　47〜49,59,61,63,159
東証正会員協会 ……………… 100,101
ドット・フランク法（ウォール
　街改革・消費者保護法）……… 78,82
トムソンロイター …………………… 62
取引関係者 ……… 21,23,24,26〜35,
　　　　　　　　　　　55〜57,188

〔な行〕

ナスダック証券市場 ……………… 144

234　　事項索引

日経プレビュー ……………… 10,11,14
日本IR協議会（JIRA）…… 9,174,176,
　　　　　　　　　　179,180,185
日本証券アナリスト協会……… 169,
　　　　　　　　　　　170,183
日本証券業協会（日証協）…… 33,46,
　　　　　　　　163,165〜168,189
日本取引所自主規制法人 ……… 54,61
ニューヨーク証券取引所
　（NYSE）………………… 64,83,99
ネットフリックス ……… 151,152,158
ノーコメント ………………… 65,94

〔は行〕
排除措置命令 … 84,104,109,112,115,
　　　　　　　　　　117,123
ハイパーリンク …… 137,138,141,142
バスケット条項 ……………… 42〜44
ハッシュタグ ………………… 159
パブリックコメント … 5,6,23,30,50,
　　　　　　　　　　75,172
バリック・ゴールド ………… 149,150
PNMリソーシーズ（PNMR）
　…………………………… 146,147
ビックカメラ ………………… 13
ファースト・コール …… 71,104〜106,
　　　　　　　　108,123,177
ファースト・ソーラー（FS）…… 105,
　　　　　　　　　　132〜134
フィナンシャル・タイムズ
　（FT）………………… 10〜15,75
フェイスブック ……… 147〜150,157
フライシュマン（エドワード・
　H・）………………………… 118
フランス金融市場庁（AMF）……… 98

フランス証券取引監督委員会
　（COB）……………………… 98
ブルームバーグ ……… 12,13,15,62,
　　　　　　　　　　98,156
フローサーブ ………… 105,120〜123
ペプチドリーム ……………… 13
法人関係情報 ……………… 33,45,46

〔ま行〕
マイクロソフト ……………… 144
マカリビー（マイケル・A・）…… 117
マクロス ……………………… 43
民事証券訴訟改革法（PSLRA）
　……………………………… 88,94
民事制裁金 …… 84,104,115,118,121,
　　　　　　　123,126,129
村上ファンド ………………… 54
モザイク情報 ……… 35,37,170,175,
　　　　　　　179〜182,185
モトローラ …………… 105,115〜117

〔や行〕
ユーチューブ ………………… 148,157

〔ら行〕
両罰規定 ……………………… 68
臨時報告書（Form8－K）…… 78,83,
　　　　　　　　　　93,113
レイセオン …………… 104〜110,177
レビット（アーサー・）……… 70,72,
　　　　　　　　　74〜76

〔わ行〕
WG（ワーキンググループ）報
　告書 ……………………… 2〜4,14

事項索引　235

イチから知る！
フェア・ディスクロージャー・ルール

2018年6月20日　第1刷発行

監修者　神　田　秀　樹
著　者　米　山　徹　幸
発行者　小　田　　　徹
印刷所　株式会社日本制作センター

〒160-8520　東京都新宿区南元町19
発　行　所　一般社団法人 金融財政事情研究会
企画・制作・販売　株式会社きんざい
出版部　TEL 03 (3355) 2251　FAX 03 (3357) 7416
販売受付　TEL 03 (3358) 2891　FAX 03 (3358) 0037
URL http://www.kinzai.jp/

・本書の内容の一部あるいは全部を無断で複写・複製・転訳載すること、および
　磁気または光記録媒体、コンピュータネットワーク上等へ入力することは、法
　律で認められた場合を除き、著作者および出版社の権利の侵害となります。
・落丁・乱丁本はお取替えいたします。定価はカバーに表示してあります。

ISBN978-4-322-13274-8